红色阅读　元帅交往实录

于俊道 ■ 主编

贺龙交往纪实

中国社会科学出版社

图书在版编目(CIP)数据

贺龙交往纪实 / 于俊道主编. —北京：中国社会科学出版社，2015.8
ISBN 978-7-5161-5800-5

Ⅰ.①贺… Ⅱ.①于… Ⅲ.①贺龙(1896~1969)-生平事迹
Ⅳ.①K825.2

中国版本图书馆 CIP 数据核字(2015)第 059929 号

出 版 人	赵剑英
责任编辑	郭晓娟
特约编辑	姚　颖
责任校对	孔　敏
责任印制	李寡寡

出　　版	中国社会科学出版社
社　　址	北京鼓楼西大街甲 158 号
邮　　编	100720
网　　址	http://www.csspw.cn
发 行 部	010-84083685
门 市 部	010-84029450
经　　销	新华书店及其他书店

印刷装订	北京市昌平新兴胶印厂
版　　次	2015 年 8 月第 1 版
印　　次	2015 年 9 月第 1 次印刷

开　　本	710×1000　1/16
印　　张	19
字　　数	322 千字
定　　价	58.00 元

凡购买中国社会科学出版社图书，如有质量问题请与本社联系调换
电话：010-84083683
版权所有　侵权必究

目录 CONTENTS

"你是一个方面军的旗帜,要保护你"——贺龙和毛泽东	刘一丹	1
"我没有保住他啊!"——贺龙和周恩来	薛 明	5
相得益彰——贺龙和任弼时	赵一踪	16
知己同怀——贺龙和周逸群	晓 丹	24
肝胆相照,朝夕相处十五年——贺龙和关向应	继 修	30
"要紧的是跟着毛主席干革命,风吹浪打不回头"	吕正操	33
情深义重	张秀龙	38
"为党的教育事业做了很多工作"——贺龙和黄荣忠	蔡 远	41
"可不能骄傲自满,要谦虚谨慎"	熊 晃	47
"你要珍惜这个难得的机会哟"——贺龙和扎喜旺徐	刘雁声	51
三留蒋崇璟——贺龙和蒋崇璟	孙叔阳	54
"要学会有预见"	李国良	57
"有群众就有干部"	王廷弼	60

"那里是我的第二故乡哩"	贺 雄	66
"在党内,要讲实话"	都爱国	68
"公路走南线,更符合西藏人民的长远利益"	陈明义	71
"要宣传党的政策"	蔡子萍	75
贺老总让我搞侦探、挑电台	王华成	79
贺总让我当红军	孔繁雄	82
"要到敌人内部去组织兵变"	江振武	87
"我们是党的队伍"	王光新	91
"没有文化是不行的"	宁政和	94
我骑贺总的马	冯习之	99
"你们的事,党中央和毛主席会有安排的"	肖瑞林	101
结拜兄弟,同生死共患难	杨其昌	106
"龚渭清的血是不会白流的"——贺龙和龚渭清	李世文 唐万友	112
情投意合——贺龙和刘愿庵	杜春胜 王民农 冉正华	114
"我很需要你这样的老军人"	刘达五	116

| 两代情深 .... 刘冠群 | 120 |

"贺龙同志成为无产阶级革命家,不是偶然的" .... 李奇中 | 128 |

"我们都希望你再活二十年"——贺龙和周素园 .... 周平一 | 131 |

"我等着看你们的戏啊" .... 欧阳山尊 | 133 |

"过去你们演的戏我反对过,现在演的就对头了" ...... 成 荫 | 140 |

"我们在前线欢迎你们" .... 刘 伍 | 145 |

一件皮大衣的故事——贺龙和柯仲平 .... 王 琳 | 150 |

"我愿意做你的入党介绍人"——贺龙和程砚秋 ...... 谢武臣 | 152 |

"来带学生,传授技术,就是为社会主义服务嘛"——贺龙和蒋医民、吕钟灵、宁誉、董秉奇 .... 路 草 | 160 |

"要认识体育工作的重要性啊"——贺龙和张之槐 ... 谢武申 | 166 |

"要把祖国的荣誉放在第一位"——贺龙和徐寅生 ... 谢武申 | 170 |

"革命的冲天干劲必须跟严格的科学态度结合起来" ... 姜玉民 | 174 |

"足球是军球"——贺龙和镡福祯 .... 谢武申 | 178 |

"把你的技术和经验好好向青年人传授传授"——贺龙和林绍洲 .... 谢武申 | 181 |

"一定要爱惜党和人民给你们的荣誉" .... 石宝珠 | 185 |

"一个革命战士，就是要服从革命工作的需要"
.... 温小铁　188

"这样的同志应当吸收到党内来"——贺龙和傅其芳
.... 谢武申　190

"希望你们再打败国家队"
.... 曹其纬　192

武当拜师——贺龙和徐本善
.... 王泉声　193

切磋武艺
.... 顾留馨　194

"要把他培养成为共产党员"——贺龙和龚昌荣
.... 杨德轩　196

"让天下穷人都过上好日子"——贺龙和陈良玉
....　陈洪开　陈良海　伍永光　201

"你要用这把大刀保卫红旗"
.... 冉隆昌　204

"见到你的烟杆，我就会想到你"
.... 刘兴阳　205

"贺军长真是天下的好人啊"
.... 陈桂弟　207

"我不是三反分子，咱们还会再见面的"
.... 杨青成　208

"我支持你去"
.... 曾昭耆　213

"要革命就得学习"
.... 刘永杰　220

"你的这条命是贺军长从草地里捡回来的呀"——贺龙和陈伢子
.... 何　玮　225

"要为下面着想"
.... 唐云清　230

两救警卫员——贺龙和张昌华 ………………… 田云兵 236

军长背我蹚河 ………………… 张明才 238

贺老总使我两次重新获得生命 ………………… 王盛林 242

"这一笔钱一定要记在我贺龙的欠账上" ………………… 吴先举 249

"在他身上有一种共产党人所必需的精神"——贺龙和白求恩 ………………… 《贺龙传》编写组 251

"这'洋鬼子'是来看护我们的伤员的"——贺龙和琼·尤恩 ………………… 王庭岳 254

"文化、体育来往可以增进两国人民的友谊"——贺龙和哈姆斯 ………………… 谢武申 256

"要用民族方法加上外国方法"——贺龙和大松博文 ………………… 谢武申 259

聚众救父——贺龙和贺士道 ………………… 何玮 263

"要做最坏的准备哟"——贺龙和薛明 ………………… 力砚 267

"你经受了党的考验,已具备了入党条件"——贺龙和贺英 ………………… 何玮 284

"你长大以后,一定要参加革命" ………………… 贺学超 287

"你是烈士的后代,更要听党的话" ………………… 向楚才 289

编后记 ………………… 295

"你是一个方面军的旗帜，要保护你"
——贺龙和毛泽东

1928年春，贺龙、周逸群等7位同志，赤手空拳，回到湘西桑植。贺龙以毛泽东创建的井冈山根据地为榜样，在湘鄂西创建了革命根据地。

1934年10月，红六军团在任弼时率领下，在长征途中，在贵州省东部松桃县与贺龙率领的红二军团会合。贺龙真心诚意地欢迎这支来自毛泽东同志身边的部队，经常请任弼时等介绍毛泽东的光辉思想，介绍中央红军反"围剿"斗争及土地革命的经验，真诚拥护毛泽东同志制定的路线、政策。1935年2月，二、六军团接到遵义会议决议和中央有关组织问题的电文，得知确立了毛泽东在党中央的领导地位。贺龙坚决拥护，坚决听从毛泽东同志的指挥。他说："我虽然没有见过毛泽东同志，但从我本身的经验教训中，从读到他写的文章中，深知他是我们的正确领导者。"

长征途中，红二方面军和红四方面军会合。面对张国焘分裂中央的罪恶活动，贺龙经常向干部战士宣传毛主席北上抗日的正确主张，揭露张国焘的阴谋。他说，毛主席北上抗日的路线，是唯一正确的路线，只有北上抗日，才有出路。1936年秋，红二方面军经过长征到达陕甘边境时，贺龙兴奋地说："好了，从此我们就可以在毛主席的直接领导之下了！"欣慰之情溢于言表。

贺龙为能够在毛泽东直接领导之下工作感到欣慰，并衷心地崇敬毛泽东，坚决地拥护毛泽东的领导，执行毛泽东的革命路线。1937年"七七事变"后，我党根据同国民党达成的协议，将中国工农红军主力改编为八路军，摘下了红五星、红领章，不少干部战士想不通。贺龙对大家说："国民党的帽徽我戴过，国民党的将军服我也穿过，按我的心愿来说，看到这些东西我就感到讨厌、恶心。但是，这是党的决定，是毛主席的命令，是为了抗日救国的大局。为了执行党的决定，执行毛主席的命令，就是叫穿花裤子我也穿。"1937年8月，在党中央召开的洛川会议上，贺龙同志坚决拥护毛主席提出的深入敌后，广泛开展游击战争的路线。他积极提议留下部队保卫延安，保卫毛主席，保卫党中央，并从一二〇师抽了一个团担负这个光荣任务。毛泽东、党中央决定一二〇师进入晋西北开辟解放区。虽然晋西北人口稀少，各方面的条件较差，贺龙没有二话，党叫他到哪里，他就到哪里。进入晋西北以后，贺龙认真贯彻毛泽东"独立自主"的游击战方针，放手发动群众，开辟了晋绥解放区。在艰苦的条件下，部队有时连黑豆都吃不上，就吃瓜叶、树叶。就这样，贺龙还总是想着毛泽东，想着党中央，只要延安有困难，部队能搞到，千方百计想法送去。战斗中缴获了日本军大衣、毛毯，贺龙总是命令部队集中起来送到延安。他说，我们这里很困难，可延安、党中央更困难。他有一句名言：人不能没有自己的头，一个党、一个军队也不能没有自己的头。这个头就是以毛泽东为首的党中央，任何时候我们都要维护好这个头。

1947年春，胡宗南率部气势汹汹地进犯延安。为了彻底粉碎国民党反动派的军事进攻，夺取全国解放的最后胜利，毛泽东同志领导中央机关主动撤离延安，转移到离敌人的蟠龙据点仅百余里地的王家湾。

当时，贺龙除了指挥作战外，还负责西北局财经委员会的领导工作。他十分关心毛泽东的安全，日夜为毛泽东的健康操心。为了减轻毛泽东行军的疲劳，方便指挥作战，有一天，贺龙亲手把自己骑了多年的两匹战马洗刷干净，派专人送到王家湾给毛泽东乘骑。贺龙满怀深情地对送马的同志说："这是两匹有功之马，曾载我闯过多次难关，要不是它，也许我早就完了。毛主席原来有一匹马，和这其中的一匹是一个样子，去年死了。现在，就让这两匹战马为主席分劳代步吧！"

毛泽东同志接到战马后，心情很激动，他抚摸着战马，由衷地感谢贺龙的情谊。然而，他却对送马的同志说："我十分理解贺老总的心意，回去后转达我对他的问候。这两匹战马应当留给作战部队打仗用，我知道贺老总南征北战，打仗总爱向前跑，需要千里驹。请贺老总放心，我是可以安步当车的。"

1948年3月下旬，贺龙陪同毛泽东、周恩来等中央领导同志离开陕北，来到晋绥边区的兴县蔡家崖。途中，贺龙亲自安排可靠人员做好保卫工作，调集了60多名最好的水手和几只木船，集中在渡口随时待命。贺龙还感到不放心，又把一二〇师后勤部新做的两艘大木船调到渡口，新装了舱板，配备了经验丰富的艄公和水手，为毛泽东等摆渡。

毛泽东一行到达蔡家崖后，贺龙把自己的房子腾出来让毛泽东居住，并且每天晚上亲自带班，为毛泽东站岗放哨。毛泽东在这里先后开了五次座谈会，每次开会前，贺龙总是亲自布置会场，连毛泽东用的桌子、椅子都要亲自搬来放好，然后自己试用一下觉得合适了才放心。毛泽东睡觉的床铺，贺龙也要亲手摸摸，看是否平稳，有无响声，生怕影响了毛泽东的休息。毛泽东三次到离驻地2里路的北坡村看战斗剧社、七月剧社和大众剧社演戏，贺龙总是亲自布置保卫工作，并一直守护在毛泽东身边，直到看完戏，把毛泽东护送到住处才放心。

1966年，一场长达10年的"文化大革命"的动乱开始了。贺龙对林彪、江青的阴谋早有察觉，进行过抵制和斗争。有一次，林彪阴险地对贺龙说："你的问题可大可小，今后要注意一个问题，支持谁，反对谁。"暗示贺龙不能与他作对。贺龙根本不理这一套，明确而坚定地回答说："谁反对毛主席，我就反对谁。"以后，面对林彪反革命集团的诬陷迫害，贺龙很担心叶剑英、聂荣臻等一些老同志挨整，常说："他们跟着毛主席南征北战，是有功的啊！"一次，他用手杖敲着林彪的相片，痛骂了一顿。他还敏锐地看穿了林彪、江青一伙的险恶用心。他说："江青这个人可是个整人的家伙，他们是要把老同志搞光，搞得毛主席身边没有人了，他们好大换班！"

9月14日下午，贺龙从外面回来，贺龙的夫人薛明拿着几份文件来到他身边，他没有马上看文件，只是坐在沙发上，慢慢地吸着烟，脸上失去了往日的笑容。

"告我的黑状。"他突然说，嘴角上出现了一丝冷笑，"可就是没有告准！"

原来，早在8月间，林彪一伙就炮制了一个所谓"8·25"反革命事件，要追"后台"，把矛头指向了贺龙。接着又恶人先告状，由林彪在空军的死党吴法宪出面，向毛泽东写了诬告信，胡说什么：在空军有一条以贺龙为代表的反党黑线，诬蔑贺龙是"黑线人物"，"要篡党夺权"。今天，毛泽东找贺龙去，把那封信交给他，要他看看。毛泽东见贺龙没有戴眼镜，关心地说："不要急，慢慢地看。"等贺龙看完了，他笑着说：不要紧张，我对你是了解的。我对你还是过去的三条：忠于党，忠于人民，对敌斗争狠，能联系群众。贺龙很坦然，他向毛泽东请示："是不是找他们谈谈？"毛泽东摇摇头，指了指信说："有什么好谈的？"他还很风趣地说："我当你的保皇派。"9月19日，毛泽东又对贺龙说：问题解决了，没事了。12月28日，政治局开会，毛泽东亲切地和贺龙打招呼，叫他到前面坐，贺龙坐到毛泽东身边了。

但是，胸怀坦荡、心地光明的贺龙，他怎么能够想到，就在他和毛泽东一起亲切谈话的时候，却有一股凶恶的暗流向他扑来。

两天之后，12月30日，江青窜到了清华大学，找贺龙的儿子贺鹏飞谈话。她恶狠狠地说："你爸爸犯了严重错误，我们这里有材料，你告诉他，我可要触动他啦！"又说，"你妈妈也不是好人！"接着，在一次接见群众的会上，江青又说："贺龙有问题，你们要造他的反！"在这罪恶的黑手挑动下，恶浪滚滚而来。很多在各个历史时期和贺龙一起工作过的战友被揪斗了，红二方面军战史编委会被诬陷为"贺龙的裴多菲俱乐部"，传单到处张贴。街上的宣传车也喊出了"打倒贺龙"的口号。江青又指使人抄了贺龙的家，抢走了大量的机密文件，围攻的人们挤满了庭院。

在这之后，周恩来曾全力保护过贺龙，可惜力不能及。1969年贺龙含冤去世。

对贺龙之死，毛泽东内心感到有责任。1973年12月21日，毛泽东同参加中央军委会议的同志谈话时说："我看对贺龙同志是搞错了。我要负责呢。当时我对他讲了，你呢，不同，你是一个方面军的旗帜，要保护你。总理也要保护他呢。"又一次会议，当讲到贺龙时，毛泽东连声说：翻案！翻案！翻案！1974年毛泽东和邓小平谈话说，要给贺龙平反。邓小平立即在政治局会议上做了传达。1974年9月底，中共中央发出了为贺龙恢复名誉的通知，推倒了林彪一伙强加在贺龙身上的一切诬蔑不实之词。

（刘一丹）

"我没有保住他啊！"
——贺龙和周恩来

1975年6月9日是贺龙逝世6周年的日子。中共中央决定在这一天举行"贺龙骨灰安放仪式"。事先，我接到邓颖超大姐打来的电话，她告诉我：恩来同志也许要来参加。我已经很久没有见到周恩来了，他究竟病成了什么样子？见到他我该说些什么呢？想到这里，我的眼泪不禁涌了出来。贺龙生前常常同我谈起的那些难忘的往事，就像发生在昨天一样，在我眼前渐渐清晰起来。

一

周恩来与贺龙第一次见面，是在1927年南昌起义前的一个傍晚。那天由周逸群陪同，周恩来到了贺龙驻地。当时贺龙是国民革命军第二十军军长。在谈话中，周恩来分析了形势，谈了共产党对政局的看法和主张，精辟的见解使贺龙思想豁然开朗。经过多年的探索与实践，贺龙在此以前已经认识到只有中国共产党才能救中国。因此，当周恩来和盘托出南昌起义的计划，并且要贺龙担任起义军总指挥时，贺龙激动地向周恩来表示：组织上叫我干啥我干啥，我一切服从党的决定。

1927年9月初，贺龙在瑞金的一所学校里加入了中国共产党。入党介绍人是周逸群、谭平山。周恩来在贺龙入党宣誓仪式上讲了话。周恩来说，组织上对贺龙同志很了解，他由一个贫苦农民经过斗争，成为国民革命军第二十军的军长很不容易。多年来，他积极追求真理，是经过考验的，是信得过的！

贺龙入党后，和周恩来等一起，率领起义部队共3个军，一直打到广东流沙，但因敌强我弱，弹药缺乏，部队打散了。在十分危急的关头，周恩来在流沙亲自主持召开了一个会议，分析了形势，并决定：贺龙等有名望的同志，迅速转移到上海。

按照党的指示和恩来的叮嘱，贺龙与刘伯承、林伯渠、彭湃等包了一个小筏子先到香港，1927年11月辗转到了上海。恩来已先行一步到达上海，在党中央机关工作。贺龙一见到恩来同志，感到非常亲切，想到自己带的部队被敌人打散了，只剩孤身一人，心情十分沉重，好多话顿时都涌上心头。恩来语气温和地说："贺龙，你的头很值钱嘞，国民党可悬赏10万大洋捉你。"贺龙紧紧握着恩来的手说："我是在党处于困难时参加革命的，不论在任何情况下，都跟着党走。"恩来说："你先在这里住下，对于你的工作，我已做了考虑，我们有责任保护你。你可以考虑一下，是不是借此机会先到苏联，学习学习军事。"当时贺龙对那时的失败很不甘心，觉得自己托枪托了半辈子，还是继续托枪的好。早在北伐时，贺龙就与周逸群相处得很好，无话不谈。这时两个人住在一间房子里。当谈到今后去向时，贺龙胸有成竹地说："湘鄂西，四川、云南、贵州，这一带的地形，我都熟悉，特别是在湘鄂西，要组织队伍，没有问题。从工作的需要出发，我还是适合去湘鄂西拉队伍，搞武装，建立红军，我想找恩来谈谈。"

当贺龙把自己的想法告诉恩来时，恩来沉思了一会儿说："我同意你去湘鄂西，但我考虑的还是你的安全问题，现在情况这么危险，敌人搜索得很严，这一路上，你怎么从上海走出去？"听了恩来一席话，贺龙非常感动，从内心敬佩恩来考虑问题细致、周到。

临行前，周恩来约贺龙和周逸群吃了一顿饭。恩来告诉贺龙，给他派了七八个人，组成一个小班子，有周逸群、卢冬生、李良耀等，由周逸群担任湘鄂边前委书记。贺龙了解、信任周逸群，和周逸群在一起，他觉得心里踏实，非常高兴。出发前，周恩来紧紧握着贺龙的手，一再叮嘱他要注意安全，到了湘鄂边，有什么事及时和中央联系。

周恩来对贺龙的关心，还表现在对其亲属的关怀上。1927年11月贺龙到达上海之前，恩来就派人到武汉把贺龙的家眷接到上海，并妥善地安排了住处。一次周恩来和贺龙谈完工作后，非常亲切地说："你去看看你家里的人吧，他们住在霞飞路。"听了恩来的话，贺龙愣住了。他做梦也没有想到，刚到上海，周恩来已把他的家眷接来了。贺龙深深地感到党组织对他从政治到生活上无微不至的关怀。

离开上海后，贺龙和周逸群先到湖北省委，找到郭亮接上了关系。以后，在党组织的掩护和帮助下，于1928年春到了湘鄂边，在桑植一带组织建立了红四军。贺龙一边打仗，一边做群众工作，表现得非常勇敢、坚强。他牢记周恩来临行前的嘱咐，不断派人或用书信形式向党中央请示报告他们开展武装斗争、建立革命根据地的情况和问题，表现出对党的忠诚和极严格的组织纪律性。1929年3月17日，周恩来代中共中央起草的给贺龙及湘鄂西前委的指示信发出，信中既肯定了他们开创湘鄂西革命根据地的成绩，又对湘鄂西苏区的发展作了具体指示。这使贺龙倍加感到党的温暖。他说：我在旧军队中工作了那么多年，虽然汪精卫见过我（贺、汪都是同盟会会员），对蒋介石的人，北伐前我也有过接触，但是我就没有见到过像周恩来这样的人。我参加共产党前，天天拖着队伍防备被别人吃掉；参加了革命队伍后，我确实感到党的关怀和温暖，我决心把自己的一切贡献给党。

在湘鄂西，贺龙和周逸群等人按照党中央的指示，依靠当地党组织，遍撒火种，发动群众，开创了湘鄂边革命根据地。他率领的红二军团，英勇顽强，机智善战，不仅多次粉碎国民党反动派的"围剿"，而且同来自党内的"左"倾机会主义进行了针锋相对的斗争。1933年12月，贺龙经请示中央分局后，处决了蒋介石乘革命处于困难时期派来的说客熊贡卿，彻底粉碎了蒋介石的策反阴谋。

二

1949年10月新中国成立后，党中央对于那些曾为中国人民的解放事业同中国共产党密切合作的民主人士作了适当安排。贵州李仲公（原是蒋介石手下的说客）找到周恩来，以他是贵州人，熟悉贵州情况为条件，提出他应当省政府主席。周恩来说，你想当省主席，意见嘛你可以提，但是我们要统筹考虑、研究。周恩来再三向李讲道理，怎奈李赖着不肯走，百般纠缠。恩来同志忽然想起，贺龙了解李的底细，于是通知贺龙马上到自己办公室来。李仲公没防备，一见虎虎生气的贺龙来了，顿时如坐针毡，非常不安，表现得很不自然。周恩来故意问贺龙："这位是李仲公，认识吧？"贺龙说："岂止认识，我们还是'老朋友'呢！"恩来同志有意告诉贺龙，他们正在谈李的工作问题，李想当省主席。贺龙知道恩来同志是在向他示意，就对李说："李仲公，没想到在这儿见到你了！1926年，我们北伐准备打河南时，你到我的部队干什么去了（当时李是蒋介石派往贺龙部队搞策反的说客）？我开始是在刘湘的公馆请你吃饭，以后我们还打了麻将嘛。对不对？"李赶紧点头答道："对，对，确有此事。"贺龙接着厉声问："打麻将以后，你坐什么车走的？我在外边已给你准备了坐的车子嘛，你怎么竟跑到唐生智那儿去了（由于李搞拥蒋反共的策反，被贺龙抓了起来，送往当时武汉政府唐生智的司令部）？你当年可没做好事啊！"李见老底被揭，顿时吓得直出冷汗，连声说："惭愧，惭愧。"见此情形，恩来双手交叉抱肩，哈哈大笑，边笑边风趣地说："噢，原来你们是'老朋友'了。'朋友'相逢，你们还有什么再说的？"李自知无趣，赶紧告退。后来李仲公任国务院参事室参事，在"文化大革命"中，为此衔恨对贺龙进行报复，伪造了所谓贺龙向蒋介石的求降信。林彪、"四人帮"反革命集团借此对贺龙同志进行了十分残酷的迫害。

1957年，我国和缅甸关系很好。缅甸总理吴努来我国昆明访问，周恩来要贺龙陪同，前往昆明。由于吴努出访带着夫人，周恩来说："薛明也去，双方都有夫人。"当时我在北京市委工作，为此请了假，我们住在昆明湖滨招待所里，每天都在一块儿吃饭。

中缅双方会谈签订了新的边界条约后，云南省为欢送吴努总理，组织了规模盛大的宴会，很多少数民族的头人也应邀前来。他们见到周恩来，非常高兴，在宴会上频频为周总理敬酒。恩来同志也很高兴，一连饮了三杯。贺龙担心他喝多了影响健康，连忙接过少数民族头人敬的酒，说："这杯酒我替总理喝，很感谢你们。"恩来同志知道贺龙有糖尿病，也不宜饮酒，便说："你别喝，这杯我喝。"贺龙还是抢着要替恩来同志喝。周恩来当即向敬酒者说："贺总是有糖尿病的，不能多喝啊。"宴会上他们两位互相关怀、互相体贴的情景，使在场的人深受感动。

宴会散后，我们回到招待所。上台阶时，恩来同志对我说："贺总是不应该喝酒的，今天喝多了。你可要好好照顾他呀。"接着又说："你是1942年和贺总结婚的吧？"我说："是啊，您的记性真好。"他说："我对贺总的了解可能比你还多。他是功臣啊！你可要记住哇！你要照顾好他的身体。他今天多喝了几杯，以后别喝酒了。"我很受感动，立即把他的话转告了贺龙。贺龙回招待所后，叮嘱恩来同志身边的工作人员说："总理今天喝多了，要注意他的身体。"宴会上二人争相饮酒，回来后又互相关照，此事至今我仍记忆犹新。

晚上，举办了欢送吴努总理的文艺晚会。晚会上演员们精湛动人的表演，不时激起一阵阵热烈的掌声。演出结束后，恩来、吴努、贺龙等上台接见演员，祝贺他们演出成功。

周恩来和演员们握手祝贺之后，不知什么时候戴上了一顶十分别致的用白布条缠成的小帽。只见他手提花篮，翩翩起舞。他庄重的仪表，潇洒的举止，熟练轻快的舞步，博得一阵阵的掌声。周恩来一跳舞，台上的演员们也欢乐地和着他的舞步高兴地跳了起来，乐队的同志立即奏起乐来了。吴努总理见周恩来跳得这么好，也试着跳了起来，嘴里一再说："总理，您太热情了！"贺龙也跟着跳了起来。看到这动人的场景，观众席上掌声如雷。

第二天送走吴努总理后，云南省的同志请恩来同志作报告，地点是在一个开阔的广场上。贺龙陪同恩来同志一块去，我跟在后面。事先安排由警卫部门维持秩序，可是到了那里，人山人海，水泄不通。周恩来到广场上去作报告，要经过一个高坡。可是人们争相挤着要看总理，他怎么也过不去。见此情形，贺龙急了，他怕挤坏了恩来，便大声说："别挤了！怎么这么不遵守纪律啊？警卫员都到哪里去了？快维持好秩序！"我当时也为恩来同志的安全捏着一把汗，生怕挤坏了他。恩来同志很快地站在了高坡上，向群众挥手说："同志们，我今天是来看大家的，和大家见见面。"接着又说："你们不是想看看我吗？让我过去嘛，过去站在台子上，不就看见我了吗？"他的话音刚落，人群忽地自动闪开了一条路。他大踏步地走过高地，登上讲台。周恩来讲完话后，秩序井然，人们一点儿也不挤了。最后他站在一个小山包上，向群众频频挥手告别，连声说："同志们，再见，再见！"全场掌声不断。记得那天万里无云，阳光灿烂。周恩来向人们招手时，那神采，那风度，我至今记得清清楚楚。人民是那样深深地热爱着他。

三

解放初，贺龙担任西南军区司令员。1954年大军区撤销后，贺龙被调到北京，这样，他和恩来同志的接触就更多了。

贺龙对恩来同志特别尊重。每次恩来同志来，贺龙一听见他的汽车响，就一边大喊："总理来了！总理来了！"一边匆匆地穿过长长的走廊跑去迎接恩来同志。落座后，贺龙坐沙发总是偏着坐，欠着半个身子，以示对恩来同志的尊重。只要是我在家，贺龙就大声喊："薛明，薛明，来给总理倒茶。"恩来同志是喜欢喝茶的。家里有几种茶叶，我总是倒上两杯，放在他面前，让他尝一尝哪杯好喝。

记得"文化大革命"前，我们陪着周恩来吃了一顿饭。那顿饭是聂总请的客。请客的原因，说起来也很简单。几个老总聚在一起闲聊，贺总便跟聂总开玩笑说："聂老总，你请客吧。"聂总满口应允。吃饭时陈老总显得非常拘谨。因为张茜关心陈总的健康，平时限制他吃肥肉。恩来同志有意把张茜支走，笑着说："张茜，你去告诉服务员，我们这些人想吃点素菜、小菜，特别是陈老总，要吃点素菜、小菜。"张茜一走，聂总、贺总赶紧给陈总夹了几块回锅肉。陈总刚吃了两块，张茜已回转来，见陈总盘里还有块回锅肉，有点不高兴，聂总赶紧打圆场说："就这一块了，让他吃了吧。他自己不吃，是我们让他吃的。"陈总很幽默地说："好吧，就最后这一块了。"恩来同志一边笑，一边用手轻轻地敲着桌子，很随便地说："有意思，有意思。"稍停了一会儿，总理又说："张茜，我也给你说几句话。一般老年人，特别是肥胖的，都不适宜吃肥肉。我也不赞成吃，医生也告诉过我。但是偶尔吃上一两块，也不要紧，不会发生多大问题，你放心。比方说，医生只叫我吃蛋白，我就不喜欢吃蛋白。我蛋黄蛋白一块吃。蛋黄里有胆固醇，但也有卵磷脂。肥肉一块也不能吃，那是形而上学嘛！还是不要硬性规定。我看平时不吃也可以，如果想吃时少吃一点，也没什么关系，要灵活一点。"恩来的话很在理，大家频频点头称是。

恩来同志说完后，聂总紧跟着说："我们几个经常一起外出。我总结了一下，发现还是薛明的方式比较好。"恩来同志也接上去说："我今天才发现，吃饭时薛明也不说话，贺总也很自觉，是养成习惯了吧？"我忙说：

"是他自己不吃。"总理风趣地说:"噢,你也许还有别的办法,桌面上不讲,等回到家里再上课,单个教练吧?"一句话引得大家哄堂大笑。

当时,周恩来和几位老帅都已年过花甲。他们这般融洽的关系,在一起吃饭谈笑风生的情景,至今使我难以忘怀。

1952年年底,国家体委正式成立,贺龙当了体委主任。周恩来对体育事业非常关心,连体育馆怎么设计,也多次和贺龙一块商量研讨。

1963年4月,在第27届世界乒乓球锦标赛上,我国男子队以五比一胜日本队,蝉联世界冠军。

周恩来请大家吃饭,陈毅、贺龙也去了。他们一起向运动员祝贺。周恩来勉励运动员要"胜不骄,败不馁"。吃完饭后,运动员们高兴地围在他身边,说开始打球时很紧张,一想到为国家争光,就拼死打,终于打胜了。

第28届世界乒乓球锦标赛,我国乒乓球队又得了冠军。为了庆贺胜利,贺龙请体委的同志在我们家吃饭。他向体委的同志说:"上次总理请客是四菜一汤,自带粮票,这次不能超过总理的规格。其他备什么菜我不管,可千万别忘了'红烧狮子头',我就要这个菜。"因为这是周恩来喜欢吃的菜。

有一次,下围棋的运动员和乒乓球队员都到了陈总家。陈总谈笑风生地和他们尽情地交谈。这时周恩来也来了,他风度潇洒,讲话很风趣。周恩来在和运动员交谈时,忽然话题一转,便谈起中央准备取消军衔的事,他说:"取消军衔他们(指贺、陈)都是同意的。张茜、薛明你们两位的意见如何?发表发表。"我俩齐声回答说:"同意,同意。"他听了很爽朗地哈哈大笑起来,说:"真同意了?同意了就好。同意了,那元帅夫人可就当不成了。"

四

1966年夏天,"文化大革命"刚开始不久,林彪一伙就诬陷贺龙是"黑线人物","要篡党夺权"。之后,康生、江青分别到北京师范大学和清华大学诬陷贺龙调兵搞"二月兵变",煽动学生造贺龙的反。从此,我家就没有安宁过。家被抄,孩子们也躲到亲友、同事家里去了。同时,体委造反派也闹起来了。

1966年12月24日，体委"造反派"批斗荣高棠。贺龙接周恩来一块去体委。见面后，周恩来亲切地握着贺龙的手说："你血压高，我还是建议你休息。"我们深知他是为了保护贺龙才提了这个建议的。但由于贺龙对突如其来的"文化大革命"起因不清楚，对全国乱成这个样子不理解，又感到不放心，觉着不应该休息，就说，我干了一辈子革命，怎么会怕群众呢？我还是想工作。周恩来从贺龙犹豫的眼神中看出贺龙心有疑虑，便诚恳地说："工作我替你顶着，不要紧。你休息吧，保重身体第一。"

1966年12月25日晚，周恩来身边的工作人员把贺龙和我安排在钓鱼台住。我们刚住了一个晚上，第二天清早，就接到总理办公室来的电话，叫我们马上离开那里。原来康生、江青也住在那里。按周恩来的安排，我们转到新六所住。12月28日，贺龙参加了毛主席主持的中央政治局扩大会议。但是体委、政治学院的"造反派"很快知道了我们的住处，又跟踪到了新六所，整天闹得不可开交，要揪斗贺龙。东交民巷的家也被"造反派"进住了。贺龙很气愤，说："我要回去一趟。"我跟贺龙的警卫员杨青成说："是总理安排我们住在这里的，要回去，还是告诉一下总理好。"

1967年1月9日，贺龙到西花厅见到周恩来。贺龙讲明情况后，他说："你不要去，我顶着。"说着他马上把电话接到东交民巷我家里，严厉地对"造反派"说："我是周恩来。你们待在贺龙家里不好吧？这不像样子嘛！你们赶快搬出去！有什么事跟我说。今晚7点钟，我在大会堂接见你们！"周恩来讲话后，他们马上就撤走了。周恩来又对贺龙说："不去，不管他，你也不要接他们的电话。"

当时正值"一月风暴"，社会上很乱。周恩来对贺龙的安全放心不下，1月11日凌晨，又安排我们两人住在他家西花厅的前厅。床是我们到后临时搭的。在西花厅住时，我和贺龙亲眼见到了恩来同志日夜操劳的情景。他天天夜间出去工作，我和贺龙都很担心。每天黎明前我们趴在窗台前，盼着他早点回来。每天天快亮时，才看见他的汽车缓缓地从外边开回来。恩来同志太疲乏了！太劳累了！看到这些，我和贺龙心里难受极了。

贺龙住在西花厅，心情很不安。总觉得恩来同志天天为国家操劳，他却躲在西花厅休息，很不是滋味。恩来同志工作这么紧张、劳累，还经常抽时间到我们的住处看一看，每次来后，都对贺龙说："你就安心住着吧。"有一次恩来同志说："我就在这儿吃饭吧。"我便告诉服务员，把饭给他端过来。饭很简单，两个菜。他边吃边说："我实在没有时间。"接着又说："薛明，你给我念念报纸吧，我连看报纸都来不及。你给我念念报道，或当天的社论。"接着又问贺龙："你看过报纸了吧？"贺龙说："看过了。""那我们两人一块再听听。"我说："我念得慢啊。"总理说："我喜欢听慢的，现在年纪大了，念快了记不住。你就慢一点念吧。"恩来同志一边听我念报纸，一边吃饭。我边读边想，总理啊，你吃饭都没清静的时候啊！

"一月风暴"的飓风，也刮进了中南海。

1967年1月19日，周恩来和李富春一起找贺龙谈话。周恩来说："对于你的安全我负责。主席不是也说嘛，要保你。我也要保你。我想把你留下，但中南海这个地方也是两派，也不安全，连朱老总的箱子都被撬了。我给你找了个安静的地方，去休息休息。你可能不习惯，也许过些时候就习惯了。你缺什么东西告诉我。"贺龙和我虽然并不了解他与林彪一伙斗争的内幕，但我们知道他的处境也很难。谈话结束后，恩来同志紧紧握着贺龙的手，难舍难分地说："你先走吧，到秋天时我去接你。"稍停了停，他又说："家里的事，我顶着。你就别管了。我已安排好了。你不要着急，杨德中护送你，夜间再走。"贺龙怎么也没想到，此行道路坎坷，荆棘载途。他更没想到，这次分手竟是和周恩来最后的诀别！

1967年1月20日凌晨3点钟，我和贺龙离开了西花厅，由杨德中和贺龙的警卫员杨青成护送，乘车朝玉泉山驶去。天蒙蒙亮时到了玉泉山。后改乘小吉普车，这时车上就只有贺龙和我及护送我们的杨德中了。汽车一直开到香山附近的象鼻子沟。这是建在山腰间的一所平房院落，里面的房子很不错。除了担任警卫的战士外，就只有贺龙和我两个人。

我们走后，林彪、"四人帮"一伙到处打探贺龙和我的去向，多次闹着要"揪斗贺龙"，要"打倒贺龙"，都遭到了周恩来义正词严的回绝。2月18日，恩来嘱咐秘书告诉国家体委"造反派"，他不同意批斗贺龙同志，这也是中央的决定。2月22日，他再次嘱咐秘书向体委传达："周恩来不同意召开批斗贺龙同志的会，因为中央至今未批准此事。"

刚到象鼻子沟时，杨德中经常代表周恩来去看望我们，他每次来，贺龙都紧紧地握着他的手不放，问他："总理好吗？让总理放心吧。"杨每次都转达恩来同志的问候。恩来同志说，要活到老，学到老，改造到老，并嘱咐贺龙利用休息时间，好好学习学习，练练字，学学毛主席的著作。他还说，总理估计你坐不住，不习惯这个环境，过一段时间会习惯的。你若有事，可找总理。自此，贺龙真的练起字来了，练得还很认真。

1967年，国庆节后，贺龙高烧至40度，吃饭总吐。周恩来知道后嘱咐速送三〇一医院治疗，但遭到江青反对，只好送到二六七医院，安排住在传染科。二六七医院归警卫一师管，条件较差。住院时，杨德中和警卫一师的人曾去探视他。出院后，杨德中为烧暖气的事又来看了贺龙，同时带来了恩来同志亲切的关怀和问候。恩来同志说，山沟里的温度低，比城里凉，要早烧暖气。他是怕贺龙再感冒。贺龙紧紧握着杨德中的手激动地说："听到了总理这亲切感人的话，就好像见到了总理一样。"贺龙非常感激恩来同志对他无微不至的关怀。此后，我们和恩来同志的联系就中断了。

贺龙被列为专案审查对象，我们完全落入了林彪一伙的魔掌。林彪一伙加紧了对我们在政治、生活和医疗等各个方面的迫害。在临离西花厅时，我悄悄地把西花厅的电话号码记在了手心里，以备日后有急事时和周恩来取得联系。到象鼻子沟后，开始杨德中常去，还没感到没电话的困难。自和周恩来断了联系后，才感到困难。贺龙曾叫我悄悄地去看看哨兵的电话，能不能趁他们不注意时，把电话拨出去。一看才知，哨兵使用的是手摇电话，我们连电话也拨不出去了，和周恩来再也联系不上了，心里真难受啊！在这里，我们一直住到1969年6月9日贺龙被迫害致死。

贺龙含冤去世后，我又回到象鼻子沟。继之又把我押送到贵州省某空军干校，进行残酷摧残。

1971年10月的一天，北京来了两个人。其中一个人说："你是老薛吧？"怕我没听清，又稍抬高声音说："你是不是薛明啊？"我疑惑地望着来人，没吭声。另外一个人说话了："你别紧张，我们不是他们那伙的。林彪和叶群叛国出逃，已摔死在蒙古。他们完蛋了。"听到这里，我赶紧拉着他们的手问："你们不是那一伙的？"他们亲切地说："是周总理让我们来找你的。为寻找你，我们四处查访，几乎跑遍整个中国。"一听是周恩来派他们来找我的，热泪顿时流了下来。他们告诉我："叶群的一些事你知道，贺龙最后的日子里，也只有你在他身边。周总理要你把贺龙同志遭受林彪一伙迫害的情况，原原本本写出来，报告中央。"我心里热乎乎的，可盼到这一天了。回来以后，我眼含泪水，写写停停，到1978年终于写好了《向党和人民的报告》。有一次，邓大姐听我讲完报告的内容后说："这些材料要是总理听到了，他会非常难过的。"

回到北京后，国务院安排我住在新疆办事处。周恩来派科教组组长刘西尧来看望我。刘西尧说："总理让我向你一家问好。希望你一家团圆。"在周恩来的关怀下，我和失散5年的孩子们团聚了。和儿女团圆时，我没有给孩子们留下一个挨整的印象，而是觉得心里踏实了，觉着贺龙平反有希望了。

1974年年底，中共中央发出为贺龙恢复名誉的通知，推倒了林彪一伙强加在贺龙身上的一切不实之词。

贺龙平反前，周恩来让邓大姐的秘书打电话问我："贺龙的骨灰在哪里？"作为贺龙的亲人，我是多么希望能找到啊！此后，邓大姐还曾两次来我家中。第一次来，是了解我和孩子们的生活及健康状况，虽没说明要给贺龙平反，但邓大姐来本身就是个态度，希望就很大了。邓大姐第二次来我家，带来了恩来同志的问候，希望我保重身体，不要太难过，要向前看。邓大姐还说，举行贺龙骨灰安放仪式，不登报，是中央的意见。我说：中央怎么决定，我就怎么办。

贺龙骨灰安放仪式前夕，邓大姐又在电话中说："恩来同志若来了，你们双方要控制些感情。"我将大姐的话告诉了亲属们。6月9日那天，我和儿女们刚进休息室不久，就听到了周恩来在休息室处大声喊我："薛明，薛明啊！"门被拉开，恩来同志走了进来，我急忙迎上去。他紧紧地搂着我，声音颤抖地说："薛明，我没有保住他啊！都6年了，老总的骨灰没能移到八宝山公墓，我很难过啊！"说着，眼泪簌簌地流下来。我望着他那被病折磨得消瘦的脸颊，激动地只说了一声："总理，我感谢你对我们全家的关怀……"就再也说不出话来了。这时，我的女儿晓明走过去说："周伯伯，你要保重身体呀！"恩来同志抬起头来，缓缓地说："我的时间也不长了！"顿时，整个休息室里一片哭声。这是周恩来生前最后一次参加悼念活动。周恩来代表党中央为贺龙致悼词。他说："贺龙同志是一个好同志。在毛主席、党中央的领导下，几十年来为党、为人民的革命事业曾作出重大贡献。""贺龙同志的逝世，使我们失去了一位老同志、老战友，是我党、我军的重大损失。"听着这深情的话，我抬起泪眼，望着贺龙的遗像，在心底里默默地说："贺龙，总理了解你。"

（薛　明）

相得益彰
——贺龙和任弼时

1934年7月23日，中共临时中央和中央军委电示红六军团撤离湘赣苏区突围西征，转移到湖南中部，发展游击战争，创立新的苏区；同时，与贺龙领导的红三军建立可靠联系。8月7日下午，担任中央随军代表、红六军团政治委员会主席的任弼时和军团长萧克、政委王震率军誓师西征。

木黄会师　遂成战友

1934年10月7日，西征途中的红六军团到达甘溪时，突然遭到桂军的袭击，主力被截成三段，战斗失利，部队损失很大。十七师的四十九、五十一两团之一部，由李达、晏福生、苏杰率领冲出包围，于15日到达黔东，与红三军会合。

李达同志率领部队与红三军会合后，贺龙、关向应听取了李达的汇报，得知六军团处境困难，立即率领红三军与六军团先期到达这里的部队兼程南下，接应六军团北上。

一个时期以来，任弼时身体很坏，被疟疾折磨得常常只能在担架上指挥进军作战。10月24日，红六军团主力进入贵州印江县的木黄。突然，侦察员报告：前面发现敌情。任弼时即令部队抢占有利地形，准备战斗。由于傍晚雾霭弥漫，看不清目标。对面有点射枪声过来，战士们准备还击。任弼时思索片刻，命令先不要开枪，因为他听对方打枪有些奇怪，不像国民党兵的打法。是什么部队呢？他命令战士们喊话：

"你们是什么部队？"

"我们是红军！"对方清清楚楚地回答，"你们是什么部队？"

"我们也是红军！"

"你们是哪一部分？"

"我们是红六军团！你们是哪一部分？"

"我们是红三军！"

战士们顿时欢呼起来："啊！我们找到贺胡子啦！"

任弼时神色一振，立即派人到前面仔细观察。对方的战士走近了，透过雾气，人们立即看见对方果然穿着红军的服装，马上报告任弼时。他微笑着点了点头："好啊，是红三军！"

战士们喊着，笑着，涌下山去。两军同志像失散了多年的亲人一样，互相拥抱着，端详着，眼里闪着激动的泪花。

任弼时也抑制不住满心喜悦，大声询问："贺龙同志呢？贺龙同志在哪里？"

……

躺在担架上的任弼时和萧克、王震终于和率部前来接应的贺龙、关向应会面了。

不是当事者，又有谁能体会到他们当时的激动心情呢？贺龙，曾经担任南昌起义的总指挥。起义失败后，回到洪湖老家。从仅仅几个人的起义，发展而为大兵团的红军，率领部队爬山越岭，风餐露宿，赴汤蹈火，千里转战。现在终于见到党中央的代表，见到了兄弟部队，怎能不使他感到兴奋呢？任弼时率军西征，艰苦跋涉，与湘、桂、黔三省敌军周旋，历时78天，行程5000里，终于找到了红三军，找到了贺龙，完成了任务，又怎能不叫任弼时激动异常！

两双大手紧紧地、久久地握在一起。这便是他们见面并成为亲密战友的开始。

两天后，在四川酉阳县南腰界的猫洞大田举行了会师大会。会上，任弼时宣读了党中央发来的贺电。根据中央军委决定，红三军恢复二军团的番号，贺龙为军长，中央代表任弼时任政委，关向应任副政委，由贺龙、任弼时、关向应统一领导和指挥二、六军团。

在南腰界，贺龙把军医处长贺彪喊来，对他说："六军团的马大部分失落了,你把军医处的马拨一部分给他们。你要亲自挑几匹最好的马送给六军团的领导人。"又指示经理处,给六军团送粮、送肉,设法为他们营以上干部每人配备一匹坐骑,并吩咐部队连夜到山上割细草为六军团战友打草鞋。他还告诉军部值班参谋,两军会合后站岗、放哨等勤务全部由红三军承担。贺彪把自己最心爱的坐骑、段德昌送给他的纪念物——"小钢炮"送给了任弼时。

任弼时要红六军团的同志把一路缴获的战利品,枪支、弹药、医药、香烟、被子等,送到二军团同志手中……

晚上,贺龙迫不及待地带着干部来找弼时,请他介绍中央红军的宝贵经验。任弼时也迫切要了解二军团在湘鄂西斗争的经验,及黔东湘西的各种情况。两人促膝交谈,直至深夜。

任弼时与贺龙相互尊重,配合默契。他们的模范行为,是促成二、六军团在以后长期共同战斗中互敬互重、密切配合的重要因素,在党的历史上传为佳话。多年后,贺龙还说:"两军团6000人,6000多个心,可大家团结得像一个人,要怎么走就怎么走,要怎么打就怎么打。"

1月,总指挥部接到军委电令,命二、六军团分兵行动:红二军团仍留黔东,红六军团单独向凤凰、乾城方向前进,建立根据地,吸引更多的敌人于湘西北,以配合中央红军突围,进而与二、六军团会合。

贺龙不同意分兵,他认为中央军委这个计划不妥,一是二、六军团各自只有三四千人,分开活动力量薄弱,容易被敌人各个击破。二是凤凰一带是军阀陈渠珍长期盘踞的地方,反动统治根深蒂固,且是苗族地区,语言不通,六军团单独前往,难以立足。他主张两个军团一起行动,开往永顺、桑植一带,那里群众基础好,国民党统治力量比较薄弱,进退有利。进,可以到常德、澧县、沅陵,威胁重要城市和长江交通;退,可到四川、贵州。这样更有利于牵制敌人,策应中央红军作战。

任弼时认为贺龙的分析有道理。中央不了解二、六军团的情况,如果按照中央的指示办,二、六军团前途难料;实事求是地处置,责任就要由他来承担。沉思良久,任弼时毅然地说:我们要对革命负责!于是,他起草了《关于二、六军团集中行动的请示》电,再次陈述利弊。尽管中央军委发电仍坚持分兵,但最后又说,"湘敌将其大部抗击中央红军,二、六军团之环境可有改善,应利用此时机求得向湖南大发展"。

10月28日,红二、六军团一同离开南腰界,浩浩荡荡地向湘西挺进。

共创湘鄂川黔根据地

11月7日,红二、六军团占领永顺县城,进行了为期一周的休整。接着,任、贺共同指挥了十万坪战役。这是自红二军团离开湘鄂西根据地及红六军团西征以来,扭转困难局面的一个重要战役。战前,任、贺等精心布置,制定诱敌深入、在运动中利用有利地形、集中兵力歼灭敌人的方针。役中,任、贺指挥二、六军团分兵参战,配合默契,由红六军团3个主力团为一部,设伏永顺城北90里之十万坪谷地,诱敌聚歼;由二军团负责追击逃敌。是役,歼敌1000多人,俘虏敌旅参谋长以下2000多人,缴获长短枪2000余支,轻机枪10挺和马匹、子弹等大批军用物资。十万坪一役,不仅改善了红军的装备,鼓舞了广大军民的胜利信心,而且为发展湘鄂川黔革命根据地奠定了基础。

11月17日,二、六军团重占永顺县城,接着二军团一部乘胜占领桑植,24日解放大庸。自此红二、六军团已占领了永顺、桑植、大庸等县城及其广大地区。根据中央指示电,11月26日成立中共湘鄂川黔省委,书记任弼时,委员有贺龙、关向应等,同时成立临时政权机构——湘鄂川黔革命委员会,贺龙任主席。

1934年12月5日,红二、六军团主力在贺龙、关向应、萧克率领下,从大庸出发,逼沅陵、破桃源、围常德、占慈利……给湖南敌人和进攻中央红军的敌人的总后方以很大的威胁,有力地配合了野战军的行动。是月底,部队西返大庸,永顺休整。

此间,任弼时、王震、张子意及夏曦留后方,深入永顺、大庸、龙山、桑植等县发动群众,进行土地革命,建立各种地方组织,使苏区各方面工作按照党的政策顺利发展,成为贺龙驰骋湘西的坚强后方。红二军团在会合后恢复了党的组织,部队扩大了一倍以上,肃反扩大化造成的恐怖现象逐渐消失,指战员的胜利信心提高了,战斗力大大加强了,许多年后,贺龙深情地回忆道:"任弼时同志的到来,给我们以无限的兴奋和力量,从此使我们恢复了和中央的联系,给我们带来了中央红军的宝贵经验,使我们许多重大的政策问题获得了解决,从而使湘鄂川黔革命根据地的建设和部队的建设在更加健全的道路上向前发展，部队的思想领导、政治工作以及军事工作建设更加健全了，群众运动更加开展了，革命根据地更加扩大了。正因为如此，蒋介石的反动军队，被歼和受到歼灭性打击的数目日益增多了……这一切成就都是与弼时同志的领导及其艰苦深入的工作密切不可分离的。"

1935年2月底，遵义会议的精神传至二、六军团。4月上旬，按中央军委4月5日指示，任弼时、贺龙率军退出塔卧，向北转移。13日激战陈家河，歼敌陈耀汉旅；15日在桃子溪歼敌张万兴旅。接着，6月13日、14日在忠堡歼敌1个师部、1个旅及特务营，并重创六个团，活捉敌师长；8月3日打了板栗园伏击战，全歼敌五十八师。至此，粉碎了湘鄂两省敌军对根据地的"围剿"。半年多时间内，红二、六军团在任、贺的指挥下，进行了大小战斗30余次，缴获敌人轻重机枪150余挺、无线电台5架，山炮两门，子弹120多万发，生俘敌人纵队以下军官百余人、士兵8000多人。在和十倍于我的敌人战斗中，二、六军团从8000人扩大到21000多人。取得如此辉煌战果的因素之一，不能不说是任、贺配合默契，相得益彰。

长征路上共同与张国焘斗争

1935年11月19日，红二、六军团离开湘鄂川黔革命根据地，开始了新的战略转移——长征。经过半年多的转战、跋涉，1936年7月2日，红二、六军团齐聚甘孜，与四方面军胜利会师。之后，中央电令红二、六军团改称红二方面军，成立总指挥部，由贺龙任总指挥，任弼时任政委，萧克任副总指挥，关向应任副政委。

以前，任弼时、贺龙与党中央失去电台通信联络，对张国焘另立"中央"，分裂红军的情况毫无了解，不知道毛泽东已率领中央红军到达甘南地区，而张国焘则率四方面军南下川康地区的情况。他们误以为张国焘以红军总政委名义的来电就是代表党中央。直到会师前不久，任、贺才稍有了解。会师后，经朱德介绍，任、贺终于清楚了一两年来党内激烈斗争的详情。

与张国焘斗争是需要讲究策略的。他自恃人多枪多，以势压人。任弼时和贺龙、关向应商量一定要挫败张国焘的阴谋。这一斗争，又是贺龙坚决支持了任弼时，就像当年二、六军团会合后分兵与否的问题上任弼时坚决站在贺龙一边一样，为中国革命的前途与命运共同战斗。

在绒坝岔，任弼时即给甘泗淇写了信，交代他3件事：让四方面军来的干部，只准讲团结，不准讲反中央毛主席和一、四方面军的问题，四方面军发的文件一律不准下发。刚到甘孜，见面时，张国焘就提出要开党的会议。任弼时向他提出：报告哪个做？有了争论，结论怎么做？于是，党的会议没有开成。

然而，张国焘并没有停止分裂活动。他又提出要联合召开二、四两个方面军的干部大会。问题一经提出，任弼时马上看出张国焘企图从组织上以多数压倒少数来同意他的反党路线，便立即找贺龙和关向应商量，任弼时提出增加一条，即不能以多数压少数。这样，干部会也没开成。

此前，贺龙很策略地采取了向张国焘要人的办法，以多带部队与红一方面军会合。贺龙借口转战时间长，兵力损失大，遂将当时归张国焘指挥的三十二军要了过来。三十二军原属一方面军九军团，一、四方面军会合时划归四方面军指挥。这样一来，张国焘就不能直接指挥了。

任弼时还深入到四方面军的干部中逐一谈心，讲明团结北上的意义。并受朱德、刘伯承的邀请给四方面军的指战员作报告，多次与张国焘谈心，尽量挽救他，又不至激出无谓的乱子。最后，张国焘只得表示同意北上。一场严重的党内危机被暂时解除了。两方面军即分三路先后北上。朱德、刘伯承因为自己比较孤立，就拉着任弼时和他们一道走。这样，任弼时遵照他俩的意见随红军总部和朱德、张国焘一起行动，贺龙、关向应等率二方面军前行。

从此，任弼时与贺龙这两位相得益彰的政委和总指挥分别进入草地，踏上与党中央会合的北上征途。

戎马征战　相互信赖

为了完成党中央交给的光荣使命，竭尽全力使张国焘北上、三大红军主力会合，两位配合默契的战友不得不分手。然而，从木黄会师以来，近两年时间他们共同指挥红二、六军团开展湘西斗争，建立湘鄂川黔根据地，率军长征远离中央，远离老根据地，甚至在与中央失去电讯联络的情况下，凭着中国共产党人对人民、对革命事业的高度责任心和敏锐的政治嗅觉，与围追堵截的敌人浴血奋战，与张国焘分裂主义进行不调和的斗争，粉碎了他的阴谋，团结了二、四方面军，最终促成了三大主力会师。在这之中，任、贺之间结成的最亲密的战斗友谊，也像他们对事业的追求一样默契。

1935年6月13日夜，在湘鄂边界一个叫李家河的地方，二、六军团总部刚要开拔，电台截获了敌人一份密码电报，正待破译，机要科长报告了任、贺。

他俩来到电台边，见王永浚正在伏案紧张工作，任弼时对贺龙说："你先走，我等电报译出来，搞清情况就跟上来。"贺龙先是推让任弼时先走，后又想了想，同意了。但临走时又要警卫排多留几个人保护政委，并几次交代警卫员：要是遇到紧急情况，背也要把政委背回来。

贺龙上路后不久，任弼时也纵马奔来了，兴奋地告诉他破译结果：敌张振汉部奉徐源泉之命来解宣恩之围。贺龙高兴地说："好哇！我们赶到忠堡去，打他个伏击！""这个决定是正确的。"任弼时看看天说，"时间还来得及吗？"贺龙说："急行军！"部队随即改变行军方向，急行百里，奔袭忠堡。拂晓时，在忠堡大路两旁山上布好了口袋，战士们开始紧张地修筑工事。

也许是连日奔波加上深夜急行军的劳累，贺龙病了。

任弼时见他面色发白，直冒虚汗，细心观察，发现他呼吸也不正常，便关切地问他哪里不舒服。贺龙摇摇头，说没什么问题。任弼时不放心，又派人把卫生队长贺诚找来，一检查，贺龙体温高达39℃。任弼时对贺龙说："你下去休息，这里我来指挥。"贺龙哪里肯依。两人争执了半天，最后还是没有说服贺龙，任弼时只好叫警卫员好好照顾贺龙。

紧张激烈的战斗进行了两天两夜，敌人像无头苍蝇在包围圈里胡冲乱撞，最后退到一个屋场。这时，贺龙指挥的炮兵发挥了作用。战斗大获全胜，贺龙的病似乎也好了。

贺龙，一员虎将，在战场上有时也难免难为情。一次，战斗正酣，陶汉章跟在任弼时和贺龙后面，敌人的炮火很密。突围时，贺龙想骑马冲过去，陶汉章说："站住，你骑马过去不行的！"贺龙不以为然："有什么关系?"陶汉章说:"你没有关系,我有关系。"硬不让贺龙过去,让贺龙下马跟他走。贺龙硬是不下。任弼时早已下马,并对贺龙说:"老贺,汉章的意见是对的嘛!当然他的战斗经验不如你多,但这个意见是对的,你下来跟他走吧。"贺龙一听任弼时开了口,便下了马,跟陶汉章走了另一条路。过了口子,本该快走几步,可是贺龙还是慢吞吞地大摇大摆地走,急得陶汉章又催他,贺龙却说:"你看,你这个孩子,我走不动嘛!"这时,又是任弼时来解围:"你快点嘛,这是打大炮的地方!"贺龙这才又快步走起来。

回忆起这些往事,陶汉章总要说:"贺龙听弼时的,有时和关向应争论问题得不到统一时,只要弼时说:'同志呀,这是党的决定啊!'这样贺龙准服了。"

二、六军团监听敌人电台的工作是任弼时一手抓起来的。开始二军团许多人不了解这个电台的作用,看到这个电台天线老架在弼时同志房子跟前,跟着弼时走,跟着司令部,很不理解,以为是对二军团缺乏信任。后经过几次由于这个电台破译敌人密码而准确地截取了敌人情报连着打胜仗,大家才认识到了它的重要性。贺龙说:"我宁肯丢一个团,也不愿丢一个电台。"

1942年10月19日至1943年1月14日,在党中央的直接领导下,西北局在延安召开了高级干部会议。这次会议以整风的精神,总结了陕甘宁边区党的历史问题和工作。1月7日至9日,任弼时在会上作了《关于几个问题的意见》的长篇讲演,他说:"贺龙同志是南昌起义的军事领袖,苏维埃革命时期的红军创造者之一,担任第二方面军总指挥,抗战后任一二〇师师长。贺龙同志是一个真正身经百战的勇士,有指挥战争与建设军队的丰富经验……贺龙同志伟大之处,不仅在此,而且在于他对革命、对党的一贯忠诚的态度。他有百折不挠的精神,不因斗争失败而气馁……他对党中央的正确路线是坚决而忠实地执行的,从不以军队势力和党对立,不把军队看得比党高……他下了决心要干的事情,他是一定要一直干到底,不管其中有任何的困难与艰险……"这就是战友对贺龙的最好评价。

(赵一踪)

知己同怀
——贺龙和周逸群

1926年8月上旬的一天，湖南常德城外沅江的南码头一带，商贩云集，人群熙熙攘攘，分外热闹。一支穿戴着整齐军服的军乐队，吹奏着欢快的乐曲，几个军官在码头上不时翘首向东眺望着，期待着什么客人来临。码头边的沅江上，各式帆船在波光粼粼的碧波中穿梭般地来往。自从由贺龙率领的国民革命军第九军第一师，不久前击败祸国殃民的北洋军阀进驻常德后，这座被称为湘西门户的城市，一改旧观。贺龙师长治军严明，深得民众拥戴，工农商学各界，安居乐业，一片勃勃生机。今天，驻军和地方各界代表云集码头，欢迎远道从长沙来的"国民革命军北伐军左翼军宣传队"。

一、相互敬仰　一见如故

当天傍晚薄暮时分，宣传队乘坐的火轮在各界的热烈欢迎声中到达常德。第二天，贺龙师长就在府坪的师部，会见了宣传队长周逸群。他们虽然素未谋面，但彼此早已有所了解，相互敬仰，这次一见如故，非常高兴。

贺龙心直口快，一开头就坦率地说："很对不起哟，在铜仁你的老家，我的部队吃了你家谷仓里好多大谷呵！"

"师长说哪里话呀！"周逸群笑着说，"我家的稻谷，只怕革命军吃少了，越吃得多越好打仗啊。再说，那些谷子都是农民种的，当然应该送给革命军，请还请不到呢！"

"吃得不少，有30多石啊！"贺龙认真地说，"去年冬天，我第二次到铜仁，正碰上缺粮，幸好你的亲戚大方，说贺龙部队缺粮，要多少挑多少，还不要过秤呢！"

"完全应该嘛！"周逸群含笑称赞说，"贺师长的队伍，打富济贫，军纪严明，名震黔川……"

顿时，贺龙嘴含烟斗，面带笑容，眼神中透出对周逸群的敬重。

原来周逸群就是贵州铜仁人，1896年生，少小时就才华出众。后留学日本，回国后，在贵州创办《贵州青年》，唤起民众，启发青年，为反对军阀统治而奋斗。1924年考入黄埔军校第二期，当年加入中国共产党，是黄埔"中国青年军人联合会"的主要负责人之一，曾受到孙中山先生的召见和鼓励。黄埔毕业后，被中国共产党派到北伐军工作。1925年7月，国民革命军攻占长沙后，北伐军总政治部为了加强军队的政治工作，派遣当时任宣传科中校科长的周逸群，率领由共产党员袁国平等30人组成的"国民革命军左翼军宣传队"，到左翼军的贺龙部队来工作。1924年夏和1925年年底，贺龙任建国川军第一师师长时，曾两次驻防铜仁，知道黄埔军校有个铜仁籍的学生周逸群，追随孙中山和共产党干革命，颇有点名气。也看到过周逸群在黄埔主持的中国青年军人联合会出版的一些刊物，如《中国青年军人联合会简章》和《宣言》等，上面对纷乱中的国内时局作了精辟的分析，提出了奋斗的方向，如说："列强帝国主义，以经济侵略为目的，用政治的、经济的、文化的手段，侵略我们、压迫我们；我国因此便成了半殖民地国家"，"帝国主义列强，在中国划分势力范围，分别支持各派军阀，以达到他们瓜分中国的目的，又造成军阀之间的战争不断，我国因此成了兵、匪、军阀、帝国主义共同捣乱的战场。"文章号召："军人自救，即所以救国。团结起来！联合起来！团结就是力量，联合即是幸福！"那时，正是贺龙率军在四川和北洋军阀支持的邓锡侯、杨森等部作战失利，饱尝军阀混战的痛苦，深感世事荆棘载道、前途茫茫之际。看到了这些闪烁着救国救民真理的文章，心情豁然开朗，赞许地说："能与这些人相处共事，就太痛快了！"周逸群也早已从报纸上和家乡亲朋的来信里，知道了贺龙——这位以两把菜刀起义干革命的传奇式的将领。今天能到他的部队来工作，也感到非常高兴。

贺龙和周逸群志趣相投，促膝深谈。贺龙继续说："你们那个青年军人联合会编的刊物，我看过不少，很受教益。我问你：联合会是哪个党领导的？"

周逸群没有直说，回答道："青年军人联合会反对孙文主义学会，反对军阀，反对独裁！"

贺龙听出了他讲话的弦外之音，暗暗想：黄埔军校有共产党，青年军人联合会可能是共产党领导的。他就是共产党员！因此，在和周逸群见面不久，贺龙就坦率地向他倾吐了对共产党的敬仰之情，说道："看了你们办的那些刊物，我就认为共产党的主张好，如果照这样去做，中国就找到了出路。当时我就准备去广东找共产党，因为熊克武的阻挠，才没有去成。你来了，很好，我要参加共产党，你给我介绍。"周逸群高兴地对他说："共产党是不关门的，只要够条件，一定有人找你。"这个回答，明白无误，使贺龙听了受到很大鼓舞，对加入共产党充满信心。

二、留请高才　整军办学

贺龙和周逸群谈话中，特别提出请他帮助改造部队和培养训练军官的问题。他向周逸群讲述了自己多年来带兵的体会，他说：再远不说，从民国九年（1920年）我当团长以来，打军阀，打官僚，反吴佩孚，反赵恒惕，东征西讨，长年转战，时刻在枪林弹雨中生活。对部队的训练抓得不够，官兵们对革命的主义不甚明了。加上这几年收编了不少杂牌队伍，又没有经过仔细考察，难免混进了一些兵痞、流氓。因此，违犯军纪的事时有发生，遇到环境困难，有一些人就离开队伍逃跑了。前一段时间，我注意到这种情况，也抓了一下。去年（1925年）在澧州办了军官教导团。今年年初，在你家乡（铜仁）驻防时，在教导团的基础上，扩充为随营军官学校。上个月，我北伐路过沅陵，又开办了军官教导队，还选调了40多个青年去广东进黄埔军校学习，希望他们毕业回来，成为部队的骨干。但总的来说，没有你们黄埔军校办得好，希望你帮助。

周逸群听了后，根据平时对贺龙部队的了解，赞扬了他多年来反帝、反吴（佩孚）、反军阀的爱国正义行动；赞扬了他治军严明、爱护民众的良好军风；对他重视扶植国民教育和重视军官训练的远见卓识和措施表示敬佩。然后，扼要地介绍了黄埔军校办学的经验，着重地说，培养军队的初级军官，不仅要学军事，重要的是加强政治训练，施以正确的革命政治训练，明了为谁而战；要设立政治部和政工人员，通过他们，把革命精神灌输于部队；并动员民众支持军队，造成军民一体，方能使军队在风云变幻莫测的动荡时局里和激烈的战争中，保持正确的政治信仰和坚决的战斗精神，肩负起打倒列强除军阀的国民革命的使命。这时，正是国民党第一次全国代表大会（1924年）以后，孙中山接受共产党的建议，实行"联俄、联共、扶助农工"三大政策，国共两党合作，举行北伐。周逸群讲的这些办学治军的方针，正是以周恩来为代表的共产党人在黄埔军校和后来在北伐军中实施的。囿于当时党并未完全公开，所以周逸群未能点明这一点。即使如此，周逸群这番直率坦荡的陈词，条理清晰，情真意切，使贺龙备受启发。虽然他过去对领兵、治军、办学的方法也做过一些改革，搞了一些法规、制度，但比起周逸群讲的这些，就很不彻底，很不完善了。他不由得心中暗想：周逸群是个人才，人才，共产党就是有人才！当即对周说："你讲得好，完全按你的主张办。请你留在师部，帮助我整顿军队和训练下层军官，是不是再请广东派些人来一起办？"

"广东派人来不及，也不见得需要。有你贺师长的威望和经验，我们大家帮助，就可以办好。"周逸群爽快地答应了，又说，"我们可以马上招一部分学生，再从下面选些青年军官，开办一个政治讲习所。"贺龙非常赞成周逸群的意见，决定在原随营军官学校的基础上，开办"国民革命军第九军一师政治讲习所"。在贺龙一再挽留下，经中国共产党湘区省委员会批准，宣传队除袁国平等10人派到第十军工作外，周逸群和陈恭等20人留在贺龙的部队里工作。周逸群先任讲习所所长，不久，北伐军总政治部任命他为师政治部主任，所长一职由贺龙师长的秘书长严仁珊担任，但实际上仍由周逸群负责。接着，贺师的各旅、团、营、连都配备了政治工作人员（统称指导员），连队也陆续建立了士兵委员会。在部队中进行政治教育，唱革命歌曲，讲解《总理遗嘱》，开展进步、健康的文体活动，革除赌博、抽鸦片等恶习，特别是在基层干部和士兵中开始秘密发展共产党员，建立共产党支部，逐步使部队的面貌焕然一新。贺龙还在全师的团以上军官会议上，向大家介绍周逸群，说："告诉你们一个好消息，共产党员到我们部队来了，带队的周逸群同志，是留日学生、黄埔军校毕业生。他有学问、有才干。现在是我们师的政治部主任，主持政治讲习所的工作，培养下层军官。"并且宣布一条规定：全师官兵都要尊重宣传队，支持周主任的工作，向他们学习。爱才兴学的热诚，溢于言表，使周逸群深受感动。他谦虚地说:"我的水平低,革命经验不足,各方面都要向师长请教,向各位学习。"

贺龙的思想大转变,很大程度是来自周逸群正确地宣传和执行了中国共产党的政策,以及对他的谆谆教育。他后来曾说过,周逸群对他的影响,是对他思想上的第三次推动,也使他真正地接近了共产党。

三、劝学文化　铭记终身

1927年8月1日,贺龙率领二十军全体将士,在中共前敌委员会和周恩来的领导下,义无反顾,坚决地参加了震惊世界的南昌起义,任起义军总指挥,打响了武装反抗国民党反动派的第一枪。

八一南昌起义胜利后的第二天,贺龙和周逸群在一起谈问题,谈到了宋庆龄发表的宣言。宣言中谈到孙中山先生参加革命,和孙中山先生幼年时家境贫苦,上小学时打赤脚等事。周逸群把宣言念给贺龙同志听,贺龙听后非常感兴趣,对周逸群同志说:"你再念三遍。"贺龙一直全神贯注地听着。之后,他说:"这篇文章真好。你周逸群是知识分子,念了四遍。我不识字,听了四遍。现在我们两人比比看,看哪个背得出来。"

结果,贺龙一口气把宣言背诵出来了,一字不差。周逸群却不能完全背出。贺龙哈哈大笑说:"知识分子不如大老粗啊!"周逸群心想,这人绝顶聪明,可惜就是不肯学文化,现在倒是一个劝他学习的好机会。于是对贺龙说:"你的聪明我五体投地地佩服,但是光听人家念文章,自己不能亲自读,那是不好的,倘若别人将重要的地方有意念错,你也不知道,那岂不坏了大事。"又说:"要想做出伟大的事业,必须读书,读书并不难,有进行伟大事业的决心,再难也不怕。"

贺龙收敛起笑容,听着周逸群的话,很受启发,他沉吟了一下,对周逸群说:"我觉悟了。从今天起,开始学文化,说到做到。老周,你知道我是说话算数的。"这一天是1927年8月2日。

这件事贺龙一直记在心上。全国解放后,一次贺龙在北戴河休假,遇到一位当年的老战士,又提起了周逸群劝他学文化的事。他意味深长地说:"为了革命事业,我们要继续学习,最为重要的是学习马列主义和毛主席的著作。"那位老战士说："您已经是一位精通马列主义、毛泽东思想，身经百战的人民军队的元帅了。"贺龙打断那位老战士的话说："我由一个不识字的人变成一个略通文字，能讲出一些革命道理的人，由一个一心劫富济贫的人到成为决心为共产主义奋斗终生的战士，这全靠党和毛主席的教导啊！"

四、双狮雄立　功绩千秋

南昌起义成功后，周逸群和贺龙一起，南征广东。在征途中，贺龙多次提出加入中国共产党的要求。根据贺龙的申请和表现，8月中旬，经周逸群和谭平山介绍，贺龙加入了中国共产党。宣誓仪式是在瑞金河边的一所小学里举行的。

起义部队在广东失败以后，周逸群随贺龙回到了贺龙的家乡，创建了洪湖、湘鄂西革命根据地。

在洪湖、湘鄂西革命根据地全盛时期，周逸群同志担任着中共湘鄂西特委书记、中共红二军团前委书记、湘鄂西联县政府主席和红二军团政治委员等职；贺龙担任中共红二军团前委委员和中国工农红军第二军团军团长等职。他们二人，一位是这个根据地党政的主要负责人，一位是红军的主要指挥者。在创建和保卫革命根据地的艰苦岁月里，他们既是患难与共的革命同志，又是休戚相关的亲密战友。

那时，他们刻了两枚同样大小的暗红色寿山石的印章。其特点是：周逸群的印章狮头向左，贺龙的印章狮头向右，两印不仅大小、颜色、花纹和石质完全相同，而且两只狮头左右相向，气魄雄伟，浑然一体，酷似天成。其印文的字数、字体、边框、章法和镌刻各不相似：周印阴刻宽边，细篆"海涛"两字，刀法秀丽端庄；贺印阳刻无边，粗篆"贺龙之印"4字，笔画遒劲古朴；钤印纸上，风格各异，互为映衬，赏心悦目。

这两枚印章至今珍藏在北京中国人民革命军事博物馆。湖北省博物馆和洪湖县革命历史博物馆均有这两枚印章的复制品。

每当我们怀着崇敬的心情瞻仰这两枚印章时，便会想见周逸群的谦虚、沉着、文静、潇洒的伟人风度；贺龙刚毅、稳重、勇猛、平易的大将气概。他们情同手足，肝胆相照的同志关系，忠于共产主义事业的革命精神，叱咤风云、搞天掀地的英雄形象，便会历历呈现在我们的面前，激励我们前进，奋斗！

（晓　丹）

肝胆相照，朝夕相处十五年
——贺龙和关向应

贺龙和关向应有着非同一般的友情。早在1931年，党就派关向应到湘鄂西根据地担任红三军政治委员。从那时起，他们俩朝夕相处15年，从没分开过。从内战到抗战，他俩率领部队，曾经历过成百上千次的战斗。长期以来，贺龙指挥军事，关向应做政治工作，两人配合默契，协调一致。人们从没见过他们在原则问题上有过分歧，每次战斗都搞得很好，度过层层险关，取得了一个又一个的胜利。

关向应和贺龙一样，也留着小胡子，叼着烟斗，他们的腰间挎着同样的"左轮"手枪，用着同样的马鞭，不同的只是包枪的绸子和马鞭上的穗子一个是红的，一个是蓝的。贺龙身材魁梧，关向应则比较瘦弱，但是最大的不同还是他们的性格。贺龙是痛快豪爽，处事坚决果断，说话洪亮有力；关向应则是精明仔细，处事深思熟虑，说话缓慢深沉。他们虽然性格不同，但却融洽无间，相得益彰。

关向应的崇高品德，实事求是的工作方法，自我批评的精神和艰苦朴素的作风，深得贺龙的崇敬和热爱。在一二〇师，当谈到干部、战士的政治觉悟和作战能力时，他每次都是强调这是关政委教育的结果。因为掌握党的路线、方针和政策方面，关向应的作用是主要的。

贺龙对关向应有着很深的感情。1940年，关向应因肺病回延安休养，刚住了不几天，就匆匆赶赴晋绥前线了。在前线，他协助贺龙，为建设晋西北抗日根据地日夜操劳，常常累得吐血，不久又被贺龙"逼"回了延安治病。从此，贺龙每次到延安，总要在百忙中抽空去看望关向应。凡是关向应需要的药品，总是千方百计地搞到。

为使关向应安心养病，贺龙特意派了自己身边得力的秘书陈梦还去照顾。一次，贺龙正在司令部听一位同志汇报工作，忽然，陈梦还从医院到司令部来了，贺龙马上丢开了工作，急迫地问他："政委的病怎么样了？"陈秘书回答："情况不是很好。"他说得很慢很轻，似乎是要尽量减少这句话的严重性。贺龙听后，眼睛一下就湿了，好一阵没有出声。过了一会儿，他问："政委想吃点什么？"回答是"只能喝点汤"。他就吩咐说："你用一只整鸭炖汤，炖到八成火候，把鸭子取出来，片下脯子上的白肉，把它剁烂，做成一个大肉饼，再放汤里炖。这样，所有的鸭油就会被肉饼吸收，沉到底下去，鸭汤会变得像清水一样，可营养还会在里边。你照这个方法做汤让政委喝，他总可喝下一些。"贺龙吩咐完以后，接着像是自言自语，又像是对我们这些在场的人说："许多年以来，我和关政委打仗在一起，睡觉在一起，比夫妻还亲，如今他……"他说着说着，就说不下去了。

但是，无论如何调养，关向应的身体还是一天天坏下去了。他的左肺由于脓胸，已完全萎缩；右肺的病也发展很快，将近一半坏死。1945年，贺龙从延安回前线，因形势紧迫，临走时很仓促，只得给关向应留了一封信。关向应吃力地读完这封信，不禁失声痛哭，断断续续地对医生说："我和贺老总一起打了……十几年的仗，始终没有离开过。现在，他……他一个人去了。"

1946年夏，关向应病情急剧恶化，贺龙亲自去延安探望。看见关政委那苍白消瘦的面容，贺龙的心像刀绞一般，眼眶不由得红了起来。他亲切地安慰关政委安心休养，好好治疗。关向应也满含激动的泪水，支撑着虚弱的病体，询问前方的情况。在归途中，贺龙十分沉痛地对身边的同志说："看来关政委的病势不轻啊！这个一向坚如钢铁的汉子，今天一见我们就泪水满眶……这不是儿女私情，他是挂念着前方的将士，惦记着千百万没有翻身的人民啊……"

然而，贺龙万万没有想到，这次会面竟是最后的诀别。1946年7月21日，关向应与世长辞。不幸的消息传到部队时，正值贺龙在晋绥高干会上作报告，悲痛的气氛笼罩着整个会场。散会后，贺龙在院子里急速地来回踱着，脸色变得阴暗，连续几天吃不好，睡不安。在晋绥军民悼念关向应政委的大会上，贺龙泪流满面，泣不成声，只得由别的同志代致悼词。为了寄托自己的哀思，悼念诚挚的战友，贺龙用他那粗犷有力的笔触，连夜写完了血泪交融的挽词《哭向应》，以表达对亲密战友的哀思：

> 一生中最真挚的战侣，你先我永逝了，辞去了你亲手抚养的部队，辞去了千百万人民，还辞去了你的难友——"云青"。
>
> 整整15年，你我同生死，共患难，洪湖、湘鄂西、鄂豫川陕边，酷暑炎天；湘鄂边、湘鄂川黔、云贵川、甘陕，雪山草地，西安平原；踏晋绥，出河北，几万里长途征战，入死出生。无论在战场上，工作中，也不管在茅庐草舍，大厦高堂，我说不出何时不在一起，何战有所分离，而今，你我是永别了，翘首苍天，你是音容宛在，而我则寝不成眠。
>
> 你的革命的一生——出身于纯正的无产阶级，参加团，参加党，直到成为团、党最完备的一个领导人，你在牢狱中，战场上，艰苦备尝，顽强对敌，从没有计较过个人，你掌握着毛主席的思想与作风，高度的原则，诚挚的精神，严己宽人。
>
> 你死了，悲痛了千万人的心，我要把悲痛变成力量，我对你沉痛的纪念，我是永远以我的心血，实现你临床恳切的深谈的遗言，革命完全胜利之日，就是你含笑九泉之时！

挽词哀思凄婉，感人泪下。这是对战友真挚的热爱，是任何私人情谊所不能比拟的无产阶级革命情谊。

贺龙在任何强大敌人面前不示弱、不服输的大无畏精神，在任何艰难困苦面前不退缩、不低头的顽强意志，在任何严重失败和挫折面前不灰心、不丧气的革命斗志，同样受到了关向应的尊重和赞扬。他和同志们谈起贺老总，总是满含深情，赞扬贺龙崇高的品德。他有一次谈到贺龙的性情豪爽，超乎常人的乐观，说："老贺在最困难的时候他总说有办法，而且每当最艰苦危险的时候，他最快乐，最守纪律，最关心别人。"他赞叹贺龙的记忆力，曾生动地向别人讲起："人们说，老贺的脑袋里有一张详细的地图，这是真的。"他还这样评价过贺龙："贺老总的特点，简单说就是两个字——不怕。他是一个最敢于创造奇迹的人！"

贺龙和关向应的亲密友谊，被人称赞为团结的楷模。人们给他们写信或是他们自己签字，常常写作"贺关"。李井泉曾经生动地比喻说："贺关"是我们一面旗帜上的两个名字，正如我们党旗上的镰刀斧头一样。

（继　修）

"要紧的是跟着毛主席干革命，风吹浪打不回头"

在战火纷飞的1939年，我和贺龙同志在冀中一起生活、工作了8个月。相处的时间虽然不长，却使我深深地感到：贺龙同志不但是一个卓越的军事家，而且是一个热爱毛主席、对党忠心耿耿的无产阶级革命家。他为人平易，性情豪放，心胸坦荡，说话办事虎虎生风，给我留下了极为深刻的印象。

1937年"七七"事变以后，我所在的旧东北军第五十三军六九一团，遵照中共中央北方局军委的指示，留在敌后河北晋县一带，会合地方党组织一起，开展群众性的抗日游击战争。当时，冀中军民抗日热情非常高涨。各种抗日武装风起云涌，遍及整个冀中地区。后来，在晋察冀军区司令员聂荣臻同志的关怀和指导下，成立了冀中区党委、冀中行署和冀中军区，将所有的抗日武装统一整编为"八路军第三纵队"，创建了冀中抗日根据地。

冀中地区正好在北平、天津、石家庄、保定之间，对盘踞在这几个大城市的日寇威胁很大，所以敌人不断地来围攻、扫荡，千方百计地想消灭这个"心腹之患"。1938年10月，武汉失守后，日寇停止对国民党军队的战略进攻，将主力转向我各抗日根据地，对冀中的进攻更加猖狂。当时日寇除动用了在冀中原有的一个半师团之外，还从华中将其精锐部队二十七师团调来，企图在来年的"青纱帐起之前肃清平原共军"，摧毁我冀中抗日根据地。就在这个关键时刻，贺龙同志率领八路军一二〇师来到了冀中。

1939年1月25日，我们在河间县惠伯口的村前迎来了贺龙同志和一二〇师其他几位领导同志。我和贺龙同志虽未见过面，但是一见如故，毫不拘束。他劈头就风趣地说：你这个司令官可不小啊，冀中的人口比陕甘宁还多两倍呢！说得大家都笑了。

　　贺龙同志一到冀中，就和关向应同志一起，向冀中的党政军领导干部传达了党的六届六中全会精神，并根据北方局的决定，由贺龙、关向应以及我和程子华等同志，组成了冀中区军政委员会，贺龙同志任书记。从此，我们就经常在一起研究问题，部署全区的作战行动，也经常在一起行军，一起宿营。在这期间，他一有空就和我们闲谈，天上地下，风土人情，无所不及，非常坦率。一次，他意味深长地说："你别看我贺龙现在像这么回事，南昌起义队伍在潮汕一带被敌人打散后，我在回湘西的路上连个买烧饼的钱都没有……"说完，他哑声地笑了起来。

　　贺龙同志对毛主席对我军制定的战略战术，理解得深，用得活。一二〇师到达冀中不久，正赶上日寇第三次"扫荡"。敌人以7000人之众，分兵五路，向高阳、河间一带杀来，企图在潴龙河两岸与冀中部队决战。在研究对策的会议上，贺龙同志详细分析了敌我双方的力量，明确指出：敌人这次来势很凶，要认真对待，但不能硬拼，应避其锋芒，与敌周旋于平原，然后相机集中兵力干掉它一部，最后歼其全部。会后，贺龙同志亲自率领一二〇师的七一六团和冀中部队一部，迂回在河间、肃宁两县之间，待机与敌交锋。2月2日，日寇宫崎联队一部进犯到河间以西的曹家庄地区，贺龙同志立即抓住了这个战机，命令所率部队迅速出击，一举歼灭了敌人150多名，又相继取得了黑马张庄、河间、大曹庄、东唐旺等战斗的辉煌战果。尤其是4月间在齐会的一仗，一下子把不可一世的日本王牌军吉田大队消灭了700多名，创造了冀中平原大规模歼灭日寇的空前范例，狠狠打击了日寇的气焰。

　　不管战斗多么激烈，环境多么危险，贺龙同志总是沉着、坚定、自信，仿佛在他的面前，世界上没有什么可怕的事情。在冀中，常常在敌人打到离我们驻地10里左右，枪炮声清晰可闻的时候，贺龙总还在兴致勃勃地看球赛或演出。不然，就是叼着烟斗，悠然自得地和同志们聊天。记得有两次，恰好我们出村子的东头，敌人从西口进来，就好像换防一样。在我们主动出击或打伏击的时候，他也同样从容、镇静，往往在部署结束后，他还去干点什么，然后亲临前线指挥，而且坚持到底。齐会战斗是打得最激烈的一仗，双方火力都很强，战场上一片火光，子弹、炮弹在硝烟中乱飞。在前沿指挥作战是很危险的。几个人劝贺龙同志到掩蔽所去指挥，他都不肯。正在这个时候，敌人的一颗毒气弹在附近爆炸，贺龙同志中了毒。卫生员马上赶来，要抬他到安全的地方去休息，他还是不肯，只戴上了一个用水浸过的口罩，闭了闭眼睛，又继续指挥战斗。

特别使我难忘的是，贺龙同志通过各种方式，来提高我们执行毛主席革命路线的自觉性。在贺龙同志来到冀中之前，发生过这样一件事：国民党"河北民军"总指挥张荫梧不仅不抗日，反而乘日寇"扫荡"之机，带着三个团的人马，从冀南侵入到我深县以南的地区，抢占地盘，破坏群众抗战。我们当然不能容忍，便命令一、二分区部队把他们三个团绝大部分歼灭了。后来，贺龙同志知道了这件事，高兴地说："你们干得对嘛！对国民党就得有两手，抗日咱们欢迎，捣乱，咱们就打。"他还说："根据地是人民的，不能让国民党顽固派这股坏水流进来。"我说："卧榻之旁，岂容他人酣睡！"贺龙同志笑了笑说："对！你这句老八股引得好！毛主席说过，要独立自主地开展游击战争，这是个原则，要坚持。"

1939年2月，正当广大军民奋起抗击日寇"扫荡"时，冀中部队独立第二支队司令柴恩波率部叛变。柴恩波早期在北洋军阀吴佩孚手下当过连长，是个利欲熏心的家伙。他混进我军以后，嫌官小，老想拉队伍，自立旗号。我们对他的表现早有察觉，想在反"扫荡"高潮过去之后认真解决一下。但不知怎么走漏了消息，被他知道了。于是，他便乘我们忙于同敌人作战之机，一面与日寇勾结，一面暗中与国民党新镇县长王宗祺进行交易。当国民党给了他个"冀察游击军第一师师长"的官衔以后，他就公开散发反共传单，声明脱离我冀中军区领导，拥护国民党。不仅如此，他还扣押了我第二支队政治委员、参谋长等党员干部100多人，并包围了文安县抗日政府，把县长、大队长等县领导干部抓了起来。

事件发生后，贺龙同志立即召开了军政委员会扩大会议，商讨解决的办法。有的人怕影响国共关系，不主张用武力解决。贺龙同志针对这种错误思想，严肃指出："消灭叛匪，是冀中部队内部的事，与国民党无关。而且柴恩波通敌叛国，扣押我干部，破坏抗日，是个道道地地的汉奸。"他说："难道我们对这种人还要讲客气、讲仁慈吗？"会上，一致通过了武装平叛的决定。贺龙同志还命令一二〇师的一部，配合冀中三分区部队迅速出击。后来，我军在文安县以西大王庄地区只打了几个小仗，就把叛乱平息了。因为柴恩波部队的大部分战士和干部是抗日的，当他们识破柴恩波的阴谋之后，便纷纷掉转枪口打叛匪了。柴恩波一见大势不好，便带着几个亲信和保镖跑到天津，公开投靠了日寇。

对敌人毫不客气的贺龙同志，对自己的同志却满腔热情，耐心引导。柴恩波叛变事件使我们愈加感到冀中部队迫切需要整训。贺龙同志鼓励我们说："出了个柴恩波有什么了不起。冀中部队大部分干部、战士是好的嘛！刚建不久，就能调得动，打得赢！现在要紧的是抓紧整训嘛！"后来，军政委员会根据贺龙同志的意见，对冀中部队作了进一步整顿。贺龙同志又从一二〇师选拔了一批优秀干部，充实了冀中新建部队。但贺龙同志一再强调要我们自力更生培养干部。他语重心长地说："搞革命，搞军队，没有一批政治上坚定的干部怎么行呢！光靠向上级要不行。你向聂荣臻同志要，他一下子拿不出那么多。向毛主席要，毛主席的担子比咱们重得多。最牢靠的办法是靠自己。"贺龙同志还以贺炳炎、余秋里两个同志为例，来提高我们对培养干部的认识。他说："贺、余两个人都只有一只胳膊，刚来冀中时没有几个人，可是他们东一搞，西一搞，就搞出个队伍来了。这个队伍打得很硬嘛！敌人一听见'一把手'的队伍，离老远就吓得溜掉了。"贺龙同志还说："冀中战士的质量可不低啊！他们见识广，有文化，接受能力强，又吃得苦，只要两块玉米面饼子往肚子里一填，就解决问题了。睡觉也不要铺盖，连鞋也不脱，穿着衣服往炕上一滚就睡。才补进连队没几天，抱起枪来就冲锋……这些兵，只要有好干部带，那了得呀！"

贺龙同志亲切的教导，对我们冀中几个负责人启发教育很大。1939年秋天，我们把冀中部队分批集中到根据地的中心地区，进行了整训。同时，还加强了"冀中抗战学院"的教学力量，开办了各种短期训练班，直接培训部队急需的干部，收效很大。

1939年8月，贺龙同志奉中央命令率领一二〇师去执行新的任务，离开了冀中。回想到8个月来与贺龙同志戎马相随、朝夕与共的情景，特别是想到贺龙同志对我的身教言传、循循善诱的帮助，实在感到恋恋不舍。

我是在"西安事变"前后接受党的领导，参加革命的，没有建设革命军队的经验。在冀中，当时虽有晋察冀军区聂荣臻司令员的直接领导和关怀，但终因异地相隔，难得时常当面请教。自己迫切感到需要学习，曾几次想给中央写信，要求去延安进党校。恰好在这个时候，毛主席派贺龙同志来到了冀中，为我提供了最好的学习条件。贺龙同志那种热爱毛主席，自觉贯彻执行毛主席革命路线的政治品质，以及卓越的军事才能，都成了我学习的榜样。他那无坚不摧的英雄气魄和豪迈、爽朗的性格，也对我产生了很深的影响。

但是，我学习得还很不够。因此，在贺龙同志离开冀中的前夕，我惋惜地说："贺老总，你知道，过去我是个旧军人，没有经过长征锻炼，也没搞过土地革命，对咱们八路军这套东西还没有学会，还需要你继续帮助，你却要走了！"贺龙同志哈哈大笑了几声以后，说："你常说你是个旧军人，就算个'小军阀'吧，那算个啥！我在旧军队里当过镇守使、师长、军长，可是个'大军阀'呢。但一找到共产党，跟上毛主席，有了觉悟，就有个'突变'嘛！过去的事提它干啥，要紧的是跟着毛主席干革命，风吹浪打不回头！"

贺龙同志在临别的时候还鼓励我说："八路军这套东西，都是毛主席教会的。你现在正在学习《论持久战》、《抗日游击战争的战略问题》，这就好嘛！另外，有事多向聂荣臻司令员、区党委请示报告，一定可以把冀中搞得更好。"

贺龙同志对冀中很有感情。他眷恋地说："冀中这个地方多好啊！素有'平津门户'、'华北粮仓'之称，历来是兵家必争之地。将来对日本鬼子实行反攻，还是个前进基地呢。部队从这里一捅，就可以捅出关外，一鼓劲就可以把日本鬼子赶过鸭绿江。"最后，贺龙同志还特别嘱咐我说："毛主席对冀中很关心，你现在就写信给毛主席，把这里的情况汇报一下。"我遵照贺龙同志的指示，给毛主席写了封信，汇报了冀中抗日根据地的情况。

贺龙同志和一二〇师部队，为巩固冀中抗日根据地做了大量的工作，进行了英勇顽强的斗争；老红军的优良作风对冀中部队产生了深远的影响。我们冀中几个领导同志深深感到，冀中部队能够长期坚持平原游击战争，能够经受住1942年日寇发动的空前残酷的"大扫荡"，最后能为党保存下几万人的部队，没有党的领导，没有毛泽东思想的光辉照耀，是不可能的。同时，和贺龙、关向应同志的亲自指导、言传身教也是分不开的。

（吕正操）

情深义重

　　1930年至1944年，我较长时间在贺龙同志领导下工作、战斗，老总待士兵、待干部情同手足的美德，早已人所共知，而我则更有切身的感受。这是一种刻骨铭心的感受。

命令我带兵冲锋

　　1932年，我由排长调到九师师部警卫班当班长。当时，贺老总对军、师警卫班的要求，并不纯粹是搞好警卫，而是要当作干部使用。在战斗的紧要关头，往往从警卫班点出一个人，命令带领一个排或一个连去冲锋陷阵。这对于在战场上及时补充干部的消耗，是非常必要的。这样，警卫班实际上成了一个干部预备队。1933年，在湖北宣恩县倒洞塘，我军与国民党新三旅进行激战。战斗开始不久，担任主攻的部队就有几个干部负伤下来了。当时，我正好传信到了贺老总身边。在阵地前指挥战斗的贺老总，看了看我说："秀龙，你带人冲上去，坚决把敌人击退！"我接受命令，立即带人顺着山往上攻，把面前山头上的敌人击退了。接着，又往前攻下了一个山头。再往下冲到山沟里，我的腿部负伤了。战后，贺老总多次看望我，表扬我"打得不错"，像个"铁匠"，嘱咐我"要好好养伤"，并对医务人员说："有什么问题，都要想办法解决。"老总的关怀使我非常感动。我没有把伤当成一回事，用盐水洗洗伤口，照样行军、打仗。

两支人参

  1933年年底,我们转战到黔东,当地的反动武装把群众的粮食和钱财抢劫一空,全都转移到山洞里,凭险据守,妄图用饥饿逼走我们。在磨刀溪,老百姓告诉我们,当地保安团长把粮食搞到一个山洞里去了。这个保安团一共有五六十条枪,全在洞里据守。贺老总叫我带着手枪队配合九师二十五团攻打这个洞子。洞在峭壁上,非常险要。敌人在洞口垒起了一道石墙,构筑了工事,很不容易接近,接近了也难攻进去。后来,我们打听到里面缺乏水源,就决定想办法断水。我搭着人梯,接近洞口,往里猛扔手榴弹,把洞里装水的大木桶炸烂了。这样困了一个星期,里面没有水吃,团丁们受不了,就纷纷从洞里爬出来投降。可是,清查俘虏,没有保安团长。我拿着手电筒,进洞寻找,走到一个转弯处,伪团长狗急跳墙,照手电筒"砰"地一枪,击中我的胳膊,乘机逃走了。这一仗,除伪团长跑掉外,其余全部被缴械,尤其是缴获了大批的粮食和银元,保障了全军一个月休整的食用。当时,我受伤后,流血过多,昏了过去。醒来时,卫生员正在给我包扎伤口。贺老总坐在旁边,对卫生员说:"鲜桃啊!仔细给秀龙包,不要把他搞残废了。"又吩咐警卫员:"回去把我的两支洋参拿来给秀龙吃!"这人参是同志们关心老总的身体,好不容易才弄来的,我怎么能接受呢?可是,说不要,老总就要生气。我只好说:"这人参我不知道怎么吃法,别拿来糟蹋了!"老总看出了我的心思,笑了笑,说:"你不会弄,我会弄。把它切成片,用糖炖着吃!"

亲自送坐骑

  1936年年初,红二、六军团长征进入贵州。那时,我任九师十七团参谋长。在贵州毕节县翟庄坝,我带伤作战,腿部又负重伤。这是我第10次负伤,也是最重的一次,不能行军,被抬上了担架。当时,环境险恶,战斗频繁,敌人不仅派大兵围追堵截,而且派飞机扫射轰炸。抬着担架,目标大,行动慢,很不安全。我想,自己牺牲了不要紧,把抬担架的同志牵累进去可不应该。于是,我对警卫员说:"你去找老总,说我不要担架,要匹牲口！"警卫员是个十三四岁的"小鬼"，听我这么一说，就跑去找贺老总了。不一会儿，他就牵着一匹骡子回来了。远远的还看见骡子后面有个人在帮忙赶着呢！我想，可能是骡子调皮，这个"小鬼"牵不动，贺老总派人赶来了。走近一看，我怔住了：这是给老总驮东西的那匹骡子，在后面赶骡子的是老总！我心头一热，泪水刷刷地往下流。贺老总走到跟前，笑着说："真不会办事，要牲口也不派个大人去牵，我只好一直赶来了。"

我望着老总，激动得说不出话来。

"保住这条腿子"

后来，出于没有药治，我腿上的伤口感染化脓，生了蛆，伤势越来越重了。医务人员担心危及生命安全，建议把腿锯掉。贺老总知道后，坚决不同意，说："锯了腿子，就是好了也不能冲锋打仗了，不成了一个废人吗？要想一切办法保住这条腿子！"每打一仗，贺老总总是从战利品中挑出贵重的白木耳、冰糖，派人送来调养我的身体，还经常询问我的伤势。在贺老总无微不至的关怀和医务人员的精心治疗下，我的腿终于治好了，同志们都高兴地说："你这条腿子是贺老总给你保住的啊！"

一件皮袄子

1936年4月，红二、六军团进入云南北部，打到金沙江边。江对岸是海拔4000米以上的玉龙山。我以前没有见过雪山，看到山顶上白茫茫的，以为就是像湖北应城石膏矿一样的"皓瓦子"山。在江边，贺老总站在担架旁问我："秀龙，对面山上是么事？"我说："是'皓瓦子'。"贺老总说："那是雪山。传说唐僧上西天取经到这里时，是一片火焰山，不能过去。后来，孙悟空从铁扇公主那里借来了芭蕉扇，把火扇熄了，就变成了雪山。我们就要从雪山上翻过去，向北长征！"又说："山上冷得很，要做好防寒的准备。"老总看我穿得单薄，就对警卫员说："把我的皮袄子拿来给秀龙。"我说："给了我，你呢？"老总说："你有伤。我不要紧的！"随后，又嘱咐抬担架的同志要好好照顾，注意安全。我穿着贺老总的皮袄子，过了雪山。

1962年，我到北京学习。贺老总知道后，把我和一起学习的廖汉光同志接到他家里。谈话间，廖汉光同志说："老总，你在草地上送给我的那件皮袄子，我还保存着呢！""噢！"贺老总沉思了一下，问我，"你的那件呢？"我说："过草地时，给战士了。"皮袄的事，勾起了老总对过去同甘共苦的战斗生活的回忆。他很动感情地对我说："记得1944年你和贺炳炎、廖汉光、张洪清离开延安上前线时，到医院与关（向应）政委告别，关政委说了一句：'你们毛干各自飞……'说着就哭了起来。他是舍不得你们啊！这些年，就像关政委说的那样，你们毛干各自飞，都有自己的岗位，忙得很，也不能抽空来看看我。我可是常想看看你们啊……"我深怀歉意地说："老总，你太忙了，我们怕……"说话间，贺总拉着身边10多岁的鹏飞，指着墙上的地图说："这个叔叔在舟山群岛，我将来一定去那里看看！"第二年，贺老总就同罗帅、徐帅、聂帅到舟山群岛视察。当时，我已调离舟山群岛，又在病中。只是在几位老帅视察后，才赶到上海同贺老总见了一面。没想到，这竟是与贺老总见的最后一面。

（张秀龙）

"为党的教育事业做了很多工作"
——贺龙和黄荣忠

贺龙同志历来重视培养我军的教育人才。有一位1929年参加革命、穷裁缝出身的黄荣忠，就是在贺总的多年教育下，成为我军一位优秀的教育工作者的。

1935年冬，原军委干部团和一、三军团教导营，在瓦窑堡同陕北红军干校合并，成立了陕北红军干部学校（校长周昆、政委袁国平），在红一军教导团学习的黄荣忠被编在步兵营二连，当学员兼支书，毕业后留校工作。1936年以陕北红军干校为基础，成立了红军大学，黄荣忠任学员连连长。不久调他到教员训练班学习，担任了一营三连连长兼军事教员，开始从事教育工作。1936年年底，贺总派红二方面军宣传部长刘少文到红大去要干部，红大选派了黄荣忠和廖世明到红二方面军干部大队去当军事教员。黄、廖即随刘少文到庆阳报到，不久干部大队迁往陕西云阳镇。这时，各部队已陆续送来学员。黄荣忠立即开始工作，有时教课，有时进行单个教练，有时还教唱歌。

1937年1月，二方面军总指挥贺龙到干部大队了解情况。黄荣忠从野外上课回来，干部大队的苏启胜政委向贺总介绍说："这就是从红大调来的军事教员黄荣忠。"黄连忙向贺总敬礼，贺总握住他的手，亲切地让他坐下。贺总说："干部大队的学制短，学习半年就毕业。以往有些课程学得不深，今后在教学中要结合实际学深学透……"这是黄荣忠第一次见贺老总，感到他十分和蔼可亲，问题提得十分深刻。黄荣忠深深地记在心里，工作中一直掌握两条：一条是教学一定要结合我军实际；一条是自己没弄懂的问题决不去教学员。

1937年6月，干部大队扩编为红二方面军教导团，由彭绍辉任团长，共6个队，黄荣忠继续担任军事教员。

"七七事变"后，红二方面军教导团改编为一二〇师教导团，随师部过黄河到达西北，10月，在岢岚进一步健全机构。贺总调冼恒汉任政治处主任，方复生任教育长。学校扩大，军、政、文教员编成一个班，黄荣忠任班长。

1938年2月，教导团第二期开学后在山西兴县一带进行训练。9月，贺龙、萧克、周士第和彭真、程子华等去延安参加六届六中全会，路过兴县城住了一周，贺总就住在教导团。这时，黄荣忠一直想到前方去杀敌，利用这个机会就给贺总写了一份请调报告。贺总看到后，抽了个晚上时间专门找他谈话，摸黑找到黄荣忠的住处。黄荣忠看到贺总来了，心里有点紧张。贺总笑嘻嘻地在一张小方凳上坐下来，点燃烟斗，对黄荣忠说："听周士第参谋长说你对苏联的战斗条令领会较深刻（当时依此条令授课），上课又能联系实际，学员对你上课比较满意，这很不容易，我们很高兴。"随即语重心长地说："你若是把一个连的学员教好了，他们学会了带兵打仗，比你一个人上前方可以发挥更大的作用，你想想是不是这个道理？而且我们还要不断向外发展，扩大我军的力量，扩大抗日根据地，需要培养很多干部。你应该安心在教导团做好教育工作，这个任务很光荣。"

黄荣忠认真地想了一夜，觉得贺总说得很对，决定放弃调动工作的请求。一二〇师参谋长周士第亲自听了黄荣忠的讲课，认为他讲得不错，还提出了改进意见，并向贺总作了汇报。

黄荣忠在贺总的经常关怀和教育下，业务能力不断提高。1939年，一二〇师到晋中后，贺总派黄荣忠到张宗汉领导的津南人民抗日自卫军帮助军事训练，讲平原游击战争课。1940年一二月间，他被调到一二〇师独一旅担任副参谋长。

1941年7月，根据北方局和华北分会关于增设抗大分校的指示，以一二〇师教导团为基础，创办了抗大第七分校。由一二〇师参谋长周士第兼任校长。为加强教学力量，贺龙等领导同志决定调黄荣忠到七分校工作。黄荣忠在独一旅工作很出色。1941年"五卅"运动会上独一旅参赛的军事训练科目获得了第一名。贺老总鼓励他说："黄荣忠同志，你今后要把部队的射击训练搞得更好呀！"在部队工作得很顺利，他就不愿再回学校了，于是他第二次向贺总写报告，要求留部队。第二天早饭后，贺老总又亲自和他谈话。老总说："这次调你回学校，是抗战形势发展的需要，教导团扩大为抗大七分校，要培养更多更高级的干部。你在教导团搞军事教育好几年，工作搞得不错嘛！吴选举是你的学生，他毕业后带一个连在冀中同300多日本鬼子打了一天一夜，敌人死伤100多，最后撤退了……这期学员有营级干部，部队调你到营干队当队长兼军事教员，你把这批同志培养好了，不是比你一个人的力量大得多吗？"贺总一席话，使黄荣忠内心十分激动，进一步认识到培养干部的重要性和责任重大，当即含着热泪向贺总表示，决心把学校工作搞好。贺总见他思想通了，就笑眯眯地问他："你会不会下棋？我们来下盘棋吧。"黄荣忠说，他不会。贺总说："那好吧！你今天在我这里休息，明天到学校去。"

第二天，黄荣忠在贺总那里吃过早饭，愉快地去抗大七分校报到了。黄荣忠担任了一队（营干军事队）队长兼战术教员。这个队80多名学员，除5名抗战干部外，均为经过长征的干部，学员的军政素质好，他也更有信心，兢兢业业地投入教学工作。

贺总十分关心七分校的建设，开学不久他就到学校检查工作。贺总来的那天，校里把仅有的一点水果拿出来招待贺总。贺总知道校部正在开教育准备会，立即让喻副校长将水果送给开会的教职员们吃。晚饭后贺总到各队去看望，当他来到一队见到黄荣忠和政治指导员潘选才时，他问："这里环境不错，你们能组织起篮球队吗？"在场的学员张之槐、张联华（都是师战斗队的主力队员）回答："可以凑起来活动一下。"贺总听了爽朗地笑起来说："那好，组织起来！"贺总又问还有什么问题需要解决？黄荣忠他们汇报了粗粮吃得太多，有些学员吃不饱饭。贺总解释说："这是整个地区的问题。这一带出产少，驻军和政府机关人员这样多，敌人'扫荡'又抢走很多粮食，我们能吃到粗粮就不错了。群众是很好的，老百姓交公粮而自己常吃菜度日……但还是要想办法让学员吃饱。你们队干部多动动脑子嘛！"贺总的指示使大家深受教育。事后，一队用部分小米换土豆（一斤换十斤）等办法做成混合饭，改善了生活。

1943年1月，党中央、中央军委决定七分校及附设陆军中学和抗大二分校附属中学合并，调往陕甘宁，组成新的抗大七分校。任命彭绍辉为抗大总校副校长兼七分校校长，张启龙为政委，校部驻甘肃东华池。抗大二分校附中的男女学员，经过艰苦的长途行军到延安后，朱德总司令和贺龙司令员在八路军大礼堂给大家讲话，号召师生们发扬延安精神，自己动手，丰衣足食，学好军事、政治和文化知识，保卫边区，夺取胜利，建设新中国。附中学员编为七分校二大队，驻豹子川，由黄荣忠任副大队长。开学不久，其他大队领导率多数干部集中到校部整风，留黄坚持工作。他领导全大队1000多名学员，白手起家，开荒打窑洞，组织教学，开展军事体育和文娱活动，把二大队工作搞得生气勃勃。贺老总了解到这些情况后很高兴，不久把自己的警卫员刘戊辰送到豹子川来学习。

抗战胜利，抗大结束。1946年春，在新的形势下，遵照党中央、毛主席"大量训练军事干部"的指示，以贺龙为司令员的陕甘宁晋绥联防军领导决定：以原抗大七分校二大队为基础，扩编组建"联防军步兵学校"。校长由联防军副司令员阎揆要兼任（后为参谋长张经武兼任），政委钟师统（1948年6月到职），副政委王权，教育长黄荣忠（后任副校长），政治处主任戴伯行。校址位于陕西安塞县砖窑湾。战争开始后转移到山西。学员主要是军事干部，一面参战，一面训练。自1946年春至1948年9月，共办了两期，训练了1100名干部，为解放西北及我军建设，培养了一批骨干。

步校第一期于1947年9月在绥德义合镇附近的黄家川举行毕业典礼。

贺龙与林伯渠、习仲勋和联司的王维舟、王世泰、张经武等领导同志都到会并讲话。贺总作了长篇报告，他首先问："你们学校打过仗没有？"黄荣忠等回答："打过几次。"贺总接着说："在战争年代办军事学校，一定要参加战斗，理论联系实际，教育要与实战相结合。"贺总还讲了解放战争初期的形势，他说："敌人重点进攻陕甘宁边区，妄想消灭我党中央的阴谋已被粉碎。我西北野战军越战越强，从战争开始时的两万多人，已发展到七万多人。我们今后要转入反攻，收复延安，解放西北，解放全中国。"会后，贺总带着其他领导同志高高兴兴地与全校学员一起会餐。

1948年5月20日，在黄荣忠副校长的指挥下，步校600名教职员在山西汾西县暖泉头村阻击一股约1000人的临汾逃敌，共歼敌332人，活捉敌少将参谋长隰可庄，缴获了不少武器。步校牺牲王丙寅等7名学员。暖泉头战斗的胜利，体现了贺总的办学思想，也是通过实战对教学成绩的考核。

1948年9月，贺总决定，为了适应形势发展，步校和贺龙中学合并，成立西北军政大学，由贺龙兼任校长，李长路、钟师统任副校长，钟还任党委书记，黄荣忠任教育长和党委副书记。这时期有几件使黄荣忠不能忘怀的事：

一是调动工作问题。1949年5月，西安解放时，西北军区曾下命令，调黄荣忠到陕西武功军分区任司令员。钟师统副校长和戴伯行副教育长商量后，给贺龙写了个报告，提出：在部队另选位分区司令员不难，而另选位军大教育长却不易，请求将黄继续留校工作。贺总采纳了钟、戴的建议，收回调令。到7月上旬黄荣忠才知道此事，他感到自己文化低，理论水平有限，在军大当教育长吃力，就在8月上旬第二期学员毕业时，利用同贺总一块吃饭的机会，又提出想到部队工作。这是他第三次向贺总提出要求下部队。贺老总一边吃饭，一边笑眯眯地问："怎么，想当司令员啦？"黄荣忠一听这话，不好意思再往下说。过了些天，贺总在黄汇报工作时，对在座的《群众日报》社社长介绍说："这是黄荣忠同志，为党的教育事业做了很多工作……"黄领悟到贺总是在鼓励他安心在学校，从而放弃了调动工作的念头。

二是受贺总批评。1949年9月，军大第三期开学后，黄荣忠同另一位校领导去贺总那里汇报，军区的供给部长也在座。黄荣忠谈到了军大在供给方面存在的困难，代管的财经学院有许多问题，军大无力解决，领导也关心不够。贺总听了感到黄荣忠有骄傲自满情绪，当即严肃地批评他："你怎么这样不懂事！为解决你们学校的困难，我把供给部长都召集来了，就是要解决问题嘛。话怎么能那样说？"这次批评对他震动很大，事后一想起此事就难过。根据贺总的批评认真地作了检查，吸取了教训。

三是请贺总吃饭的事。1949年11月初，贺总从北京开会回到西安，大家估计将有大的军事行动。军大几位领导同志就到贺总住处，请贺龙校长给全校讲一次话，贺总欣然应允。11月28日，贺总按时来到西安王曲军大的操场，给几千人作报告。他以高亢的湖南口音，讲了全国的形势，我军光荣传统，最后号召全校进军大西南，"到四川去瓮中捉鳖！消灭蒋军残余力量，解放全中国！"贺总不喜欢用麦克风，站着讲了几个钟头，讲完之后快天黑了。他急忙来到黄荣忠家里，直率地喊道："我的肚皮饿啰！搞点子饭吃嘛！"大家光顾听贺总作报告，却忘记备饭。黄荣忠只好临时让学校食堂煮了碗面条给老首长充饥。黄荣忠非常抱歉地把面条端到老总面前，贺总毫不介意，高高兴兴地吃完面条走了。几十年来一提起此事，黄荣忠仍感内疚。

进军西南之后，1950年1月底，黄荣忠奉派担任国民党起义部队第二十四军的军代表，西南军区第三工作团团长。在成都，贺总亲自给军区派出的几个工作团全体干部作动员，深刻讲解改造好这几十万起义部队的重大意义，以及我们的指导方针和工作方法。出发前，贺总又单独找到了黄荣忠，贺总说："你不要带许多人，也不用带很多枪，主要是把起义部队的人员发动起来。部队改造好了，整个二十四军的武器都是人民的。军代表要处处作模范。工作的重点是战士。"他亲切地说："荣忠，我们都是老同志了，我觉得你的政治水平还需要提高。为了跟上形势的发展，你今后要加强政治学习。到起义部队不比在自己的老部队里，要时刻提高警惕性。"黄荣忠遵照贺总指示，带领几十名干部于2月2日到达西康的雅安，在西康军区的具体领导下，同起义将领真诚合作，经过5个月的艰苦努力，完成了教育改造二十四军的任务，该部于1950年6月底改编为中国人民解放军。

（蔡　远）

"可不能骄傲自满，要谦虚谨慎"

初见贺龙

我第一次听说贺龙的英名，是从革命烈士英勇就义前的口号声中知道的。那是大革命失败以后，我还是个十几岁的孩子，在浏阳县城当学徒，目睹了许多被国民党残酷杀害的共产党人。这些烈士临刑之前，在高呼"共产党万岁"的同时，有的还高呼"拥护贺龙！"或是高呼"拥护贺、叶军长！"（叶即叶挺）从那时起，我心里就刻上了贺龙这个响亮的名字。当时幼稚、甚至愚昧的我，心里还暗自思忖，贺龙莫非是"真龙出世"吧！我巴望着能亲眼见到这位"活龙"。

不久，我晓得了世上根本就不会有"真龙出世"，贺龙也是个普通农家的子弟。生性豪爽，好打抱不平。十几岁开始奔走江湖，更是仗义疏财，广交友朋。袁世凯称帝以后，贺龙率数万农民，揭竿而起，夺州攻县，声势浩大，席卷湘西。那时就成了名传一方的英雄豪杰。1916年，谭延闿任湖南督军，即请是年22岁的贺龙出任督军署咨议。追求光明和正义的贺龙，不满军政界的黑暗和腐败，决心自创革命军，一把菜刀起义，又拉起了一支队伍，坚定地拥护孙中山和国民革命。至北伐战争后期，贺龙已是国民革命军英名赫赫的军长。他又放弃了国民党的高官厚禄，赤诚地追随共产党，与周恩来同志等一起组织领导了南昌起义，从此成为一个伟大的共产主义战士，是红军的创始人之一。

贺龙这些富有传奇色彩的故事和他早期的革命功绩，那时候就广为流传。当我知道了这些以后，也就明白了那些革命烈士就义前高呼"拥护贺龙"的道理。虽然我早已丢掉了那种"真龙出世"的幼稚想法，但我却更加渴望看见"活龙"，一瞻"龙颜"。

我在这种渴望中盼了七八年,终于1936年春节后的一天,在贵州修文县第一次看到了贺龙。

那是在二、六军团会师,组成了红二方面军以后,我们打开了修文县,贺老总和其他首长们一起站在城头上,和部队指战员以及当地群众共同欢庆胜利。我身旁的同志指着城头上:"看!贺老总!"我朝城头上望去,感到眼前一亮,心头发热,凭直感就认出了贺龙同志。

贺老总伫立在城头上,正在向部队和群众鼓掌、招手。他魁岸的身躯,宽阔的肩膀,虽然穿着和大家一样简朴的灰色棉军装,腰间束着一条普通的皮带,但依然显出他不同于常人的英武气概和将帅风度。特别是他那乌黑整齐的胡子,和他的脸膛非常和谐,又与他的气质相得益彰,更增添了他特有的风采。

听说他这胡子还有一段来历。他青年时期,加入了孙中山的中华革命党。为了驱逐袁世凯的湖南督军汤芗铭,贺龙在军中做策反工作,常在社会上活动。但因为年轻,有时不免被人轻视。他为了使自己有一个严肃、庄重和成熟的形象,从19岁开始蓄起了胡子。而这胡子,竟也成了贺老总终生的、英武凛然和美的特征,人们都亲切而崇敬地称他为"贺胡子"。

当时,我凝望着城头上的贺老总,想着他那些神奇的英雄故事,钦佩他的响亮名字和堂堂仪表,心里禁不住又说:"他是真正的龙!"

向老总要烟吸

长征途中,我们经常看到贺老总。

他骑着一匹彪悍的战马,有时从我们身旁急驰而过,奔向前方;有时放松马缰,向部队指挥员询问情况;有时,索性跳下马来,和战士们一起步行,又说又笑,把自己的干粮给战士们留下,又跨上马背,急驰而去。

他的马背上总是系着一只小洋铁桶和一支长长的竹竿。我们很快就发现了贺老总的"秘密"。他把自己的干粮几乎全部给了战士们,他却纵马草地,寻找河流水沟,难得地钓几条小鱼,煮食充饥。全国解放以后,闻说贺老总擅长炖鱼汤,莫非就是老总在草地时练就的炊技?

长征时贺老总策马驰骋的英雄形象,犹如一幅图画,印在我的脑海中。然而,给我印象最深、使我终生不能忘怀的,是在到达包座之前,我和师长张正坤去向贺老总要烟吸的事。

那时，我们的干粮断了，衣服破破烂烂，冻饿交加，实在疲劳不堪。这时候，多么想吸口烟，提提神！可是，烟草也早就断了，连那可以权当烟吸的树叶也找不到。同志们未免沮丧，神情有些黯然。

夜晚，我们围坐在师长张正坤的身边。大家知道他平常烟瘾最重，现在谁也没烟吸，但是和他坐在一起，似乎就好受一些。我们点燃一堆篝火，望着天上的北斗星出神，谁也不想说话。听说中央红军早已到达陕北，我们还在草地上跋涉，有人风闻部队又要往南开，心情有点儿沉闷。假如能有撮烟末解解闷儿，那该多好！可是，摸摸空荡荡的口袋，有人叹息。一贯爱兵如子的师长张正坤心里更加难受，他霍地站起来，喊了声："熊晃，跟我走！"

我跟着张师长到了总指挥部。贺老总正在俯身看地图，口里衔着他那大烟斗，但是不见冒烟。贺老总听见喊"报告"抬起头来，笑着问张正坤："你来搞什么呀？"

张正坤故作严肃地向贺老总敬礼："报告老总！我来要点烟草吸。"

我站在师长身后，想笑又不敢笑，贺老总却哈哈大笑起来，拿他的大烟斗指点着张正坤："乱弹琴！你这个烟鬼。"

师长在老总面前，似乎也成了"小鬼"，居然耍起"赖皮"了："报告老总！我干革命就是为了要口烟吸。"

"真是乱弹琴！革命不成功，哪有你的烟吸？"贺老总一边笑着说，一边从口袋里掏出他的烟袋递了过来。"吸吧！你个烟鬼。"老总又指着我说："还有你，也是个小烟鬼吧？"

张正坤并不急着吸烟，我更不敢伸手。

贺老总打开一只洋铁箱子，从中取出一条烟袋，把仅有的烟末倒了出来。"全部拿走吧，部队里烟鬼不少，让大家都吸一口。"

张正坤从老总手里接过烟包，站在那里，疑惑的目光投向贺老总："老总！到了包座，部队朝哪个方向走？"

贺老总知道张正坤带着我这个宣传科长来，绝不仅仅是为了要点烟草。老总也知道部队普遍地关心着什么。他收起了笑容，严肃而果决地说："告诉同志们：坚决北上，和党中央会合！"略一停顿，贺老总若有所思地说："我贺龙心里只有一个党！我没有见过毛泽东，但我拥护毛泽东同志。这些年看得很清楚，他的路线正确嘛！我读过他的文章，我佩服！"

原来，二、四方面军在甘孜会师后，张国焘拉拢贺龙同志，要贺老总脱离党中央，和他一起另立中央。贺龙同志严厉驳斥，与朱德、徐向前等多数同志一起，迫使张国焘取消他私立的伪中央，二、四方面军得以继续北上。

张正坤师长和我听了贺老总的话，心里踏实了，顿时兴奋起来，拿起烟包，向老总敬了礼，转身就走。

"回来！"老总叫住了我们，"烟能吸饱肚子吗？"贺老总不等我们说话，拿出他的干粮袋交给了张正坤："回去让同志们会个餐，就说我贺龙请客！"

"老总！那你……"张正坤推让着不肯接收。

"我有那个。"老总指着堆放在一边的小洋铁桶和长长的竹竿，幽默地笑了，"逮住了大鱼，我请你们喝鱼汤！"

老总和师长一起大笑起来。我感到眼睛有点湿润，那是过于高兴和幸福的缘故吧。

贺老总知道我是宣传科长，特别嘱咐说："做好宣传鼓动工作，让战士们都知道，部队要坚决北上，和党中央会合。要同志们克服困难，走出草地，就是胜利！"

我又想起了第一次见到贺老总时的那个想法：红军有了这样的将领，何愁不胜！

语重心长

解放战争时期，我们在彭老总指挥下挺进西北，王震司令员率我们进军新疆；贺老总挥师西南，穿过巴山蜀水，又踏上了当年的万里征途。从此好多年，没有见到敬爱的贺老总。

全国解放以后，我们穿上了人民的将军服，更加想念培养我们成长的贺老总。又过了好几年，王恩茂、郭鹏、张希钦、左齐、金仲藩，我们几个人一起，到北京去看望贺龙元帅。元帅见了我们，开口就说："现在都当了将军，可不能骄傲自满，要谦虚谨慎。更要想着那些牺牲了的同志！"

元帅吸着他的大烟斗。我想起长征途中，跟着张正坤师长去向贺老总要烟草的那一幕。张正坤同志早已牺牲在上饶集中营,他今天不能像我们一样,幸福地坐在元帅身旁,悠悠地吸烟。也许元帅此刻也想起了他以及更多的先烈,怀着极其深沉的感情,语重心长地对我们说:"我们这些人,都是穷苦人出身,有的当过长工,当过放牛娃,挨过土豪的鞭子。旧社会的苦,我们都受过嘛。要不是党,要不是毛主席领导,革命不胜利,我们哪会有今天!"

　　元帅又关心地询问新疆的建设,人民的生活;询问我们每个人的情况。元帅高兴地说:"王震就是有办法,把南泥湾搬到了新疆,这很好嘛!减轻人民负担,为少数民族多做好事,保卫边疆,建设边疆。我们人民军队,一是永远服从党的领导,一是永远为人民,这两条永远不能丢。"

(熊　晃)

"你要珍惜这个难得的机会哟"
——贺龙和扎喜旺徐

　　1936年塞外深秋,宽阔无垠的大草滩上,牧草由绿变黄,红二方面军结束了举世闻名的长征,由陇南北上,驻扎在陕西甘肃交界的定边一带。

　　贺龙预见到新的革命形势——全国抗日民族解放运动高潮即将到来,而自己领导的二方面军经过长途征战牺牲颇大,干部中缺额很多。为了迎接新的斗争,他同方面军政治委员任弼时、副政治委员关向应等商量,组建二方面军随营学校,自己动手培养和补充干部。这时,党中央也发来电报,要二方面军选送优秀干部到中央党校学习,其中特别提到遴选优秀的少数民族干部,到少数民族班学习。

　　办学和选优的事,由司令部和政治部分头去办。那时,选调干部住学并不是一件容易的事,多数干部东征西讨,从战争中学战争搞惯了,认识不到专门住学的重要性;不少人更不习惯整天坐在课堂上咬文嚼字啃书本。

　　一天,参谋长李达推开贺龙的房门走进来说:"总指挥,政治部决定调司令部的扎喜旺徐到中央党校少数民族班学习，要我通知他，同他谈话。我昨天找他扯了半响，各种道理反复地说，唇舌都说焦了。你猜他怎么着，翻过去调过来，结结巴巴地总是那一句话：'贺龙走到哪里我走哪里，旁的地方不去！'看来这件事非你亲自出马不可啦。"

贺龙正熟练地用整张烟叶卷他的"土雪茄"，听了哈哈大笑，说："扎喜是个好青年，他不愿意离开我，我还舍不得他呢。这件事就交给我办吧，让我来试试。"他当即把管理员王海清喊来，吩咐明天煮一锅手抓羊肉，准备招待客人。

第二天，日上三竿，一个面色黝红、体格健壮的藏族青年，哼着民歌小调，迈着欢快的步子，朝贺龙的房子走来了。

"报告！"青年站在门口，用很不标准的汉话喊道。

"进来！"贺龙已经听出是扎喜，立刻高声回答。

扎喜跨进门槛，笑嘻嘻地向总指挥行举手礼。贺龙走到他跟前，亲昵地拉住他的手，上下仔细打量，连声说道："不错，恢复得不错嘛！同鸡叫垣时简直像两个人。"

提起渭河北岸小镇鸡叫垣，扎喜和贺龙都回想起半个多月前的一段经历。那时红二方面军刚刚抢渡过渭水，突然遭到蒋介石嫡系部队胡宗南部和青海马鸿宾骑兵的袭击。仗打得十分激烈，红二方面军处境相当危险。贺龙威风凛凛地亲临前线，指挥部队顽强阻击，经过整天激战，终于将胡、马部队打得尸横遍野，败下阵去。可是打完仗后，不见了小扎喜，这可急坏了贺龙。因为他知道这个藏族青年出腊子口前就染上了瘟疫，走不动路，唯恐落到敌人手里。一连好几天，贺龙吃不好饭，睡不着觉，多次催警卫班骑马到附近打听消息。

一天，贺龙正走在鸡叫垣小镇的街上，忽然觉得身后有熟悉的声响，回头一看，果然是小扎喜朝自己奔跑而来。他，人瘦多了，衣服破了，腿走瘸了，浑身是土。贺龙心痛地立刻张开双臂迎了上去，把扎喜紧紧搂在怀里，连连呼唤他的名字："小扎喜，小扎喜，你这些天到哪里去了？找得我好苦啊……"

小扎喜满脸泪水猛扑过来，抱住贺龙的大腿，用藏汉混合的语言，呜呜咽咽地哭诉开啦。

贺龙一边安慰他，一边替他拍打身上的泥土，又喊警卫员取来自己的大衣给他披上，还送给他一头大黑驴，把他带回司令部休息。

贺龙和扎喜间亲骨肉般的深情，是怎么建立起来的呢？这要从红二、六军团开进甘孜时说起。1936年7月，贺龙、任弼时、关向应等率领红二、六军团，经过一个多月的藏区行军，来到康北重镇甘孜。这时，部队早已断粮。能不能搞到粮食，关系着全军干部、战士的生命，贺龙焦急地亲自到博巴政府——西康地区藏族人民在中国共产党和中国工农红军影响下成立的革命政权请求帮助。扎喜当时19岁，是博巴政府的警卫连长，他热情地领着贺龙派来的人到逃跑了的反动分子家里去搜，果真挖出了不少粮食。贺龙非常高兴，称赞扎喜为红军立了一大功。几天以后，二方面军要北上了，逃跑了的反动头人随时可能回来，博巴政府的警卫连散掉了。小扎喜往哪里去？他彷徨不定，犯愁了。这时，贺龙热情地伸出了援助之手，诚恳地说："到我这里来吧，有我的糌粑，就有你的糌粑。"小扎喜十分感动，说贺龙和红军救了他的命，于是跟着他们踏上了征程。

走到阿坝，部队又断粮了。听说山里藏着头人的牛羊，小扎喜自告奋勇带上银元，领着几十名战友，翻越一座又一座高山去寻找。在他累得上气不接下气的时候，忽然发现山坳里有大批牲畜。

"哎——，快到我这里来——！"他正高声呼喊战友，"啪！"一颗呼啸而来的子弹把他击倒，右肩下被钻了一个大洞，鲜血顿时染红了衣裳。他捂住伤口，挣扎着站起来，继续向战友发出联络信号。结果为部队弄回了几百只牛羊。

贺龙听说扎喜忍着伤痛弄回了牛羊，解决了部队燃眉之急，又心喜又心急，亲自跑来查看他的伤势，用手量伤口的位置，说："没有伤着肺脏。"嘱咐医生"好好包扎，防止感染"。表扬扎喜为部队又立了一大功。

贺龙和扎喜之间的感情，就是这样逐步加深的。贺龙认为扎喜是个好样的，打心眼里喜欢他；扎喜觉得贺龙救了他的命，对贺龙倍加敬重。

当下，贺龙让扎喜坐在自己身边，对他说："革命形势很快会有一个大的发展，需要加速培养很多很多的干部。我们要打败日本侵略者，解放全中国，到那时你就不是小扎喜，而是大扎喜了。会有很多的工作，很重的任务，要你去做。这次学习，是我叫你去的，你要好好地学，把本领学到手。去看看飞机，看看火车，看看内地是个什么样子，开阔开阔眼界。"又说："中央党校只有一所，很多人想去学，还进不去呢。你是少数民族，受优待，组织上同意你去学习，你要珍惜这个难得的机会哟。"

一席出自肺腑的话，说得小扎喜连连点头。问题顺利地解决了。管理员端上热气腾腾的手抓羊肉，两个人又说又笑，美美地吃了起来。吃完羊肉，贺龙叫管理员发几块光洋给扎喜作盘缠。

小扎喜就这样牢记着贺总指挥的嘱托，同另外几名调去学习的同志一道，高高兴兴地上路了。

小扎喜在中央党校学习很刻苦，毕业后被分配到青海地区工作，1955年不到40岁时，就成了党的高级干部。

当他第一次代表青海省到北京参加会议时，首先去看望老首长贺龙副总理。在会客厅里。别人还没有介绍，贺龙一眼就把他认出来了，兴奋地喊道："哎呀，这不是小扎喜吗！多年不见，你现在搞什么啦？"陪同前去的廖汉生说："他在青海工作，现在是副省长啦。"

贺龙诙谐地反问扎喜："怎么样，我那时说的话没错吧，现在不是变成大扎喜了嘛！"

在场的人都欣慰地笑了。

（刘雁声）

三留蒋崇璟
——贺龙和蒋崇璟

蒋崇璟，河北高阳人，1938年参加革命后，长期在八路军中从事政治工作，曾经战斗在冀中、晋察冀、冀晋鲁豫战场，1943年秋，随冀中部队调到由贺龙任司令员的晋绥军区。

1944年春天，部队整编，小团合并成大团，蒋崇璟由二十七团政委改任政治处主任。这时，贺司令员听说他抗战前曾在国立唐山交通大学学过矿冶，就让原冀中军区政治部主任孙志远和他谈话，调他搞军事工业，开始当副部长，日寇投降后，部长王逢原调走，他当部长。从此，在贺老总的领导下，参加领导了晋绥军区的军工建设，开始了蒋崇璟革命生涯的新阶段。

　　事物的发展总不是一帆风顺的。1945年日本投降后的半年内，先后有两次，组织上准备把蒋崇璟调出军工部，都是贺老总衡量全局又把他留下的。

　　第一次，1945年8月，晋绥军区一批干部调往东北，蒋崇璟也奉命来到兴县，准备走。贺老总发现这个情况后，说："一方面东北需要人，一方面这里还要打仗，不能一阵风（把人）都刮走。"于是就把蒋崇璟和其他一些干部留下了。

　　第二次，事隔半年，1946年春，国共停战，成立了由国共两党和美国人参加的军事调处执行部和执行小组。因为蒋崇璟会英语，军区又打算把他调到集宁执行小组，为我方代表孙志远当翻译。蒋崇璟奉命来到军区，已准备走马赴任了。不料当时在绥远前线的贺龙司令员收到军区这一情况的报告后，不同意这样安排，说："调处不解决问题，这是美国和国民党搞缓兵之计。军事工业很重要，蒋崇璟不能离开。"于是，又让蒋崇璟回到了军工部。另外，还找了陈志远去担任翻译。

　　在此后的三年中，蒋崇璟和军工部其他领导同志，在贺老总和军区首长的领导下专心致志地从事军工建设。1947年春，国民党军队进攻延安，陕甘宁边区的军工厂都搬来河东，和晋绥的军工企业合并。贺龙同志经常到军工部和各厂指导工作，及时解决问题，当地政府更是大力支持，使西北的军工事业有了较大的发展。从1945年的三四个厂，800来人，发展到1948年秋的14个厂，3500余人。从只能修理枪械、制造步枪、手榴弹等武器，到能生产山炮弹、迫击炮弹、发射药、黄色炸药等，有力地支援了解放战争，也为解放西北、西南准备了一批工业、军工干部。

　　贺老总的性格特点是，在领导军工建设中，工作深入，经常到工厂和工地去，亲自听取汇报，了解情况，和干部、工程技术人员及工人们促膝谈心。他也教育干部要多到工厂去检查工作。他说："军工部工程技术人员多，你们要和他们多谈心，听取意见，解决他们的困难。"

　　贺老总不仅善于用人，而且还很重视人才的培养。1948年秋，蒋崇璟已调任陕甘宁边区政府公营企业厅厅长，仍兼晋绥军工部部长。当年8月，他到解放不久的晋南临汾，筹办一个培养统计、会计人员的训练班。贺龙同志从陕北去中央开会，路过临汾，听到这个消息，就把他找去，共同察看了预定办班的地址——一所旧庙，对他说："同志，眼光放远一点吧！西北快要全部解放，全国胜利也不远了，还叫什么训练班哟！叫西北人民工业学校吧。要大量培养各种财经人才，准备迎接新局面。"贺总并指示由蒋崇璟同志兼任校长。1949年6月，学校迁往西安，并入西北军政大学，成为军大的财经学院。1950年，在贺龙统一部署下，财经学院又迁往四川，成为组建西南财经学院的基础。

第三次留蒋崇璟是在1949年5月。西安解放后，贺老总被任命为西安市军管会主任（副主任是贾拓夫、赵寿山、甘泗淇），蒋崇璟也参加了军管会，负责接收国民党政府、军队的官办企业、事业。贺老总还曾派蒋崇璟去接管国民党办的西北工学院，任命他为院务委员会主任（就是院长）。这个学院，是抗日初期由华北迁来的北洋大学、北平大学、东北大学和焦作工学院合并组成的，教师阵容强。西安解放时，留校的教师还有70多人，学生500来人。学院设有机械、土木、矿冶、电机、化工、纺织、水利、航空、工业管理9个系和一个研究生部，蒋崇璟在那里工作得很顺利。不久，情况又有变化：党中央在北京筹备成立中央人民政府，要从西北调两个司、局级干部到食品工业部工作，并指名调蒋崇璟去当技术司司长。组织部门的同志把这个消息事先通知蒋崇璟，他自己也做了进京的准备。但是西北局讨论这一调动时，作为西北局第二书记的贺龙说："中央调人，坚决执行，不过蒋崇璟留下搞军工合适。"于是又把蒋崇璟给留下了。

1949年年底，蒋崇璟遵照西北局的决定，编入南下的干部队伍，在贺龙领导下，进军四川。西南解放后，蒋崇璟在西南军政委员会里担任工业部副部长，以后先后在北京第二机械工业部和四川国防工业办公室工作，1978年调到电子工业部。30多年来，一直没有离开国防工业岗位。

崇璟同志从部队转到军工战线后，在工作可能变动的关键时期，是贺老总三次把他继续留在军事工业岗位上，对他一生的发展起了重要作用。

（孙叔阳）

"要学会有预见"

"西安事变"和平解决后，从国家、民族与抗日的大局出发，我红军决定改编为国民革命军。消息传来后，从指挥员到战士，思想都很不通。特别是对统一编制，统一服装，戴国民党的帽徽，扛国民党的青天白日旗，更是不可理解。

一天傍晚，我习惯地牵着战马，心事重重地来到延河边，摘下头上的军帽，默默地抚摸着，几滴热泪落在那颗被风霜雨雪洗淡了的红五星上。

"李国良，哭鼻子了吗？"贺龙同志不知什么时候来到我的身边，将大手在我肩膀上重重一拍，笑呵呵地说："看得出来，是为改编的事思想不通。"

我向贺龙同志敬了个礼说："报告贺老总，要我摘下红五星，换上国民党帽徽，想不通。"

贺龙习惯地理了理八字胡，眯着双眼望了望我说："嗯，心情可以理解，但要顾全大局呀！"

"顾全大局，就要摘下红五星？！"这时我满肚子的话，像放了闸的水，直往外涌："胡子啊，我跟你干了10年革命，从进洪湖赤卫队那天起，红星就在我的心上扎下了根。为了它，父亲与哥哥死在反'围剿'的战场上，母亲为保卫苏维埃被敌人砍了72刀，姑姑、舅舅的全家也被反动派杀绝了。要我从军帽上摘下红星，比剜心头肉还疼哇。"

听完我的诉说，贺龙同志好久没有讲话。暮色笼罩了宝塔山，他才慢慢抬起头来，缓缓地说了句："李国良，回去吧，有话明天说。"说完，就大步流星走了。高大的身躯，渐渐消失在夜色中。

第二天早餐后，司号员吹响了集合号，据说是召开二方面军改编动员大会，朱总司令也来参加。这天，天气非常晴朗，但指战员们却一个个低着头在纳闷。可是，当朱总在贺龙同志的陪同下步入会场时，会场的气氛活跃起来了。大家的目光都注视着朱总与贺龙，希望他们能给我们解开思想疙瘩。站在台上的朱总司令，好像也看透了大家的心思，开门见山地说："同志们，你们思想不通，党中央知道，毛主席也知道。我是受党中央与毛主席的委托，来做你们工作的。现在，国共第二次合作了，我们工农红军，就要改编成国民革命军第八路军和新四军。为了消除一切疑惑，我们可以统一服装，穿灰衣服，戴白帽徽。同志们思想不通，甚至有的高级干部思想也不通，这个心情我们理解。毛主席说了，红军改成国民革命军，统一番号是可以的，但是有一条，一定要在共产党的绝对领导之下。"说完，台下爆发出雷鸣般的掌声。

朱总的一番话，说得大家心里热乎乎的，好像谁在指战员们的心中打开了一扇窗户，霎时间亮堂多了。正希望继续听下去，贺龙同志的嗓音洪钟般地响了："同志们，朱总司令已经给大家讲得很详细，这是党中央、毛主席的决定，我们大家都要执行。以我本人来说，灰军装，过去我穿过；白帽徽，过去我戴过；青天白日旗，过去我打过。想到这一点，我心里很难受，痛恨极了，讨厌死了。"他干脆利落的几句话才落音，下面就像煮沸的水，沸腾得厉害。对会场反映出来的情绪，一贯敏锐的贺龙同志，好像既没听见，也没看见，只顾一个劲地往下讲："有人说我当将军，皮靴不穿，愿穿草鞋跟红军爬山；高楼不住，愿跟红军钻芦苇。可是他们哪里知道，当红军，穿草鞋，钻芦苇，是我的心愿。"

贺龙越说越激动，那洪亮的声音震撼着每个指战员的心："算起来，从大革命失败到现在，我已经闯荡了10年，跟国民党斗了10年。现在，国难当头，为了国家与民族的生存，共同对付日本帝国主义，我愿带头穿灰衣服，戴白帽徽。我们虽然穿了戴了，外表是白的，心里是红的，永远是红的。"在热烈的掌声中，贺龙同志步下讲台，与朱总司令一起来到了潮涌般的战士中间。

朱总与贺龙同志的讲话，像波涛汹涌的洪湖浪，在我的心头剧烈地翻卷着。两天后，国民党的灰军装、白帽徽发下来了，可就是迟迟不愿穿戴。眼看明天就要出发，开赴抗日前线了，我却凝神望着缀有红五星的军帽。夜深了，窗外的星光闪闪，贺龙同志的话又隐隐在耳边回响：我们虽然穿了戴了，外表是白的，心里是红的。想着想着，我一骨碌从床上爬了起来，拨亮油灯，摘下红五星、红领章、红袖标，将它们用油纸包裹起来，细针密线地缝进了棉衣的夹层，一直保存到抗战胜利。

1937年9月，我们红二方面军改编的八路军一二○师，从陕西省韩城的芝川镇渡过黄河，开赴抗日前线。

9月3日清晨，我们来到了河边，放眼望去，一泻千里的黄河，惊涛裂岸，浊浪排空，发出震耳欲聋的巨响。渡船就像一片片的小树叶，随着波涛漂荡。

这里渡河，别有风味，由于水急浪大，既不张帆，也不划桨，而是采取一种特殊的方法，先将船的头锚抛入水中，让船尾随波摆动向前，然后再将尾锚投入水中，迅速取出头锚，让船头摆向前方。就像北方农村扭秧歌一样，七扭八歪地渡到对岸。用这种奇特的方法渡河，对于很少见水的战士，心里不免有些紧张，一双手紧紧地抓住船帮，还嫌不稳当，可是船工在船头船尾奔忙，却如履平地。他们高呼着"一锚、二锚；一锚、二锚……"嘹亮的船工号子，在宽阔的河面上回响。

渡过黄河后，战士们纷纷上岸，席地而坐，一边休息，一边埋锅做饭。顿时，黄河两岸布满了身穿灰色军衣的八路军战士。在秋天的黄土高原上，这身灰军装显得格外耀眼。大家你看着我，我看着你，本来是朝夕与共的战友，因为穿了这身国民党的灰军装，反而面面相觑了。

这时，不知谁叫了一声："贺总来了！"我忙站起来，迎了上去。贺老总远远地向我们部队走来，今天他也穿了一身灰军装，帽子上还明显地缀着一枚"青天白日"的帽徽。说实话，看了真有点不顺眼。平时，我们的战士见到老总，总是有说有笑，亲热得很。可今天，大家虽然自己也穿着一身灰衣服，但见到老总这身打扮，心里总不免有些拘谨。老总笑眯眯地来到战士们中间，招呼大家在他身边坐下，风趣地说："怎么，看着我这身打扮不太顺眼吧！"说完，大声地笑了起来。战士们见被老总猜中了心思，都不好意思地低下了头。"把心胸放宽广些，把眼光放得长远些，这身灰衣服、白帽徽，我过去穿过戴过，今天，我看见它们就讨厌死了。可是，为了抗日，为了拯救国家、民族的危亡嘛！"老总说到这里，稍稍地停了一下，从口袋里掏出他的大烟斗，缓慢地装上烟丝说："听说，西安事变不杀蒋介石，你们想不通，有的还哭鼻子，是吧？可后来怎么样？实践证明，不杀蒋介石是对的。我们识破了亲日派的阴谋，达成了一致抗日的协议。"说到这里，战士们的脸才稍稍有了点笑容，可是那青天白日的帽徽发下来以后，就不知掷到哪里去了。

抽了一阵烟，贺老总站了起来，走到我的身边说："李国良，带个连回到对岸去，把朱总和任弼时主任接过来。"

我回到西岸，陪同朱总和任主任一同上了渡船。朱总望了望我说："李国良，咱们杀两盘吧？"我一听，老总要和我下棋，连忙说："老总，我不会下呀。"朱总笑了笑说："带兵打仗，不会下棋可不行啊！下棋和打仗是一个道理，一着错，满盘输。要学会呀，要学会有预见，要多看几步。譬如这次国共合作，要不是党中央、毛主席高瞻远瞩，纵观全局，不就上了亲日派杀蒋亲日的当了。"几句话，说得我不好意思地笑了起来，打心眼儿里钦佩朱总和贺总的远见卓识，感到自己作为一个带兵打仗的指挥员，也是得有点政治预见性才行啊。

（李国良）

"有群众就有干部"

带兵就不要怕打败仗

1942年，是抗日战争时期最困难的一年。日寇对我抗日根据地的疯狂"扫荡"日益加剧，又赶上大灾荒，这对本来就不富裕的晋西北地区来说，条件就更加艰苦了。

战争的残酷，生活的艰苦，使部队的战斗和非战斗减员大大增加。面对这种情况，有一部分同志产生了畏难情绪。

我有一位很熟悉的战友，叫武选生。他原来在晋绥军区司令部队列科做参谋工作。这一年，他被调到一个战斗部队当副连长。

在一次战斗中，他所在的部队遭到了敌人的袭击，他带领全连战士同敌人浴血奋战，才把敌人打退。

但是，在清点全连人员时，许多同志都光荣牺牲了，有一个排，仅剩下几个人。残酷的战斗，战友们的牺牲，使他心情非常沉痛。

有一天，我为了执行一个任务，到了他所在的部队。一碰到他，就看到他愁眉不展，像是有什么心事，我便主动地问他："选生，我们好不容易见着面了，应当高兴才对，你怎么哭丧着脸？"

"廷弼，别提了，这事要是让你遇上，你也会发愁。"接着，他给我详细地叙述了那次战斗的经过，然后说，"这些战士都是好同志，上级和他们的父母把他们交给我们，责任太重了。你是知道的，我原来坐机关，打仗、指挥部队没有经验。再这样打下去，我怕负不了这个责任。"

我看他情绪不高，就说了几句安慰和鼓励的话，但没有说服他。临分手时，他问我："你回去后，能见到贺老总吗？"

"能见到，你有什么事？"

"我……我想回机关，还当我那个参谋。你见到贺老总替我说几句，他准会同意的。"

"好吧，我试试看。"

过了几天，我的任务完成后，回到了司令部。贺老总非常亲切地接见了我。我汇报完了工作之后，说："老总，武选生同志还有件事，让我跟你说说。"

"好啊，什么事？"

于是，我便把武选生同志的想法如实地向贺老总作了汇报。

他听完，摇摇头说："怎么？才打了一仗，就让日本鬼子给打怕了？现在的环境是很残酷，这也正是考验人的时候。胜败是兵家常事嘛，谁能一个败仗也不打？何况他以前没有带过兵，这是头一次领兵打仗。带兵就不要怕打败仗。打了败仗，重要的是要好好找找教训，而不是打'退堂鼓'。如果带兵的怕垮台，干革命怕犯错误，怕开除党籍，怕坐牢，怕这怕那，那是革不成命的！"

最后，他还特别嘱咐我说："你回去告诉他，让他在部队好好干！"

我把贺老总的话转告给武选生同志之后，他说："老总的意思我明白了。你要是见到老总，就再替我说一声，我现在不怕了，不打几个漂亮仗，决不回去见他！"

"有群众就有干部"

1945年8月，日本帝国主义宣布无条件投降。为了准备解放太原和归绥，晋绥行署和军区抽调了大批干部，组成了支前工作团。

当时，我在军区政治部机关担任总务处长，组织上便调我到北线支前工作团当副团长。

我到了支前工作团之后，便按照晋绥分局的指示，立即着手筹建雁门地区行署的工作。可是，当时我们只有3个干部、一个警卫员和一个马夫，没有一点资金。一个行署机关，麻雀虽小，五脏俱全，我们这点家当怎么能创办一个机关呢？但是，又到哪里去调人、要资金呢？我简直束手无策了。

正当我一筹莫展的时候，贺龙同志和聂荣臻同志为了组织指挥绥包战役，从南线来到雁门地区右玉县的威远堡。我想，这下子可有了主心骨了，因为我可以找贺老总要点资金，再请他调几个人来。

一天，我同雁门区党委书记高克林同志、第二书记王德同志一起，去看望贺老总。他见到我们，非常高兴，就问我们工作团的工作开展得如何？高克林、王德同志汇报了党委的工作。轮到我了，我想借这个机会把要钱、要人的想法说出来，但话到嘴边，又不大好开口。谁知，贺老总早就看出来了。

"王廷弼，你们有什么困难吗？"

我听贺老总这么一问，就摆起难处来了："上级叫我筹办雁门行署，可是我们没有资金，咋办？"

"嗯，资金一点没有，是困难。但是现在资金很缺，多了也拿不出来，可以让供给部先借给你600万元。先说清楚，是借的。"

"能借就再好不过了，等将来行署筹到了款，我们加倍还。"这时，我别提多高兴了，心想要是再提调人，可能有希望。我马上接着说："老总，我们还有一个困难，就是人太少，现在一共才3个干部，能不能再给我们调几个人来？"

说完，我用期待的眼光看着贺老总。

没想到，贺老总的表情变得严肃起来。

"没有人可以想办法嘛，我一把菜刀闹革命的时候，谁给人？你有3个干部就不少了。干部要靠你去发现和培养，有群众就有干部。"

"可是，现在地方上的干部差不多都抽出去支前了。"

"你们那儿有前方下来的伤员没有？"

"有。"

"你可以在里边挑选嘛。群众中的积极分子也可以培养一批。还有，敌、伪留用人员，也可以使用啊！"

贺老总的一席话，使我开了窍。人虽然没有要到，但办法有了。

我回去后，按照贺老总的指示，在伤员中和群众中选拔了一些能够胜任工作的同志，在很短的时间里，便组成了雁门行署机关。大约过了20来天，行署主任刘庸儒同志到职时，行署办公的准备工作已基本就绪。

刘庸儒同志非常高兴地对我说："你们真有办法，这么快就准备好了，我可要吃现成饭了。"

"哪里，"我笑着说，"这是贺老总教给我们的办法。要是靠我们3个人，可能现在还坐在那儿发愁呢！"

不久，我又奉命和几位同志到丰镇筹建几个财贸单位。我们还是按照贺老总教给我们的那套办法，在当地的群众中物色了一批干部。而且，我们还大胆地使用了一批原伪蒙疆银行、同和实业银行的留用人员。没有多久，我们也是在人手少、资金缺乏的情况下，迅速办起了物资处商店、粮店和被服厂等，顺利地完成了上级交给我们的任务。

以前，我曾经听续范亭同志说过："贺总这个人，就是再困难，只要你一看见他，就有了精神和力量。"这一次，我有了亲身的体会。

"明天就要开门营业"

1949年12月底，川西及西康省宣告解放。12月31日上午，贺龙、李井泉、周士第等同志率部进驻祖国的西南重镇成都。

蒋介石的一些残余匪帮，并不甘心他们在西南的失败。1950年年初，他们勾结当地的土匪、哥老会和国民党起义部队中的少数不坚定分子，发动了反革命暴乱。他们暗杀我军政干部，袭击我们的战士，抢劫商店，无恶不作。有些土匪甚至化装进城，扰乱成都的社会秩序。

土匪的暴乱，使当时的商品紧缺，物价暴涨。如一支纱的价钱，就由120万元涨到4000万元（旧币）。到了春节前夕，成都市的国营商店和私营商店，怕遭到土匪的抢劫，东西又少，难以支撑门面，决定春节放假时多关一天门。这就必然会给人民生活带来困难。

当时，我在成都市军管会担任工商处处长。面临这种局面，我非常着急，一时也想不出好主意。但是，商店不按时开门，也毕竟不是个办法。

于是，我们工商处经研究决定，为了让群众过春节，国营商店在春节期间开门一天。但是，这并没有起多大作用。想不到的是，群众听说只开门一天，便纷纷争购商品，致使商店开门的那天拥挤不堪，这反而容易给敌人造成捣乱的机会。

初二晚上，贺老总把我叫到他的办公室。我进了门，看见川西区党委书记李井泉、成都市市长周士第、西南军区政治部主任王新亭等几位领导同志也在这儿。

李井泉同志披着大衣在屋子里来回踱着步子，王新亭同志在一旁站着。贺老总没有一点笑容。看样子，气氛很紧张。

我悄悄地站在一旁。听他们的讲话内容，似乎是在研究剿匪问题。

只见贺老总从沙发上站起来，生气地说："我们解放军什么时候遭到袭击不还手？这是我们解放军的耻辱。别看他们穿的是老百姓的衣服，他们是土匪！只要他们向我们开枪，就是敌人，就要把他们彻底消灭！"

其他几位领导同志坚决地说："贺老总，我们明天就派部队下去剿匪。"

我不知道贺老总要问我什么问题，不由自主地紧张起来。

"王廷弼，你来了！"果然，贺老总开始问起我来。

"你们的商店为什么不敢开门？"

"老总，我们开了一天门。"

"只开一天门怎么行？商店不开门，群众的思想就不稳定。"

"老总，我们也想开门，可是东西太少，万一……"

"现在我们有多少粮食？"

"4000万斤。"

"多少纱？"

"120万支。"

"布呢？"

"还有4万匹。"

"你们好好算算，我们在晋绥，什么时候有过这么多东西？"

我心里盘算了一下，贺老总说得很对，尽管我们觉得现在东西短缺，可是比起抗日战争时期来，要丰富多了。

"王廷弼，就是你们几个搞经济工作的胆小怕事。你们明天就要开门营业！不然，我可要以'捣乱金融'治你们的罪！"

听贺老总这么一说，我更加紧张，便说："老总，我明天就到商会宣布政策，定价，后天就开门营业。"

"对嘛！"贺总这才露出了微笑。他又喊警卫员进来："做点抄手（四川方言，即馄饨）端来。"然后，又对我说："你坐下嘛，站在那儿干什么？"

我哪里还坐得住，但是又不好走，就拘拘束束地坐在一个沙发上。

这时，贺老总对其他几位同志说："来，来，来，咱们正好4个人，坐下打打扑克吧。过节嘛，得有个气氛嘛。"

不一会儿，警卫员把抄手端上来，放到茶几上。我哪能吃得下呢。就对贺老总说："天不早了，我要走了。"

"再坐坐嘛，先吃一点，看我们打两把扑克再走。"

过了一阵，贺老总看我的情绪还没有缓和下来，一边打着扑克，一边温和地说："批评太重了吧？别搞得那么紧张，回去好好休息，明天还要看你们的哩！"

直到深夜，贺老总看我吃完抄手，平静下来了，才让我回去。

第二天清早，我立即向处里的同志们传达了贺老总的指示。之后，我们分头通知商会，马上开会宣布政策，商定价格。会上，我宣布，明天一定要开门营业。

这个紧急措施实行以后，效果非常显著，群众奔走相告，人人脸上都露出了喜色。这个无声的行动，标志着社会仍然是安定的，标志着人民解放军是有力量很快平息土匪暴乱的。

随着剿匪斗争不断取得胜利，社会秩序逐渐好转。我们通过商业部门，回笼了大批货币，物价迅速下降，同时也为西南的建设积累了资金。

（王廷弼）

"那里是我的第二故乡哩"

1951年1月31日的早晨，南海晴空万里，碧波荡漾，海鸥在自由地飞翔。

当时，我是南海舰队一艘军舰的副政委，我们的舰队正在港口进行紧张的军事训练。突然，信号兵向舰长报告："基地司令部通知，中央军委首长马上来你舰视察！"我们立即列队，迎接军委首长。大家肃立着，眼睛都注视着前方。不一会儿，只见几辆小轿车向我们驶来。一位身材魁梧，蓄着短胡子的首长在海军基地首长的陪同下，健步登上了我们的军舰。啊，是贺龙元帅！我一眼就认出来了。贺龙元帅满面笑容地向大家挥手致意，我陪着他从舰尾走到舰首。

军舰起锚开航了，贺老总站在舰前的甲板上，眺望着辽阔的大海。片刻，他回过头来问我："你叫什么名字？""贺雄。""哈哈，我们还是一家子哪！"他爽朗地笑了。又问："你是哪里人？""湖北人。""湖北哪个县的？""监利县的。"我担心我们县在外面的名声不大，怕他老人家听不清，正想掏笔去写，贺老总马上说："不用写了，那里我很熟悉。你们监利县在洪湖的西岸，土地革命时期，我们的湘鄂两省苏维埃政府和红二军团的辎重后方都设在那里。"

听贺龙同志这么一说，我脸上一阵发热。嘿，我怎么这么糊涂，小的时候，不是经常听老人们讲贺龙同志在我们这里领导闹革命的故事吗？今天当着他老人家的面，怎么把这些事都给忘记了呢？

贺老总没有介意，两手扶着栏杆，亲切地给我们讲起当年斗争的情景："那是在大革命失败以后，1928年的1月，我和周逸群等同志，从上海经过武汉，搭船来到了你们监利的观音洲、反咀、下车湾。当时，洪湖地区的斗争十分残酷。我们依靠群众，组织武装，刀对刀，枪对枪，狠狠地打击了地主、土匪的反动气焰。苏区的人民阶级觉悟很高，我们的同志们战斗中英勇顽强。在奇袭毛家口时，由于土匪队伍的顽抗，使得许光达同志受了重伤……像副口、柳关那些地方，不知被敌人放火烧过多少次，但革命群众始终没有屈服，真是'野火烧不尽，春风吹又生'啊！"

说完，贺老总两眼望着大海，默默地沉思起来。从他那严峻刚毅的表情，我看出了他对敌人的深仇大恨，对苏区人民的无限怀念。

我递上一杯清茶，他喝了一口又说："我还记得你们家乡有几句歌谣，好像是这样说的：'沙湖沔阳洲，十年九不收。倘若一收了，狗子都不吃糯米粥。'我该没说错吧？"我笑着点头回答："首长记性真好！"贺龙同志说："不是我的记性好，那里是我的第二故乡哩！你们监利、沔阳非常富裕，就是经常淹水。那时候群众的生活是很苦的呀，可那是块好地方，土地肥沃。"

我立即向贺龙同志报告了解放后监利、沔阳的巨大变化。当讲到如今水患变水利，年年大丰收时，贺老总满意地笑了："好嘛，在党的领导下，你们监利一定会一天天好起来的。我有机会一定到你们家乡去，看看富饶的洪湖，看望苏区的人民。你回家探亲的时候，不要忘了替我向乡亲们问好呀！"

军舰劈波斩浪，向前飞驶。我感情的浪花也像这大海的波涛一样翻腾：贺老总啊，您为革命历尽了千辛万苦，为人民立下了丰功伟绩，但您不居功，不自傲，时时刻刻把革命老根据地的人民记在心里！

不久，上级批准我回家探亲。我到家以后，把贺老总的亲切问候转达给了乡亲们。许多当年的老赤卫队员、老红军听说我见到了贺老总，从很远的地方跑来，向我询问他老人家的近况。当他们知道贺老总现在惦记着他们，想回苏区看望他们时，许多人感动得淌出了热泪。

（贺　雄）

"在党内，要讲实话"

1952年春节刚过，美帝国主义为了挽救它在朝鲜战场的败局，增加在板门店谈判桌上的"资本"，接二连三向"陆上台湾"黑水空降特务，梦想在川、甘、康、青四省边区煽动武装叛乱，以钳制我在朝鲜的主力部队。

所谓"陆上台湾"，指的是岷江上游一个叫黑水河的地方，离成都不远。解放前，那里是与汉区隔绝的藏区，山高林密，民情强悍，汉族人很难进入其间。我红军北上抗日，中央红军和四方面军一部曾在这里筹备过草地的粮食，黑水人民对红军北上抗日作出过巨大贡献。

蒋介石从大陆上溃逃的前夕，于1949年8月和11月两次飞抵成都，布置"敌后游击"。"陆上台湾"这4个字，是蒋介石亲笔写在包括大小金川和黑水芦花在内的鹭山草地地图上的。

空降特务在黑水着陆后，立即带电台向甘南、唐克、阿坝、松岗和小黑水地区派遣，大有由一个黑水而突变成6个"黑水"的趋势。

黑水作战会议，就是在上述严峻的背景下，于重庆市浮图关西南军区司令部作战处会议室召开的。时值"三反运动"总结会议正在西南军区召开，出席这个会议的全体军以上干部出席了黑水作战会议，到会的有云南、贵州、西康、西藏、川东、川西、川南、川北省级军区和西南军区所属炮兵、空军、公安部队以及直属各军的领导同志，还有西南军区有关参谋人员。当时我在川西军区司令部办公室做秘书工作，因曾经较长时间在川西北藏区剿匪，担任过大小金川和马尔康情报站的站长，较熟悉那个地区的情况，被西南军区司令部指名到会汇报情况。

西南军区司令部副参谋长李夫克主持会议。会议开了整整一天。

西南军区司令员贺龙自始至终参加了会议。

会议开始，贺龙作了简要指示后，李夫克副参谋长叫我向会议介绍黑水地区的民情和匪情。当我汇报到我军进军黑水剿匪的有利条件时,我说:"在这些条件中,有一条是重要的,这就是当地广大藏族人民群众是站在我们一边的,是拥护共产党、盼望解放军的。"哪知,我刚讲到这里,贺龙就大笑起来,问我:"根据是什么,你能不能讲一些具体事例出来?"

我面对贺龙的善意询问,顿时瞠目结舌了。因为我实实在在既举不出一个例子来说明我的"结论",又无法讲出我这一条"结论"产生的过程——我起初的汇报提纲上是没有这一条的,出发前我去"试讲"时,一位上司要我加上这一条,而且还正告我:"这是个原则问题,不看到人民群众是站在我们方面、拥护共产党、盼望解放军,这是革命不革命的立场问题。"我也想表现自己"阶级觉悟"的提高。贺龙见我愣着答不出话来,这才语重心长地说:"同志啊!这是作战会议,不是宣传鼓动会。在座的是军以上干部,不是普通老百姓。所以,不要讲那些'客套'话。我们考虑问题必须实事求是,必须正确地估计、分析问题,而不能想当然,不能把暂时还不存在、目前还没有出现的情况估计进去。现在我们进藏部队,提出一个口号,叫'冻死不住民房,饿死不吃民粮',就是说'不扰民,不害民'。这个口号提得好!我很赞成。提口号,要分时间、条件、地点。比方现在在汉族地区提的'清匪反霸,减租退押'这个口号,目前在少数民族地区就不能提、不准提;又如,抗美援朝,捐献飞机、大炮,这个口号,现在也不在少数民族地区提倡。因为我们目前只在少数民族地区剿匪,即清匪;只在少数民族地区宣传抗美援朝,但不动员人民起来搞捐献。这些口号如果现在在少数民族地区提,就会出娄子。进藏部队现在提出'不住民房,不吃民粮'的响亮口号,是有我们提出的'你们走到哪里,我们的后勤保障工作跟到哪里'这个口号和保证作基础的。所以进藏部队的口号既响亮,又现实、又适时,提出来能做到。因为我们有了一个中华人民共和国,有了比较充裕的物质基础做后盾。这是实事求是。否则,就是瞎提口号,乱放炮。提了也做不到。所谓'兵马未动,粮草先行',我们打仗几十年了,其实只有现在才真正做到了。长征的时候,就不好提'饿死不吃民粮'这种口号。如果那时也提出这样漂亮的口号,就要'饿死'中国的革命。当时,老百姓不了解我们的政策,不知道我们是什么性质的军队。他们认为'天下乌鸦一样黑','官兵'、'汉人的部队'都是奸淫烧杀、无恶不作的。我们要行军、要作战,天天流动,没有足够的时间去宣传群众，组织群众。老百姓的耳朵里只有一个声音，那就是反动僧俗上层对他们的蛊惑宣传。所以，老百姓都被迫上山逃跑了。我们要长征，要吃饭，要过荒无人烟的雪山草地，就要筹粮，备寒衣。实在没有办法啊，同志，只好把老百姓的青稞麦给人家收割了，把地里的洋芋（马铃薯）、圆根（萝卜）给人家挖了，把牦牛给人家杀来吃了。当时我们也是讲群众纪律的，有钱的，给老百姓留了些钱；没钱的，给人家留一张借条，贴在墙上，或放在桌上，说等革命成功了再偿还。我们不会写藏文，藏民认不得汉字。谁知道你写的是什么，说不定没了粮食的人一把就把他们不懂的条条撕了。就算能看懂，谁知道你们什么时候革命成功，人家会高兴吗？虽然我们是为了革命，是为了打倒蒋介石，为了北上抗日，可群众能理解这些吗？何况那里还是与汉区隔绝的'封锁'地区。我们还有个别部队和少数人违反政策，吃了亏就搞报复，放火烧了人家的喇嘛庙，人家会高兴、会没意见？现在我们要到那个地方去剿匪，这不是简单地和国民党特务土匪的斗争问题，其中还搅和着、交织着一个民族问题、一个宗教信仰问题。因为那里是藏区，汉族的特务土匪是经过藏族僧俗上层人物的同意和掩护才生存发展起来的。那里还没有解放，我们的部队还没有到达，匪特没有消灭，政权没有建立，工作没有开展，我们已经成熟了的民族政策还没有和广大人民群众见面，群众还没有被我们争取过来，群众家家有枪，枪杆子的指挥权掌握在他们视作'神的化身'的土司、头人手里。因此，从这个意义上讲，那个地区的人、枪越多，对我们进军的阻力就越大。"贺龙讲到这里，对着我继续说："你刚才说的那个'广大人民群众'，在目前说，他们还没有从农奴制、封建制度下解放出来，还受着国民党特务土匪的控制，还受着反动土司头人的蒙蔽操纵。你想当然地把那一条估计成我们进军的有利条件，依我看不实在，是空话，这叫自我安慰。"接着，贺龙更形象地说："举个最简单的例子来探讨这个问题，黑水地区如果有1000户'广大人民群众'的话，每户平均有1条枪（你刚才讲的是每户平均15条枪），那么就是1000条枪。有这1000条枪的存在，这就是我们考虑的出发点。这1000条枪，在谁手里呢？是'盼望解放'打匪特呢，还是听反动上层的指挥打我们呢？显然是后者，而不是前者。我们这次作战会议，有个任务就是讨论用兵多少的问题。如果那1000条枪在我们方面，我们就可以不出兵或少出1个团；如果匪特方面多了这

1000条枪，我们就要多投入1个团到两个团的兵力。"贺龙在分析了这些情况后，又谆谆教诲道："在党内，要讲实话；在作战会议上，尤其要讲实话；不能讲似是而非，貌似正确，实则要误事的话。不能把没有的，说成有的；不能把暂时还没有成熟的，说成已经成熟了的；更不能把暂时还办不到的或没有办到的，说成能办或已经办了的。只有讲实话，如实反映情况，领导机关才能准确地了解下边或敌我双方的真实情况，才能制定出正确的政策和作战方案。"

　　事后我也曾想过，为什么我的一句不着边际的分析语言，会引出贺龙这么多关于党内要讲实话的鸿篇巨论呢？我觉得贺龙的深刻分析不独独是针对我那句话的。当时，"三反"运动刚刚结束，军区正搞全西南部队的运动总结。参加黑水作战会议的人，其中一部分是"三反"总结会议的参加者。在"三反"运动中全区打了许多上亿元的大"老虎"。上边要数字，下边凑数字，成绩斐然，战果辉煌，结果并非如此。我想"在党内要讲实话，不要讲空话，讲空话要害人误事"，这是贺龙有感而发的。当然贺龙在黑水作战会议上并没有直接评论下边所报的"三反"战果。但从贺帅谈话的时间上看，如此痛切地谈论党内要讲实话、实事求是的问题，不能说是短话长说、小题大做的。

（都爱国）

"公路走南线，更符合西藏人民的长远利益"

　　1952年秋天，正是高原雪莲花开的时节。我们修建川藏公路的部队、民工，发扬了艰苦奋斗精神，以革命英雄主义的气魄，克服困难，连续作战，打通了二郎山、折多山和雀儿山，把公路修到了昌都。藏族人民把新修的公路称为"幸福金桥"，《歌唱二郎山》、《打通雀儿山》等歌曲从康藏高原唱到祖国各地。这时候，摆在我们面前的任务就是尽快确定从昌都西进线路，把川藏公路修到拉萨去！

踏勘线路的工作，早在1950年秋完成了马尼干戈至昌都段的任务。从1951年起，我们先后派出了6个队，担任昌都至拉萨段的踏勘工作，要求他们在从来没有公路的世界屋脊上，找出一条合理的线路来！这是一项多么艰巨而又光荣的任务啊！我们的踏勘队员，常在深山峡谷中攀登爬行；坐溜索渡过汹涌奔腾的江河；冬季冒着零下30度的严寒，爬雪山、过冰河；夏季在多雨的原始森林里，踩着腐烂的树叶，提防着野兽的突然袭击，忍受着蚂蟥、蚊虫的叮咬；有的冒着生命危险通过了人迹罕至的悬崖绝壁，涉过数十条激流冰河，坚持踏勘工作。整个川藏公路全长两千多公里，越过14座高山。可是，为了找出合理的线路，我们的踏勘队员们竟跋涉了10000多公里，爬过了空气稀薄的高山300多次，初步揭开了川藏公路沿线地理的真面目。

通过大量的踏勘工作，工程技术人员提出了两条通向拉萨的路线：一条是北路，从昌都经丁青、索县、旁多等地到拉萨。沿线多为牧区，大部分路段比较平坦，工程比南路小；但地势高寒，海拔一般都在4000多米，个别垭口在5000米以上，冬季冰雪封山严重，而且缺乏燃料和木材等建筑材料。另一条是南路，从昌都经邦达、波密、林芝、太昭等地到拉萨。海拔较低、气候较好，沿线多为农区，有波密、色霁拉等森林地带。问题是地形地质较复杂，沿路有怒江激流，还有冰川、泥石流等险阻，工程十分艰巨。是走南路？还是走北路？工程人员有争论，我们司令部的领导同志虽倾向于走南路，但也没有把握。国防公路，百年大计。为了慎重，我们决定向西南局和西南军区请示。9月中旬，我和穰明德政委带着工程人员，来到重庆。第二天就接到通知，西南军区司令员贺龙同志要亲自听取我们的汇报。我们都十分高兴。

那天下午两点多钟，我们来到贺老总的住所。阳台上开着海棠花、秋菊，还有翠绿刚劲的兰草。我们刚走进客厅，身材魁梧的贺老总就含笑迎来。他亲切地和我们一一握手，然后端起一盘香蕉，送到我们面前说："你们在康藏高原修路很辛苦，吃水果不容易咧！快来打个牙祭吧！"几句话说得我们都笑了起来。

我们一面吃着香蕉，一面汇报修路部队艰苦而又乐观的生活。当我谈到由于运输困难，有时主副食供应不上，战士们挖地老鼠、吃野菜时，贺老总感慨地说："这和我们长征时一样啊！"当我谈到战士们把树枝搭在雪地上当床铺,并风趣地称作钢丝床时,贺老总哈哈大笑起来;当我谈到战士们白天在雨里雪里修路,夜里住在方块雨布搭的帐篷里,漏雨飘雪,衣被都湿透了,贺老总皱起眉头,对秘书说:"记下,叫后勤给筑路部队特制帆布帐篷,补发雨衣!"最令人难忘的是,当我谈到由于地势高寒,常年吃不上蔬菜,缺维生素C,战士们的手指甲盖都陷下去了时,贺老总站起来了。他不安地踱来踱去,思索着什么。稍停,他严肃地对我说:"立刻派人去上海买维生素C。必须让战士们每人每天吃四片维生素C,少了不行!"听到这些话,我心里十分激动!我们的贺龙司令员日理万机,可是对战士们的生活却这么关心,连手指甲盖这么大点的事都这么看重,解决得这么具体,这怎不叫人心里热乎乎的呢?贺老总不但无微不至地关心着我们的战士、职工,同时还关心着藏族同胞。当我们汇报到许多群众和西藏的上层人士赶着牦牛,冒着阴雨、风雪,为筑路部队驮运粮食时,贺老总十分感激地说,真要感谢我们的藏族同胞啊!同时,贺老总又严肃地指出,藏族同胞越是支援我们,我们就越应该尊重他们的风俗习惯,遵守民族政策,严格群众纪律。贺老总的这些话使我深深地懂得,我们做领导工作的人,应该怎样关心群众的生活、冷暖、疾苦,团结藏族人民。群众越是艰苦奋战,忘我劳动,我们越是要把群众放在心上,越是要关心他们。这既是我军的光荣传统,又是我军攻无不克、战无不胜的一个重要因素。

接着,我们的汇报转到了从昌都通向拉萨线路的确定问题。穰明德同志打开了地图,仔细地向贺老总介绍着南、北两条线路的地形、地质、气候、出产、经过的地方以及工程的难易和利弊,踏勘工程人员的争论观点,等等。贺老总仔细地看着地图,听着、询问着、思索着。像战争年代制定行军路线图,又像是战前审查作战计划。这是在世界屋脊上修筑第一条横跨东西的公路啊!它不仅对巩固西藏边防,支援进驻到拉萨、亚东边防的部队,有着重要和迫切的意义;而且对建设新西藏也有着深远的影响。经过深思熟虑,贺老总挥动红笔,果断地说:"公路走南线!第一,南线气候温和,海拔低。在西藏高原,这是黄金都买不到的优点。第二,南线经过森林、农业区、草原、湖泊、高山,物产比北线丰富,不仅我们修路时有木材、石料等建筑材料,还有青稞、牛羊、水果、燃料等,方便生活。更重要的,将来开发西藏,进行社会主义建设,这里有着丰富的资源和极大的经济价值，有着广阔的前途。公路走南线，更符合西藏人民的长远利益。这就是我们考虑一切问题的出发点！"

听了贺老总高瞻远瞩的指示，我们的心胸更开阔了，信心也更大了。但是，我马上想到，南线的冰川、流沙、怒江激流等艰险工程，眼睛也止不住盯着地图上这些地方。贺老总一眼看透了我的心思。他拍着我的肩，目光炯炯地看着我说："当然，怒江天险、冰川、流沙，会给我们找麻烦，甚至带来意想不到的艰险困难。但是，怒江也好，冰川也好，流沙塌方也好，它们能挡得住中国人民解放军吗？毛主席指示我们：为了兄弟民族，克服困难，努力筑路。我们就要叫高山低头，叫激流、冰川、流沙、塌方统统让路！至于北路，将来仍然要修。因为祖国的西藏高原，将来要修很多的公路，要修成四通八达的公路网咧！"

贺老总的远见卓识和英雄气魄深深激励了我们。穰明德同志向我交换了一下眼神，我会心地笑了笑，意思是说，老伙计，咱们拼命干吧！这时，老穰激动了。他把地图一卷，高声说："贺老总，等着我们通车拉萨的捷报吧！"

贺老总点起一支香烟，微笑地转过头来，轻声问："什么时候通拉萨？"

"1954年年底！"穰明德同志卷起袖子，狠劲地把手一挥说："贺老总，1954年年底汽车通不到拉萨，我把头拿下来见你！"

贺老总哈哈大笑，笑得胡子直抖。稍停，他兴致勃勃地说："我等着为你们通车拉萨庆功吧！怎么样？为了更具体地了解情况，解决你们修路部队和职工的生活供应、物资保障等问题，我们打算派军区后勤部长余秋里同志到川藏公路去一趟！"

我和穰明德都开心地笑了。

回到康藏高原以后，我们修建川藏公路的全体部队和民工，沿着贺老总定的路线，把公路向西修去！1954年年底川藏公路不仅胜利通到拉萨，而且青藏公路也通到了拉萨。

（陈明义）

"要宣传党的政策"

1945年,在卓资县西南方小南沟乡的一个山沟里,我们度过了中秋节。当时,我担任凉城县第五区的区长兼区游击队队长。日本鬼子投降了,战士们和老乡们都很高兴,渴望着重建家园。可是,国民党反动派时刻阴谋发动内战,侵占我党领导的抗日根据地,我们不得不依然枪不离身,马不离鞍。

中秋节后的三四天,我派出一名侦察员,去侦察卓资山的敌情。第二天傍黑,侦察员回来报告,说卓资山的敌情没有特别变化。我刚要安排游击队的夜间活动,一个乡干部气喘吁吁地跑来报告说:

"牛家川、西壕欠一带来了许多部队,听说是八路军,穿的灰色军衣。"

"真的是我们的野战部队来了?"我十分兴奋。当时,我们的区游击队有30余名战士,全是骑兵,来去神速。月光下,在曲曲弯弯的山路上,我们催马向前飞驰。领路的老乡帮我们找到了两个八路军同志,一问,果然是晋绥军区的野战部队来了!我们连忙请那两个同志引路,向团部五里坝驰去。

团长热情地请我们坐下,详细地询问了一些情况,尔后说:"给部队搞给养的任务,有困难吗?"

我说:"我们早准备了,部队的粮草我们马上就能送来,放心吧,需要多少送多少。你能否给我写个介绍信?我想见贺老总接受支前任务去。"

团长笑着说:"可以,我把你介绍到野战军司令部去。"

"野战军司令部?能见上贺老总吧!"我惊喜地想,但知道这有关军事秘密,不好再问。只见团长马上写了介绍信,我凑在油灯光下一看,上面写着:

八〇八首长:

当地区长蔡子萍同志带领30多名骑兵前去接受支前任务……

原来，贺龙同志率领晋绥野战部队三五八旅等主力军，从雁北左云出发，途经凉城，于今天下午挺进到卓资山的牛家川、西壕欠、六苏木一带。真是一支飞来的神兵啊！

天亮了，太阳渐渐地从东山上露出头来，把金光洒在房子一带的狭长平川上。我们终于赶到了西壕欠村。

野战军司令部设在村中伪乡政府大院里，门口站着双岗。我拿出介绍信，向警卫战士说明了来意。一个警卫战士转身去报告。大约过了三五分钟，警卫战士说八〇八首长——贺老总要亲自接见我。我高兴地让游击队战士们在附近待命，就跟着那个警卫战士走了进去。

指挥部设在一座约有五间房大的大屋子里，那原是伪乡政府的会议室。一个身材魁梧的人站在那里正看着军事地图。我虽未见过贺老总，但我见过他的照片，听过有关他的许多生动的传说，脑子里对贺老总早有印象。因此一眼就认出，这就是贺老总！

贺老总身穿灰色的棉军装，宽宽的浓眉下，眼睛明亮有神，慈和沉静，手里捏着一只紫红色的烟斗。烟草的香气弥漫在屋子里。我尊敬而有些拘谨地望着贺老总和他身边的几位首长，站在门边向他们报告。

贺老总伸出一只宽大的手掌来，我连忙双手紧握住他的手，一股暖流传到身上。

接着，贺老总问了地形，问了卓资街上的敌情，问了交通联络情况，问从西壕欠到卓资山有几条路可通，以及沿路的村落、人口。他了解得很多很细，还不时对照军事地图，在上面做些记号。停了一会儿，贺老总又问："你确切地说，卓资山有多少敌人？"

"原来有五六百人，最近从凉城退下来一批，也超不过2000人。"

"你这个情况不对。"贺老总说，"正是你们的侦察员从卓资山出来的那天晚间，也就是昨天拂晓，胡宗南部何文鼎师从陕西省榆林出发，经伊盟、包头，赶到了卓资山。如今卓资山已经集结了作战部队10000余人了，这个情况你知道吗？"

这个情报使我吃了一惊！我不知道敌情变化如此之快，如此之严重；同时，我也深深感到：贺老总神机妙算，胆略过人，把敌人的动向摸得一清二楚，及时地捕捉住战机，摆下阵势，准备吃掉敌人。一场大战就要打响了。

贺老总抬起手腕看看表，已是中午时分了，关切地问我："你吃饭了没有？"

我说："没有，吃饭不急，先汇报工作吧！"

贺老总却吩咐警卫员给我准备饭菜。不一会儿，警卫员就端来一叠烙饼和一碗炒山药丝。我边吃边汇报。

果然，饭后不久，贺老总对参谋长张宗逊说："老张，给旅司令部打电话：下午4点集合，4点半出发，5点钟攻击。把东至马盖图、西至旗下营的铁路全部拆断，明天拂晓前，结束卓资山战斗，消灭何文鼎师。"

从贺老总坚定的语气里，我已经感到一场大战胜利在望了，真想带着游击队，跟随贺老总狠揍那些龟缩在卓资山城里的敌人。我怀着急迫的心情问道："需要我们干些什么？一定能完成任务！"

贺老总命令道："你这地方官，首先要把布告写好，进城后就出安民布告。你不要离开我们，要跟上我们一块儿走。"

我领受了任务，出去写布告，碰上了晋绥行署财政处长黎华南同志。黎处长问了问情况，当即给布置了任务：准备200辆大车，明天进卓资山去拉布匹、武器、弹药等战利品。黎处长和我一样，对这次大战的胜利充满信心。我答应很快去办，只是想起贺老总的嘱咐，就解释道："黎处长，这么多大车，再难弄我也会想方设法弄到，可贺老总不让我离开。"

黎处长说："不要紧，我对贺老总说一下，你先弄去。"

我立即发动群众，也布置给区政府、区游击队的同志们，分头去准备大车。

下午4点半，野战部队准时出发了。贺老总骑着高头大马，带领司令部以及千军万马，分路浩浩荡荡地向卓资山进发。

我因为接受了别的任务，没有赶上直接参战，感到十分惋惜。5点整，一颗绛红色的信号弹划过天空。紧接着，大炮发出了怒吼，一颗颗炮弹划出红弧光，呼啸着飞向敌营。一会儿，又响起了爆豆似的枪声，我们的步兵冲上去了。

枪声越响越远，我估计战斗进行得比较顺利。果然，胜利的消息一个接一个地传来：我军突破敌人外围防线，越过大黑河，跃过壕沟逼近卓资山火车站；我军突破敌人最后防线拿下了火车站，攻进城里，正逐屋、逐街地进行争夺战……

拂晓，战斗如期胜利结束了。

我们的大车立即出动，车倌们扬鞭催马，高高兴兴地去拉战利品。我也恨不能立即插上双翅，飞到贺老总身边。可是，想到任务，想到正在筹集的大车，还是耐着性子留下来。直到晚上7点多钟，我才带领最后一批拉运战利品的马车奔向卓资山。

当天晚上，没有找到贺老总，直到第二天早晨，我们才在卓资山十字街一家粮店的大院里找到了野战军司令部。见了贺老总，我不知说啥是好。贺老总的眼睛里布满红丝，为了战斗的胜利不知又付出了多少辛劳和心血！可他满面春风，神采奕奕，没一点倦意。贺老总对我说："你哪里去了？叫你不要离开我们，为啥离开了？"

我听出了他话中责备的意味，连忙把情况解释了一番，贺老总听了点点头，说："尽忙着打仗了。老黎没跟我讲呀！"又问："布告写好了没有？"

我说："写好了。"

"赶快张贴出去。把跑掉的老乡叫回来，要宣传党的政策，叫大家该干啥的还干啥，安居乐业。"

"是。"我答应着，又问，"还有什么任务？"

贺老总晃着烟斗笑起来，说："抓一抓油、盐、酱、醋，这么多的部队住在这里，要休整一两天。马上，部队又要前进了，注意了解敌情的变化，有什么情况随时报告司令部。"

我领受任务出来，立刻组织人员去办理。第二天，来了许多首长，在卓资山连着开了两天会。我猜想，首长们一定在研究重要的军事决策，看来，新的更大的胜利就在前头。

（蔡子萍）

贺老总让我搞侦探、挑电台

我是1929年5月参加红军的。我因为以前跑生意,对湘鄂川黔边界一带的地理环境很熟悉,贺老总便叫我搞秘密侦探工作,开始我不愿意,只想真枪真刀地和国民党反动派拼个你死我活。后来贺老总动员我说:"红军要打胜仗,不派出探子不行,要摸清敌人的来龙去脉,探子不熟悉地理环境不行。我想来想去,你做这项工作很适合。"经过贺老总说服动员,我乐意地接受了任务,化装成一个小商贩,常常学孙悟空钻进铁扇公主肚皮的办法,弄到敌人不少的可贵情报,为红军打胜仗提供了可靠的依据。

1935年10月,毛主席率领的中央红军经过二万五千里长征到达陕北,消息传到我们红二、六军团,广大指战员一派欢腾。我们当时驻扎在桑植县城附近,遵照军团首长的指示,抓紧打"野外",操练登山、爬坎、越溪,准备担架、草鞋、干粮。看迹象,部队又要大转移。

一天,我从山上打"野外"回来,弄得十分疲劳,正在营房外面休息,贺老总派警卫员来叫我:"有新的任务,请你到司令部去一下!"

长期的战斗生活,使我养成了一种特殊习惯,一听说有任务,身上的疲劳就立即消除了。我兴冲冲地跟随警卫员走去,到了司令部,见贺老总坐在一把靠背木椅上,口里含着烟斗,看神气正等着我呢!我疾步上前,立正敬礼道:"报告总指挥,有什么任务快说吧!"

贺老总把身旁的椅子移了一下,亲切地打招呼道:"你坐吧,请你来,自然有任务啰!"

我虽然经常与贺老总见面,但坐在他身边总有些受拘束。我希望他赶快下达任务,好迅速去执行。可是,他却不慌不忙地从身上取出一皮包金灿灿的叶子烟,向我递来说:"卷一支吧,本地产的,劲头很足。"

我接过叶子烟,卷好点燃,吸了一口,劲头确实很足。贺老总见我拘束的心情消除后,这才说道:"当了几年侦察兵,立了不少功劳,现在要你改行了。"

　　我心里一愣,改行做什么?记得我开始不愿当侦察兵,经贺老总耐心动员,我才肯。可是当了几年,从一般战士当到班长,常常深入虎穴,摸清敌情,觉得这工作十分有意思,真正地爱上这行了。但贺老总要我改行,必定有新任务。我连忙问:"改行做什么?"

　　贺老总用手摸着嘴上的黑胡子,意味深长地说:"要你做一件十分重要的工作。"

　　"你说吧,只要革命需要,哪怕砍脑壳,我也要坚决完成任务!"

　　贺老总嘴里吐出一缕浓烟,眯着眼睛,盯着我一双粗粗的腿子,十分信任地说:"有你这双飞毛腿,我知道你一定能够完成任务!"

　　贺老总总是兜圈子,我有些沉不住气了,说:"究竟是什么工作,你快说吧!"

　　"挑电台!"贺老总眼睛一亮,又强调这项工作的重要性,"这是我们红二、六军团的耳目,要选择一个可靠的角色把它挑着我才放心。"

　　提起挑电台,我也知道这项工作有多么重要。记得我们前几年从洪湖突围时,把电台失掉了,和中央难于取得联系,外界情况不清楚,敌人动向也摸不准,多次陷入敌人包围之中,吃过多少苦头啊!去年秋天在黔东和六军团会合后,他们带来了电台,能够直接得到毛主席、党中央的指挥。一年来在十万坪、陈家河、桃子溪、忠堡、板栗园、龙山等地打了许多漂亮仗,使红军和湘鄂西根据地得到空前发展。贺老总要我挑电台,这是对我的信任,于是我拍着胸膛保证:"只要人活着,保证电台随着司令部走!"

　　"好!请任政委亲自给你交代一下。"贺老总站起来,把我送到任弼时政委的住地。

　　任弼时政委正在清理文件,我们进去后,他把手里的文件放下,坐下来和我们谈话。贺老总向他介绍说:"这家伙身体强壮,动作敏捷,电台叫他挑着我们放心。"

　　任政委个子矮矮的,嘴上蓄着长胡子,一对眼睛炯炯有神,显得十分严峻。他向我瞟了一阵,见我肩膀宽宽的,身子壮壮的,腿粗粗的,对我的体力很满意,于是他问道:"你家里还有什么人?"

　　一提起家里人,我心里一阵难受,热泪便夺眶而出。过了好一阵,我没回答出半个字,贺老总这才替我回答:"他是桑植瑞塔铺人,家里很穷,入伍以前一直做苦力,他哥哥王华岩也是红军战士,被敌人抓住杀了,他母亲也死在保安队手里,他无家可归,红军就是他的家,对革命十分忠诚。"贺老总真是我们的贴心人,句句说的都是我的心里话。

任弼时政委听了贺老总的介绍,脸上出现了十分同情的神采。又问了我一些别的问题,然后交代道:"以后行军你就挑电台,部队宿营时你就好好学习,有弄不懂的问题可以问我们。"

从此,我每天挑着电台走,电台不重,不过30来斤,我找了一根结结实实的扁担,一头挑电台,一头挑被子,恰好不轻不重的一担。我爱护电台,胜过爱护自己的生命,无论刮风下雪,跋山涉水,电台从不离开我的肩膀。为了防止坏人发现我挑的是电台,我找了一块破油布蒙在上面,别人以为我挑的是什么不当紧的东西。

11月19日清晨,我们红二、六军团以毛主席率领的中央红军为榜样,从桑植县刘家坪出发,开始了举世闻名的长征。长征途中,每天要走六七十里路,有时要走100多里路,国民党反动派又前堵后追,天空有飞机轰炸,地面有大炮阻拦,非常艰苦。行军时,我一般都和军团首长一起走,贺老总常对我说:"王华成,你肩上的担子不轻,可别掉队呀。"开饭时,他也经常开玩笑说:"王华成,你要多吃一碗啊。"任政委也非常关心我,每当部队宿营以后,除了学习外,他就叫我抓紧时间休息,说这样行军时才有精神。

有一次,部队到了贵州东部,在一次急行军中,我跑得浑身淌汗,心里像火烧,口干得要命,便把电台一放,伏在一条溪边喝生水。这时,贺老总恰好从后面跟上来,高声叫道:"王华成,你喝生水,拉起肚子来怎么办?"

贺老总一句话提醒了我,我把喝进口里的一点生水"哗啦"一声吐了出来,挑着电台又急忙赶路。贺老总到了我身边,耐心开导我说:"以后不要喝生水了,得想办法买一个水壶,行军前烧点开水带着。"

"是!一定想办法买水壶。"我把贺老总的话记在心中,时刻留心买水壶。可是兵荒马乱,环境很苦,这水壶到哪里去买呢?

有次部队宿营下来,打了一家大土豪,我得了一个玻璃壶,可盛两升多水,请示首长后,我便把它带上了。以后又从财主家里得了一个熬鸦片的铜瓢，还准备了一点茶叶、姜片之类的东西，这样每次行军前，我就烧一壶开水带着。有时路上喝完了，我趁休息时找几根柴火，用三个石头把铜瓢一架，又烧起开水来。这样，不但我自己吃水方便，还为战友们解决了不少困难。贺老总有时口渴了，也把我的水壶要过去喝一口，但他每次都喝得很少，喝过后还开玩笑道："这是仙水，吃了长生不老。"

在过雪山草地时，粮食早吃光了，不仅要啃皮带、鞋底、树皮、野草，而且吃水也十分困难。有时吃了有毒的水，常常拉肚子，甚至丧命。我因带着"宝葫芦"，坚持不吃生水，从没害过病。我还拿着"宝葫芦"救了不少战友。有一次，我同贺老总、关向应等军团首长走着，发现路旁躺着几个人，贺老总对我说："王华成，你还带得有'仙水'吗？"我急忙放下肩上的电台，用手在他们嘴边探一下，还有一口气。我高兴地说："有救！"说着，我便解下"宝葫芦"，给他们每人喂了一点姜茶水，不一会儿，他们竟然站起来了。这时贺老总夸我道："你这'仙水'真灵。"后来，那几位同志在贺老总的鼓舞下，走出了草地。

在贺老总的教育鼓励下，我挑着电台跨过了万水千山，整整历时一年，终于到达陕北，完成了党交给我的光荣而艰巨的任务。

（王华成）

贺总让我当红军

贺龙同志是一位对同志、对人民群众亲同骨肉，对自己克勤克俭、严格要求的杰出领导人。我曾经给贺老总当马兵、警卫员10多年之久，虽然岁月已流逝了近40个春秋，但一想到他，许多难以忘怀的往事就历历在目，敬仰之情便油然而生。

贺总叫我当红军

1930年6月,我在湖北荆门县李家市给一户大地主家当长工。

一天,贺老总带领部队开进李家市宿营。一见红军来了,地主老财吓得合家子往城里溜了,我一人留下看门。

傍晚,我正在院子里喂牛草。没料,有人走进院子说道:"好大的院子,军部就住在这里吧!"接着,他们好像发现了我,问道:"你是谁家的伢子?"我扭头一看,只见一老一少两个当兵的已走到了我面前。这时,我急忙后退两步,把身子紧紧贴住牛腿,惊恐万状地等待着他们的一阵拳打脚踢。谁知,那位蓄有八字短胡的大个子兵,却慢慢走到我身边,弯下腰来,一边用他那温暖的大手抚摸着我的头,一边亲切地对我说:"伢子,不用怕,不用怕,我们是红军,穷人的队伍!""红军!"我脑子里顿时浮现出平日里老长工伯伯们给我讲述的红军的形象和许许多多关于红军打天下的故事。同时,用一种惊疑的眼光,呆呆地望着这一老一少两个兵。他们头戴红五星八角帽,身穿灰色粗布军服,肩上、膝盖上打着补丁,赤脚穿草鞋,腰间都挂着盒子短枪。那年少的,年龄约十七八岁,和我不差上下,脸上孩子稚气未脱,一笑露出一对酒窝,歪着头站在一旁,直向我点头、招手;那年长的,身材魁梧,浓眉大眼,嘴上留着八字短胡须,他一手叉着腰,一手拿着一杆长烟斗,一边抽,一边责怪身边那年少的兵:"小鬼,笑啥子,当初你参加红军时,还不如人家哩!"见到这一切,我那胆怯的心情不觉跑了一大半,心里暗暗想到:红军真的来了吗?我莫不是在做梦?我使劲揉了揉模糊的眼睛,定神一看,不错,他们打扮朴素,对人和气,是穷人的队伍!这时,我大胆迎上前问道:"你们是从洪湖开过来的吗?是贺老总的队伍吗?"我这一开口。他俩可乐了。那位蓄八字胡的大个子兵连声说道:"是的,是的,我们是从洪湖开过来的红军。你见过贺胡子吗?"说着,他便哑声地笑了。那个年少的兵也哈哈笑了起来。这时,我那紧张的心情虽然跟着他们的笑声飞到九霄云外去了,但心里却高兴不起来,竟鼓起嘴巴对那个蓄八字胡的兵嘀咕起来:"亏你还是一个老兵,这么不讲客气,怎么称贺老总是贺胡子哩!"我这一说,他俩听了,笑得可更厉害了。我正望着他们疑惑不解,这时,门外又走进一个兵来,问那位年少的兵："老总呢？""那不是吗，在逗那小鬼玩哩！"他把我们一指，回答道。于是，这个兵走到跟前，敬了一个军礼，然后说道："报告军长，部队已全部住下，军部就安排在这户老财院子里。""好的，叫部队早点休息，明天还要行军赶路呢！"这位短胡子老兵说完后，又转身对我说："今晚，我们得在这里打搅一夜啰，行吗？"这时，我才大梦初醒。"哦，原来你就是我们久已敬仰的贺老总啊！"我不由自主地扑向贺老总的怀里，像久别父母的孩子一样，哇哇地哭了。"别哭，别哭嘛！"贺老总说着，便用他那齐刷刷的短胡子直扎我的脸，我又禁不住笑了起来。接着，贺老总亲切地按了按我的肩膀，叫我坐下，和蔼地问我叫什么名字，什么地方人，识不识字。我回答说："没进学堂门。不过，我会放牛，也会喂马，还会种地……"要求他收留我当红军。贺老总听了高兴地说："会喂马嘛，还是个人才哩！那就到军部马班去喂马吧！"一会儿，他又温和而严肃地说："要革命就得学文化。红军不光打仗、行军，还得学政治、学军事、学文化，能文能武哩！"接着，他便向身边那位警卫员说："你把他引到马班崔光美班长那儿去报个到吧，明天就同我们一起走。"

这一夜，我高兴得无法入睡。我想：我这个从小受人歧视的穷娃子，今天终于见了"青天"，当上了红军，跟上了久已敬仰的贺老总，该有多好的福气啊！想着，想着，我实在睡不下去了，就爬起来连夜烧了几大锅开水、热水，好让老总他们明天有喝的、洗的……

第二天清晨，我就牵着一匹枣红马，走在红军队伍行列里，紧跟着贺老总，迈开了革命的第一步！

贺总把马给我骑

贺老总对战士的关怀，真是无微不至。就拿行军来说吧，当通过崎岖狭小的山路时，他总是令饲养员把马停在路旁让部队先过，自己站在一边，像慈祥的父亲般叮咛再叮咛："同志们，当心一点，别滑下山崖！"到了宿营地，他又不顾疲倦，东走走，西瞧瞧，检查部队住下了没有，帐篷搭得牢不牢，会不会被风吹跑，警戒放了没有，脚洗了没有……他常常教导我们说："我们红军部队是革命的大家庭，同志间要发扬阶级友爱、团结互助的精神，我们队伍现在的每一个同志，都是将来的干部，多带出一个同志，就给革命增添一份力量！"他自己正是这样以身作则的好榜样！行军途中，他的马常常让给走不动的伤病员骑。

　　1933年4月，我在军部特务班时，一次部队从湖北鹤峰开往长阳的行军途中，我一连患了几天痢疾，慢慢跟不上部队，掉队了。贺老总起初没有发觉，可是当他走上前面一个山头，清点军部人数时，发觉少了我，便问："孔繁雄呢？""他患了痢疾，他们班长扶着他在后面走。"警卫员认真地回答道。"不行，这样会掉队的！快把我的马牵去把他接来！"接着贺老总便跳下马来，把马绳丢给了警卫员。警卫员犹豫不决地说："军长，把你拖坏了怎么行呢？"贺老总听了哈哈大笑，说道："同志，我是篾扎纸糊的？走几步路就会走垮？快去吧！"说完，他便迈着矫健的步伐，走到部队行列中去了。就这样，我一连4天，都骑着贺老总的那匹枣红马，跟着部队。而贺老总却坚持步行，翻了一山又一山，蹚了一水又一水，整整4天没挨马背。我以后总结这次"教训"，暗暗想，今后有病一定要撑着，千万别让贺老总发现，要不然，他就会把马给我骑。他这么大年纪了，我们骑马，让他走路，心里怎么也过意不去啊！从此，我们特务班、警卫班有马的同志也很少骑马，路上见了伤病员，都争先恐后地让马。记得过雪山、草地时，我们军部的同志一直坚持步行，把马全部让给伤病员骑了。

　　贺老总对战士无微不至的关怀，不光体现在对战士的冷暖时刻关照和体贴方面，他对战士们在思想、政治、文化生活、文化学习等方面，也想得特别周到，体贴入微。他在我们党小组，带头参加党的组织生活会。会上，总是以一个普通党员的身份，带头亮思想，积极开展批评与自我批评，与同志们交心谈心。每次党的小组生活会，只要他一参加，就特别生动活泼，大家的心情非常舒畅。我们马班、警卫班、特务班的同志，大部分都没有文化，起初都不愿动脑筋学文化。可是，贺老总说："干革命，斗大的字不识几个怎么行？今后，我来当你们的老师，每人1天认1个字，10天就是1个'班'，1月差不多就是1个'排'，一年就可以当'团长'、'师长'了，三五年就可以'中举'，当个'文武'的'状元'了。不过，你们可不要有'从师不高，学而不妙'的想法啰，因为我小时候连一本'人之初'也没念完哩！"从此以后，每到宿营地，我们就席地而坐，请贺老总给我们上识字课。贺老总捡来一根树枝当笔，在地上画上一个红军的"红"字，我们也跟着念"红"字，画"红"字。这样一直坚持着，不久，我们都会写自己的名字，写简单的家信了。有几名同志后来真的成了文人，当上了部队的文书、秘书哩！部队在爬雪山、过草地的途中，没有文化娱乐器材和娱乐场所，他就号召大家学唱歌，特别强调唱《三大纪律八项注意》歌，并要求我们扛起枪，走起步子唱。这是最好的娱乐活动。

听到战士们嘹亮的歌声，他满意地说："红军战士就要这样，要活泼，要有生气，死气沉沉的人是翻不过雪山、过不去草地的！"他自己不仅带头唱歌，还很喜欢下棋、打球。在那艰苦的岁月里，哪有钱买球呀，他自己找来几块皮子，用针一缝，里面填满了草或破棉絮，到了休息和宿营地，就把这个圆溜溜的皮疙瘩举起来喊道："来呀，打球呀！"于是，便同战士们抛来丢去，有时弄得满身大汗才罢休。哪里弄棋子下呢？也是他带头找来些木块、竹片自制的，有时晚上宿营无事，他便拿出来，同我们几名老对手"将一军"。贺老总常常对我们说："注意锻炼，注意娱乐，既长精神，增体质，又提高了部队的战斗力，可是个划得来的事呀！"

贺总同人民群众心连心

贺龙同志十分关心群众疾苦，同人民群众心连心。1934 年，贺龙同志率领一支部队路过一个小山寨，看到很多老百姓挤在岩脚下，一问才晓得这个村寨的房屋被土匪烧掉了。他随即命令队伍停下来，亲自带领红军战士砍树条、割茅草，帮助老百姓搭茅棚子，重建家园。临别时，每户还发给 20 块钱。贺龙同志深情地说："乡亲们，土匪把你们害苦了，我们只能解决你们眼前的一些困难，等把普天下的土豪、劣绅、土匪统统都消灭了，我们就会永远过好日子。"村里的老百姓一个个热泪满面，感谢贺老总"雪里送炭"。从此，人们把这个小山村叫作"红军村"。

一次，贺老总率部队路过潜江县一个地方，潜江县原属云梦古泽，地势低，十年九水，一年发大水，把附近一座木桥冲毁了，当地土豪劣绅年年收款、派粮，说是要为民修好这座桥，可是钱、粮一到手，他们挥霍一空，桥仍然无影无踪。贺老总了解到这一情况，十分气愤，立即找部队给养部门商量，从指导员们为数不多的生活费中拨出一笔钱来，亲自带领红军指战员们同当地群众一起劳动，很快就把这座桥修建起来了。当地群众一直把这座桥叫"红军桥"。至今,当地的党、团组织还经常组织党、团员和少先队员们,来到这座"红军桥"上,开生活会,讲传统,受教育。贺龙同志就是这样,始终同人民群众同呼吸、共命运。记得1933年夏天,我们部队行军路过湖北恩施与四川交界的一条山冲,遇到一个妇女牵着两个小孩,见部队来了,他们直往树林里钻。原来,这个妇女下身只围着几条破布巾,几乎赤身露体,两个小孩更是一丝未挂,瘦得皮包骨,饿得哇哇直叫。贺老总见了一阵心酸,泪流满面。他一边叫警卫员到军部供给部拿了几件好一点的衣服,一边将自己平时省吃俭用积下的5块现洋,一起送给了那位妇女。这位妇女捧着衣服和钱,激动得连连作揖:"感谢红军!感谢救命恩人!"部队走远了,贺老总还不时扭转头来,朝那母子三人望去。

(孔繁雄)

"要到敌人内部去组织兵变"

我是1931年夏参加红军的。在未参加红军前,因家境贫寒,就跑到西北军的三十四师二团二营二连当兵。这个连队后来受到红军的影响,在派往洪湖"围剿"苏区时,于沔阳举行起义,参加了红三军。我被编到红九师二十六团三营营部当传令兵。不久,又调到十连二排当排长。

1931年年底的一天上午,我正在野外带领全排战士紧张地练刺杀。突然,团部的通信员郭成德来喊我:

"排长!团长叫你去。"

我随着小郭的喊声,大步来到团部。团长杨嘉瑞一见我,劈头就说:"聋子!贺总交给你一个好差事,让你到国民党军队里搞兵变。"

我一听贺总要我到国民党军队里搞兵变,脑袋嗡的一声,差点没把我晕倒在地。心想,国民党军队里的那种生活滋味,我早就尝够了。一天到晚,不是打骂,便是挨饿。根本不把当兵的当人看。如今好不容易才逃出了虎口，怎能再进去呢！想到这里，我便对团长说："我再也不愿意到国民党军队里去了，我要在前线和这些王八蛋拼个你死我活！"团长见我一时想不通，也没往下多说什么，只是叫我回去好好地想一想。

不知怎么，我不愿去搞兵变的事被贺总知道了。他派通信员来叫我去。

我抱着挨批评的心情到了司令部，见贺总坐在一把靠背木椅子上，嘴里衔着大烟斗，看样子正等着我呢！我快步上前，立正敬礼道："报告贺总，江振武到！"

贺总亲切地招手，让我在旁边一把椅子上坐下。

我坐下后，他却站了起来，把一只手插进裤袋，另一只手拿着烟斗，在办公室的中间来回走着，边走边比画边说："聋子！听说你不愿意到国民党军队里去搞兵变，要在前线杀敌。是吗？"

我没好声地回答："是。"

贺总听了我的回答，并没生气。他把烟斗放到嘴里猛吸了几口，吐出一缕浓烟，眯起眼睛，看了看我，很温和地说："在前线杀敌是需要的，但是，到敌人内部搞兵变也不能不需要啊？你想想，要是你们那个连不起义，光靠红军在前线去消灭，那不知要付出多大的代价啊！因此，我们不但要在前线消灭反动派，而且还要到敌人内部去组织兵变，加速反动派的灭亡。我想来想去，你们团派你去做这个工作最合适，因为你是从国民党军队里过来的人，对国民党军队里的生活比较熟悉，容易开展工作。"

当我听到这里时，心里感到很难受，便惭愧地说："贺总，我错了。"

贺总见我思想通了，心里很高兴，马上叫通信员牵来了两匹马，送我回去做准备工作。

这次派往敌人内部搞兵变的共有20多人，出发前，先到老新口集中，专门训练一番。

第二天，我在团部通信员郭成德的陪同下，来到了老新口训练班。训练班的负责人是苏维埃主席彭之玉，他对我们的训练抓得很紧。在20多天的训练中，我们只休息1天，不是在课堂里听教官们讲授如何亲近士兵，如何应付各种不测，便是在操场上熟悉各种武器的使用。

1932年年初，我们的训练结束了。在快结束的时候，贺龙还专门给我们写来一封信。信是彭之玉给我们念的。我记得信的内容大致是这样的：

同志们！你们的训练快结束了，我没有时间来看你们……希望你们在执行任务时，要胆大心细，要多长几个心眼，不能像往日打仗那样，只管往前冲。"当时，我听到这里，激动得流下了热泪。贺总啊！贺总，你对我们太关心了，我决不辜负您对我们的期望，保证圆满完成任务！

训练结束后，我和我们师骑兵连的连长薛宽正一同派往汉口方向，但我们不一道出发，也不在一块执行任务。

出发那天早上，我化了装，头上戴的是一顶破旧的毡帽，身上穿的是一套半新不旧的老蓝棉衣，脚上穿的是一双带有铁钉的深筒牛皮大靴，腰间系着一条浅蓝色的长裙。裙子上面沾满了鱼涎，一身渔翁的打扮。

路上负责护送的是位少妇，她叫刘绍芳，早就在河边小渔船上等我了。

我坐上小渔船，经过10多个小时，于下午到达新堤镇附近。等刘绍芳熟练地把小船停靠在隐蔽的地方后，我们即按照事先商量好了的计划，我挑起两筐活蹦乱跳的大鲜鱼往新提镇上走，刘绍芳手里提一只篮，紧跟在我的后边。我们一前一后，真像是一对夫妇赶集卖鱼似的。

由于这一打扮，镇上的敌人也没对我们引起多大的注意，我们很快地来到轮船码头。在码头上，我与刘绍芳匆匆道了别，快步地走向去汉口的大洋船。

大洋船从新堤到汉口整整开了一天一夜，直到第二天晚上才到汉口。

到了汉口，我为了尽快打进敌营，也没顾得上找客栈休息一会儿，便走进一小茶馆，买了一碗茶，坐下来等国民党军队来招兵。

说也巧，还没等我把一碗茶喝完，就见三四个人扛着一面"招补新兵"的小白旗，摇摇晃晃地撞了进来。于是，我就跟他们进了敌营。这个敌营，是属韩昌峻的一一四旅，是洪湖苏区的死对头。

到敌营后，有许多士兵围上来，大概是来看我的热闹。我乘机从口袋里掏出一包老刀牌香烟，分给他们抽。他们接过香烟后，很快就使劲地抽起来。看样子，他们已是好长时间未过这种瘾了。过了一会儿，我又拿出一包烟，分给他们抽。他们见我这样慷慨，非常感激，有的就上来问我叫什么名字，问我家住哪儿，不一会儿，我便和周围的士兵们搞熟了。

以后，我见到连里有谁生病，或有谁被当官的打骂了，就很亲热地上去安慰他们。时间一长，他们都把我看作他们的知己，有什么事情都愿意告诉我。

1月28日，日本帝国主义继"九一八"事变后又开始向我上海闸北一带进攻，企图侵占上海，作为继续侵略的基地。驻守在上海的第十九路军在全国人民抗日高潮的推动下，奋起反抗，开始了淞沪抗战。

在全国人民的抗日声中，我把四五个较知己的朋友找到一个僻静的地方，故意刺激他们，问他们愿不愿当亡国奴。他们听我这么一问，都愤怒地说："谁愿当亡国奴，蒋介石才愿当亡国奴哩！"我一听火候到了，便接着说："对！咱们是中国人，决不当亡国奴。现在我们几个人成立一个秘密抗日小组好不好？"大家异口同声地说："早该这样做了！"于是一个秘密抗日小组就这样组织起来了。它像一把利剑，插在敌人的心脏。

当全国人民正在支援第十九路军抵抗日本侵略者时，湖北绥靖主任何成濬却不顾民族的危亡，按主子蒋介石的旨意，将湖北全境划为五个"清剿"区，命徐源泉的第十军开往洪湖苏区，与红军打内战。我们这个部队也自然被派前往。

3月5日，我们这个部队的旅长韩昌峻立功心切，率领全旅由皂市出动，企图打通皂市、天门间的交通，准备补给线，并配合泗港、张截港之敌向渔薪河、灰埠头一带"进剿"。后因雨停驻于皂市以南文家墩、李家场等处。不久，被红三军包围。这对于搞兵变，倒是个极好的机会。为此，我寻找机会极力鼓动抗日小组的朋友做士兵的反内战工作。

7日下午，红军逼近这个部队的阵地，我乘机一枪打死了敌连长，阵地上即刻出现混乱。在混乱中，我急忙对抗日小组的几名知己朋友喊，你们还愣着干什么，还不快起义。他们经我这一喊，掉转枪口就把连里几个当官的统统打死，并把帽檐转了个向，表示反正。

在一片混乱中，我发现敌旅长韩昌峻骑着一匹大红马慌忙往东南方向逃跑，我举起枪打了两枪也没打着，心里正在着急，忽见后面有马蹄声，回头一看，原来是红二十六团一营的李营长。我急忙挥手高喊："李营长！李营长！敌旅长韩昌峻骑马往东南方向跑了，快去追。"

不一会儿，敌旅长韩昌峻真的被抓住了，乖乖地当了红军的俘虏。

战斗胜利后，贺总看到我，上来就把我抱起来，高兴地说："聋子，你的任务完成得不错呀！"

（江振武）

"我们是党的队伍"

1931年冬，我在家乡天门县参加乡苏维埃赤卫队后，第二年就去洪湖，在贺龙同志领导的红三军当战士。往后的10多年里，我一直在这个部队的军、师、团机关工作，有幸接触贺龙同志的机会多，亲受他的教诲也比较多。现在回忆往事，我深深感到，贺龙同志既是一位卓越的军事家，又是一位杰出的政治家，也是一位伟大而又平凡的群众领袖。在我们广大指战员心目中，他更是一位平易近人、以诚关怀、谆谆善诱的良师益友。

难忘的教诲

"我贺龙，没有参加共产党之前，我指挥的军队是我的，我加入共产党之后，我指挥的军队就是党的了，连我的脑壳子也是党的了。所以，任何时候不可凌驾于党的领导之上，干出一点违背党的纪律和原则的事来。"这是贺龙同志严于律己、告诫自己的一句朴实的名言，也是他经常用来教育下级同志的肺腑之言。

1935年，我在六师十八团当特派员。当时，特派员是属军保卫局派出的，在同级党委一元化领导下，担负着审理案件、保卫首长、巩固部队等任务，权限是比较大的。那时，部队中流传着这样一首民谣："天不怕，地不怕，就怕特派员找你上门来谈话。"我刚开始干这项工作时，由于年纪轻，学习不够，党的观念比较淡薄，办事处理问题总爱出个"风头"，要耍"威风"。有一次，我没有请示团党委，就胡乱捆了一个逃兵，团政委朱少田批评了我，我还不服气，和他顶撞了一通。这件事，很快传到贺老总那里去了。一天，贺老总专门派人把我叫到军部，一见面，他便严肃地批评我："王保才，听说你出个蛮大的'风头'呢。你在谁的领导之下工作？糊里糊涂，怎么不请示团党委就胡乱捆人？连政委的批评也听不进，是吧？"我一听，发觉贺老总已对情况了如指掌，心里扑通扑通跳了起来。我一声不吭，红着脸，低着头，像一个自己做错了事的孩子，乖乖地站在严父面前一样，等候着贺老总的训斥。没料到这时老总却一声不响地望着我抽起烟来。大约沉默了好几分钟，只见他慢慢去掉烟斗上的烟灰，把烟斗往衣包里放好，然后走到我跟前，轻轻地拍了一下我的肩膀，说："同志，我们是共产党的队伍，每一个人，包括我贺龙，任何时候，干任何工作，不可凌驾于党的领导之上。不然，就会摔跤子的，对革命事业也没得半点好处，懂吗？"我静静听着这语重心长的教诲，心窝里像一瓢瓢温泉浇来，一种难以形容的滋味——高兴、激动、内疚与悔恨，一起向脑际涌来，止不住的泪水滚滚而出。等贺老总讲完，我勇敢地抬起头来，诚恳地说道："老总，我错了，我向您检讨。"贺老总听了，满意地笑了。接着，他一本正经地对我说："我贺龙不需要你这个检讨，回去向团党委检讨去吧。"说完，我恭恭敬敬地向贺老总行了一个军礼，然后，一溜烟似的跑回团部，找团长高立国、政委朱少田和团政治处党总支书记余秋里等几位团党委的负责同志，作了深刻检讨。

贺龙同志这次给我的谆谆教诲与批评，长期以来一直铭记在心中，时常鞭策着自己，要自觉坚持在党的领导之下，脚踏实地干好党分配给我的工作。

深刻的教育

贺龙同志严格要求自己，生活上艰苦朴素，一尘不染。在艰难困苦面前，他从不消沉灰心，总是想办法克服困难渡难关，是个革命乐观主义者；在形势好转，有了舒适的环境之后，他又把今天当昨天，艰苦奋斗永不变，是个优良传统的模范继承者。他这些优秀品德和作风，早为全党全军所乐道，在广大指战员和人民群众中有口皆碑。

谁都知道，红军过草地是十分艰苦的，吃枪皮带，吃皮草鞋，这些吃光了，就吃野菜、草根。但贺龙同志却和战士们一样，一身单衣，一双草鞋，几天吃不上一粒盐，喝不上一口粥。在这饥寒交迫、困难重重的情况下，贺龙同志没叹一口气，没皱一下眉，同往常一样乐观。那时，我在六师师部当特派干事,一天贺龙同志来到我们师部了解情况,就餐时,炊事员不知从哪里弄到手指大一点盐巴,给贺龙同志单独煮了一碗有盐的野菜汤。贺龙同志尝了一口,知道是炊事员同志专给他做的,便将那碗野菜汤倒在大锅里。炊事员向前阻挡道:"老总,你肩膀上的担子重啊!看你,眼眶高了,人也瘦了……"贺龙同志微笑着说:"我们大家的担子都重啊!红军嘛,官兵一样,有盐同咸嘛!"他的行动,是无声的号召,激励着每个指战员。说完,只见他端起一碗野菜汤,一喝而尽。然后,他又问大家:"同志们,苦不苦?"同志们回答说:"不苦。"贺龙同志诚挚地笑了一下,说:"不苦是假的,但我们红军不怕苦。同志们,困难是暂时的,革命一定会成功。没有今天的苦,哪有明天的甜啊!"听了这些话,我们心里都觉得热乎乎的。

红军爬过雪山,走过草地,胜利完成了史无前例的长征之后,贺龙同志又经常教育我们:"不忘长征二万五,方能吃得苦中苦。"鼓励大家保持和发扬优良的革命传统和作风,继续艰苦奋斗,不要端起了白米粥就忘了苦菜汤。1937年夏,我们部队到了陕甘宁边区后,生活环境和条件得到了改善,可是在我们少数同志中,思想却退步了,其中,我就是一个典型。部队进入陕西咸阳县城时,我凑了5块现洋,镶上了一颗金牙。当时我想,长征结束了,苦尽甜来了,就得打扮得"气派"一些。没料,贺老总知道后,十分生气。他亲自召开了全军团以上机关指战员会议,点名批评我道:"放牛娃出身的王保才,在雪山、草地那种饥寒交迫、枪林弹雨中,没有退步,倒下,跟上来了,算得个英雄嘛。为什么到了新的环境,思想就退步,想当'狗熊'了呢?镶什么金牙,乱弹琴!要给王保才纪律处分。"他转而又向与会同志讲道:"别看这是生活小事,往往生活上贪图腐化,必然导致政治上动摇、堕落。"最后,他还再三强调指出:"眼下长征虽然结束,但革命尚未成功,仍需艰苦奋斗,红军战士艰苦朴素的优良作风不可丢,要代代相传下去。"

贺龙同志对我这一令人难以忘怀的批评与教诲,几十年来,时常响在我耳边,激励着我自觉严格要求自己。

(王光新)

"没有文化是不行的"

我第一次见贺总，是在1934年6月。那时红三军刚开进黔东，赶跑了驻守在这一带的川军和黔军；经过不懈的努力，很快就取得了黔东人民的信任和爱戴。我们亲眼看到红军是一支为穷人的好队伍，很多农民都踊跃报名参加红军，红军队伍迅速地扩大了。

当时，我的家乡印江县一带接连两年遭受大旱灾，庄稼没有收成，而国民党照样催捐逼税，如同阎王催命，农民的日子实在过不下去了。我父亲为了弄点养命钱，狠心把全家视为命根的几亩水田卖给了地主吴德兴，到思南县当长工去了；母亲带着两个妹妹讨饭去了；我还不满15岁，就给地主吴德兴家当了小帮工，经常挨打受骂，日子实在过得苦呀。有一天，就和我最好的朋友——堂弟宁政怀商量好了，一同参加红军去。

在沙子坡小街上，我们找到了红军驻扎的地方。那是一座大地主的院子，门前，有两个年轻的红军背着长枪站岗。我们当时不懂得军队的规矩，也不知道这是什么部门，招呼也不打，就大摇大摆地朝院子里闯进去。

"哎哎，你们干什么？"卫兵过来拦住我们。

"干什么？我们要当红军。"我们一边说，一边仍然头也不回地朝里边走去。

"对不起，这里不是招兵的地方，你们不能进去。"卫兵扯住我们，不管怎么分说，就是不放进去，我们急了，就和他们争吵起来。

"两个小家伙，在这里吵什么？"突然，一个洪亮的声音在身后响了起来。我们回头一看，站着两个人，说话的那个身材魁梧，面庞黑红，蓄着浓黑的小胡子，另外一个略微瘦高一点，都是斜挎着盒子枪，扎着宽皮带，很气派，估计是不小的官儿。卫兵报告说："他俩要当红军，二话不说就朝里边闯。"

"喔，胆子不小嘛。"那蓄着浓黑小胡子的把我们哥俩上下一打量，然后摇头说："小家伙，你们还太年轻，当兵怕不够格哟。"

"人小，就不会长大？"我堂弟说。

"我们人小心不小，不怕死的。"我接着说。

"好，说得好。小家伙，你们是哪里的？"

"就前头宁家坪的。"

"在家干啥？"

"给地主帮工，这两年闹天旱，缺吃少穿的，全家人都逃荒要饭去了。我们实在过不了帮工的苦日子，想当红军，就收下我们吧。"

他走过来抚摸着我们瘦削的肩头，看着我们黄瘦的脸和遮不住身的破衣服，亲切地问道："小家伙，吃过饭没有？"我们摇摇头，他马上叫来一个警卫员，吩咐道："先带他俩到伙房弄点饭吃，然后带到邓部长那里去，就说我收下他们了。"我们兄弟俩高兴地连声道谢，和警卫员到伙房去了。我问警卫员说："那位长官是谁？待人这么和气。"警卫员说："那就是我们军长贺龙，另外一个是政委关向应。你们俩运气真好，一来就碰上他们。"我们又惊又喜，后悔竟没有把这个轰动我们家乡的传奇式人物好好看一看。

吃过饭，警卫员把我们带到邓部长（当时红三军的民运部长邓继兴）那里去，邓部长见了我们，一个劲摇头，说我们太小。我们怕变卦，正要争辩时，贺军长给邓部长打电话来了，他说："那两个小家伙的衣服太不成样子了，你打电话到后勤，立即给他们弄两套新军装。"邓部长放下电话，对我们说："好啦，就留下吧，军长都收了，我还说什么呢？你们稍等一下，我马上叫人给你们送军装来。"

一会儿，军装送来了，是黑灰布做的。我们忙脱下破衣服，兴高采烈地穿上军装，满以为一下子就要变得像其他红军战士那样，雄赳赳，气昂昂的了，可是互相一看，禁不住大笑起来。军装的下摆拖过膝盖像裙子，袖子长出一大截，模样滑稽极了。当时物资紧张，军装都是一个号码，实在找不出小军装来。但这样的军装没法穿呀，还是堂弟机灵，他说："哥，我们拿到街上去请人改吧。"我们费了一番周折，才算改得基本上合身了。

1935年年初，我们部队出发去攻打湖南大庸县城，在离城26公里的后坪和国民党陶广、李觉的部队展开了一场激烈的战斗。由于敌人首先抢占了制高点,战斗打得十分艰苦。我当时是红二军团四师师长卢冬生的警卫员。就在这次战斗中,我的左胳膊负了伤,一颗子弹打断了尺骨,弹头就留在胳膊肘里了;师长的胯骨负了重伤,尿道被打断了。攻克大庸后,我们被转移到永顺的龙家寨养伤。

龙家寨是一个大镇子,是区工农民主政府的所在地。经过了几次大的战斗,有5000多伤员住在那里,医生、护理仅有100多人,根本照顾不过来。当时的医疗条件极差,药品奇缺,很普通的红汞也要危重伤员和师级以上干部才用得上,一般的伤口就弄点盐开水洗洗,裹上纱布完事。所以伤口极容易发炎,动不动就要锯胳膊锯腿的。我左胳膊上的枪伤虽然不算很严重,但子弹头深深地嵌进了肉里,一直没有取出来,虽然天天用盐水洗,但伤口不见好转,反而一天比一天红肿。外科医生告诉我,伤口已经发炎了,如果继续恶化,只有把胳膊锯掉,要我做好思想准备。我为此背了包袱,整天闷闷不乐。

这天,我们大部队到白区打了胜仗回来,轻伤员们都到镇子上去欢迎部队,我也夹在里边。突然,我看见了贺总指挥,他和任弼时、萧克、关向应等几位首长一同走来。我在路旁朝他叫了一声:"总指挥,打了胜仗回来啦!"

他看见我,就喊起了他给我起的绰号:"哟,贵州棒,是你呀,怎么会在这里?"

"我和师长一同在这里养伤。"我说。

"伤口怎么样啊?"贺总关切地问。

"坏了,总指挥。"我垂头丧气地说,"弹头没取出来,伤口恶化了,医生说要锯手。"

"你怎么想呢?"

"我不想锯。总指挥,你想,缺了一只手,我将来怎么打仗哟。就是回家种地,残废人也不行啊。"

"别担心,我给你说说去。"贺总安慰我道。他叫来了副官,对他说:"你去告诉院长,就说贵州棒还很年轻,无论如何要保住他的胳膊。"副官去了,贺总又对我说:"要照顾好师长啊。有什么困难没有?"

"困难倒没有,只是……"

"有什么困难只管说。"

"困难倒没有，就是腰无半文，想给师长买点什么都不方便。"

"好，我知道了。"贺总回头叫道，"月母子！"贺总的警卫班长因为又白又胖，斯斯文文的，绰号叫月母子。"给贵州棒几块钱。"警卫班长从身上拿出钱袋，给了我5块大洋。贺总又安慰我一阵，才上马去了。

当天下午，外科医生把我叫去，说："小宁，贺总打了招呼，要给你保住胳膊。我准备给你动手术，把弹头取出来，没有麻药，你怕痛不？"

"只要能保住胳膊，再痛也不怕。"我高兴地回答。

外科医生找来了几个助手，把我的手绑在桌子上，又把我的身子绑在柱头上，消了毒，用手术刀"嚓"的一声切开了肌肉，我大叫一声，就痛昏过去了。醒来时，手术已经做完，弹头取出来了。没过多久，伤口就痊愈了，我的胳膊算保住了。

1936年7月，我们进入了草地。我们四师是前卫师，我当时在十二团一营一连当排长。连里派我当收容队长。在路上，我一共收容了5个掉队的战士。这天下午，离团收容所还有二十几里，我们实在走不动了，又找不到东西吃，饿得头昏眼花，全身软弱无力，走不了多远就要坐下来休息。有两个同志眼看就要不行了。丢下他们，又不忍心，要抬，一是没有担架，二是抬不动。二十几里路对我们来说，是多么漫长而艰难啊。要是大家一起慢慢磨蹭，最后只有一起饿死。正在束手无策的时候，突然从后面传来了马嘶声，一小队人马渐渐走近了。我远远地看见了一匹高大的栗色马，然后又看清了骑马的人是贺总，立刻产生了希望。

贺总来到我们跟前，也认出了我。"贵州棒"，他又叫起了我的绰号，"怎么还不走啊？"

"我们实在走不动了。这几个是收容来的同志，已经两三天没吃东西了。贺总，你能不能……"我知道贺总也不会有多余的粮食，但在那种时候，实在没法，只好开口了："你能不能给点吃的，要不然……"

"龚娃，"贺总立刻回头叫他的警卫员龚信义，"把剩下的炒面分给他们一点。"

龚信义看看贺总，又看看我们，脸上露出了为难的神色。

"龚娃！"贺总见龚信义半天不动，提高了嗓门说，"你听见没有，分给他们一点炒面！"

龚信义委屈地说："这就是我们的全部家当了。"我一看，口袋里也只有很少一点了。我犹豫了，把伸出去的手又缩回来。贺总见了，对我厉声说："抓！"

我只好拿出一个小洋瓷碗，抓了三小把，大约有大半碗的样子。贺总对我说："你既然是收容队长，就要好好完成你的任务，无论如何要把同志们带回部队去。"

贺总走后，我把炒面平均分成6份。我们就在路旁的水洼里舀点水，把分到的炒面和成一碗稀糊糊，灌进肚里。又休息了一阵，渐渐恢复了一点精神。我们迈开沉重的步子，又向前走去。晚上，终于追上了部队。收容所的同志还认为我们回不来了，没想到我们遇上贺总得救了。

抗战期间，我们武装解决了想叛变投降日本人的蔡宁甫独立旅，在河北蠡县东西长流庄开庆功会，总结经验教训。在会场上，我碰见了贺总，他热情地跟我打招呼：

"贵州棒，现在干啥？"

"当小兵。"

"这家伙，不说实话，究竟干啥？"

"嘿嘿，当连长。"

"连长带100多军人，也不小了嘛。要好好干哟。"贺总高兴地拍拍我的肩头，又问道："学点文化没有？"

我当时对学文化没有正确认识，就说："这年头学啥文化哟，吃了上顿，还不知道吃上下顿不。"

贺总一听生气了，批评我说："你这个报销主义还很严重啊，要不得哩。能活一天就要学一天，将来要当大干部，没有文化是不行的哟。要好好学。"

"是。"我脸红了，承认了错误，并向贺总表示一定好好学习。从那以后，我叫连队文书每天教我认几个字；一两年后，就能读书看报了。到那时，我才尝到了有文化的甜头，意识到贺总是多么乐观和有远见啊。

当时我拿着一只很漂亮的檀木烟斗，是缴获来的，贺总看见了，要过去抚弄了一阵，说："贵州棒，这烟斗不错哟。"我知道贺总爱抽烈性烟丝，不抽纸烟，好烟斗是他最喜欢的，就送给他了。贺总笑了说："这样吧，也不让你吃亏，我的归你，怎么样？"他把他的烟斗递到我手中。其实，他的烟斗也是很好的。没想到贺总的这只烟斗，竟变成了一件珍贵的纪念品，几十年来，我一直把它带在身上。只要看见它，贺总的音容笑貌就会浮现在我的眼前。

(宁政和)

我骑贺总的马

1935年11月19日，我红二方面军根据党中央北上抗日的指示，从桑植县刘家坪出发，开始了长征。部队挺进湘中，把国民党反动派弄得脚忙手乱。我们又迅速折回贵州，抢渡乌江、金沙江，进入人烟稀少的雪山草地，面临着大自然的严峻考验。

1936年9月，我们正在草地上艰难地向北走。这时，秋风阵阵，烟雾沉沉，大地一片凄凉景象。当时，四方面军在我们前面走过了。我们二方面军走在后面，不但买不到粮食，就是吃树皮野草，也十分困难。我们把皮带、皮鞋都吃光了，吃了皮带后口干直想喝水，水在草地上并不稀罕，到处都有，而且清澈透底，照得见人影子，可就是有毒，不能喝。我渴得受不了，也就没管三七二十一，捧了生水就吃，不一会儿果然得了痢疾病，老是拉稀，头皮也肿起来了。

我实在走不动了，慢慢地掉队了。我在收容队里，拄着一根比我还高的木棍，支撑着头重脚轻的身骨，艰难地前进着。

一天中午，我突然听到身后不远处传来了马蹄声。根据以往的经验，我断定有首长来了。我低着头边走边想：首长交代不要喝生水，我却不听话，现在头肿得像个大冬瓜，哪里还有脸见首长？唉，要是平时，首长来了，我一定奔上前去，来个标准的立正，再敬上一个举手礼……对，今天干脆不同首长见面。于是我仍旧低着头，拄着棍子一步一步向前移动着。

说来真怪，我本不愿听那马蹄声，可这马蹄声却越来越近，最后竟在我的身边响着。也就在此时，我被一阵亲切的乡音吸引住了。我抑制不住激动的心情，突然抬起头来一看，天哪，这不就是日夜思念的贺老总吗？

只见他头戴白半皮帽子，披着一件皮大衣，里面穿着一件布扣子的青布便衣，身后还背着一顶四川式的斗笠。贺老总两手叉腰，慈祥的脸上含着微笑，特别是他那独有的浓浓的一字胡，轻轻地一动一动，好像在说什么。我对他看了一眼后，便低头等候他批评。可是，他不但没批评，反倒温和地道：

"你是哪里人？"

"桑植新街的。"

"新街的？叫什么名字？我怎么不认识你呀？"

我一时被这亲切的问候给怔住了，我忘记了缠身的病魔不好意思地回答说："贺老总，我现在都成这个样子了，你怎么会认得出喔。"

贺老总摸了摸自己的一字胡，又仔细地端详了我手中拄的这根下端已开裂了的木棍，接着就问我走不走得动。

这一问可使我为难了，说心里话，我实在走不动了。但我在贺老总眼前又怎么好说出走不动的话呢？这不是太丢人了吗？于是我强作笑容地说："报告贺老总，我走得动！"

贺老总一听，顺手夺过我手中的棍子，严肃地对我说："你看你到了这个样子，还不肯讲老实话！"说着，他吩咐警卫员牵过一匹枣红马来。

那枣红马到了我面前，呼哧呼哧的向我亲切地哼着，好像要我立刻骑在它的背上。可是我看看贺老总，他要指挥千军万马，肩上的担子有多重啊！他的马让我骑，这怎么要得？我正犹豫不决，贺老总催促道："还不快骑上去，发什么呆嘛！"

我还是不好意思上马，贺老总向警卫员递了个眼色，他们两人一齐向我走来，把我连掀带推，强行扶上了马。我骑在马上，望着贺老总，一股热流传遍全身，泪水从眼眶里滚了出来。

我坐在马背上，像腾云驾雾似的，思潮滚滚，起伏不平……

我家里很穷，寄居在一个堂哥的猪栏旁边的柴房里。他家当时有钱有势，后来又当上了保长。我们之间虽然有亲缘关系，但同样受尽了他家的压迫和剥削。我家种的小菜，他家从芽芽儿就摘起；我家砍的柴，他们随便选去烧。这还只不过是一些小事。有一次因我家缴不起租，我那万恶的堂哥，把我父亲抓去打得皮开肉绽。当时正是炎热的7月，伤口上都生了蛆虫，因无钱求医治疗，最后父亲就这样含恨死去了。我一个孤儿在这样的社会里，又有谁来怜惜？我的出路又在哪里？从此以后，我在苦水里滚，泪水里泡，过着牛马不如的生活……

1933年春，我参加了中国工农红军，跟着贺老总打天下，第一次有了自己温暖的家。1935年6月，我在党组织和战友们的帮助下，又光荣地加入了中国共产党。

今天，我还没来得及报答党和战友们的恩情，却骑上了贺老总的马，让这位指挥千军万马的贺老总步行……

"轰——呜——"一种刺耳的怪叫声将我从沉思中惊醒。我歪着头眯着眼睛一看，只见天上冲过来三架飞机，并在怪叫声中抛下一串串炸弹，在我们队伍的周围和身边炸开了。马受惊吓，发狂似的奔跑，我眼前一阵山摇地动，一片模糊，"哗啦"一家伙便从马背上跌了下来。

敌机走后，贺老总又热情地赶了上来，替我抖泥沫，拍渣草，整衣着，第二次又把我扶上了他的枣红马，并对警卫员说："快把他送到军部医院去。"警卫员轻轻地答应了一声，我又深情地望了警卫员一眼，于是又上路了。

我们走了不过20米远，又听见贺老总在后面大声喊道："小唐，不要忘了，要军部打条子，回来后我还要看的，嗷。"

我就这样走出了草地。后来在医务人员精心照看下，很快恢复了健康，又回到了自己的战斗岗位。

（冯习之）

"你们的事，党中央和毛主席会有安排的"

我至今也忘不了贺老总在延安亲切会见我和另一个残废荣誉军人胡荣华同志的情形。

那是1946年的春天。

那时，贺老总是陕甘宁边区五省联防司令员，我和胡荣华同志在陕甘宁边区荣军学校当学员。我们俩是湘西老乡，胡荣华同志是大庸县人，我是桑植县人，我们俩都是在家乡参加革命当红军，跟随贺老总到达陕北的。抗战期间，胡荣华同志是贺老总所率领的一二〇师师部骑兵连的战士，在一次战斗中，不幸被日本鬼子的机枪打断了腿。我是一二〇师三五八旅六团的战士，1939年在冀中平原大清河的战斗中，被日本鬼子的炮弹炸瞎了眼睛。受伤以后，我们相继住进了陕甘宁边区荣军学校，一直没有机会再见到贺老总。

1946年春，荣军学校迁到了距延安90多华里的甘泉县下寺塆。当时正是蒋介石国民党反动派疯狂抢夺人民抗战胜利果实，阴谋发动新的内战，妄图消灭人民革命力量的严重时刻。人们都非常愤慨，心情很沉重。我和胡荣华同志更有另一层担心，怕再来一次大转移。我们想，要是再出现那样的情况，我们这样的人可就难办了。原因很简单，跟着队伍走，那就成为包袱；留在陕北，又怎么生活？回家乡去？千里迢迢，而且那里又是蒋管区，就算能回得去，也住不得啊！左思右想，我们感到十分为难，心情分外烦躁和苦闷。人到难处想亲人。这时，我们格外思念带领我们走上革命道路的贺老总，盼望再见到他，听一听他的教诲。于是，我们俩商量后，决定到延安去走一趟。

贺老总当时要指挥打仗，工作非常忙。因为，尽管1月10日在重庆签署了停战协定，停战令也早已下达，但是，国民党军对解放区的进攻仍然在继续。我和胡荣华到达延安的那一天，贺老总到前线还没有回来。我们只好住宿在城南宝塔山下的军人处理委员会等候他。一天，贺老总从前方回到延安的消息传来后，我们俩高兴得一夜没有睡好觉。第二天，很早吃了饭，随身带了事先找人帮助准备好的信件，就往联防司令部去了。

春天的延安，阳光明媚，空气清新。我们俩顺着大街，信步来到联防司令部的大门口，站岗的同志听我们说是从荣校来的，要见贺老总，显得非常热情，马上带我们到传达室登记和联系。办完手续，传达人员立即给里面打了电话。不久，出来一个参谋接待我们，仔细地询问了我们所在的单位和来意，然后要我们等一等，就带着我们给贺老总的信进去了。一会儿，这个参谋又来到传达室，高兴地对我们说："哎，同志，贺老总说现在就会见你们，请吧！"我们听了，又惊又喜，一下愣住了，没想到，贺老总这么快就答应了我们的请求。顿时，一股暖流涌上心头。原来思想上的苦闷和复杂心情，一下子烟消云散了。我和胡荣华同志跟着那位参谋兴冲冲地向院子里的会客室走去。

　　我双目失明，周围的环境看不清楚，听胡荣华同志后来说，会客室不大，但清洁、明亮、朴实、大方，靠着墙壁的沙发和茶几，放得整整齐齐，看上去非常舒服。我们进屋之前，贺老总已在会客室里等候我们了。我老远闻到一股浓烈的烟味，断定他正在吸着叶子烟。当我们出现在门口时，贺老总立即站起身来，客客气气迎接我们进了屋，连声说道："请坐！请坐！"我们坐定后，公务员进来倒了茶。贺老总在我们俩喝茶的空隙，"叭、叭"地吸完最后几口烟，轻轻地敲了敲烟斗，没等我们开口，便向我们首先发问了。

　　"你们原先是哪一部分的？"

　　"我是骑兵连的。"胡荣华同志抢先回答说。

　　"我是三五八旅六团的。"我接着回答。

　　"哦！都残废了啊！"贺老总同情而遗憾地轻声说道。他沉思了片刻，又关切地问：

　　"你们到延安来了几天了？住在哪里？"我们便把到延安的日子和住处一一告诉了贺老总。接着他又问我们：

　　"你们来延安找我，有什么事？"

　　"想念老总，来看看你啊！"我们俩异口同声地回答。

　　"哦！那多谢你们啦！"贺老总感激地说了一声，接着便拉起家常来。贺老总亲切地问了胡荣华同志家里的地址，然后转向我问道：

　　"肖瑞林，你的家是哪儿的？"

　　"我是五里桥的。"我随口答应道。

　　"啊！你是五里桥的？你是五里桥的啊！"贺老总带着惊奇的神情连声追问着我。为什么讲到"五里桥"，贺老总这样兴奋呢？那是因为1934春在王明路线危害下，贺老总处在最困难的时期，率领红军转战回到桑植，曾在五里桥一举歼灭了国民党朱疤子的"剿共"部队两千多人。这一仗，为红军部队在桑植休整创造了条件。因此，贺老总对这里有着深刻的印象和特殊的感情。在谈到五里桥那个地方和那里的一些人的时候，贺老总问我道：

　　"那里有个方玉振，你认得吗？"

"认得。听说你当澧州镇守使的时候,他在你下面当过警备司令……"没等我说完,贺老总接着说:

"是的,你记性好。"贺老总略微想了想,又说道,"他后来离开革命队伍,做生意去了。抗战时期,国共合作了,他又出来做事。听说他把我在南京政府监狱的几个亲属都保出去带回了桑植,路过武汉时,还领了一批枪,回到桑植当了地方保安队总队长。"

谈论了一阵家乡的事,贺老总便询问起我们荣校的生活情况和我们还存在的困难。他关切地问道:

"你们荣校的生活怎么样?没有什么不好解决的问题吧?"

贺老总的这一询问,恰好涉及我们的来意。于是,我们便把自己的问题开门见山地告诉了他。胡荣华同志说:

"荣校的生活很好,白面多,尽吃肉,油水也好,就是……"

"就是什么?"贺老总没等胡荣华同志说下去,打断他的话,急切地追问道。

"就是我们自己将来有个问题不好解决,要请老总给出个主意。"我接过话来答道。

"将来的问题?什么问题?你讲嘛!"贺老总听我们提出将来的问题,感到很新奇。于是,我把我们的担心一五一十地讲给贺老总听。我说,我们跟贺老总出来打天下,没想到天下还没打下来,却被日本鬼子打成了残疾,看样子,革命可能又要来个大转移,我们怎么办?跟着部队走,太添麻烦;留在后方当和尚兵,日子怎么过?回家去,又那么远,而且那里是蒋管区,真为难!

贺老总静静地听着,沉思了一会儿,然后一字一句地说:

"依我看,用不着那样担心。我们同国民党打了那么多年交道,还不了解它?他们成不了大气候,他们总有一天要倒台的。他们已经尝到了我们给它的教训。"讲到这儿,贺老总简单地追述了我军在人民群众的支持下,打破了傅作义、阎锡山、高树勋和马法五三路国民党军的包围,胜利地保卫了解放区的情形,尔后斩钉截铁地说:"我们共产党一定要胜利,革命一定要成功!你们不要怕。"讲到"要胜利"、"要成功"几个字时,贺老总语气很重,声音特别洪亮有力,像要把国民党反动派的气焰一下压下去似的。贺老总的话,就像给我们前面点亮了一盏灯,给了我们俩前进的力量、勇气和信心，使我们思想上一下子轻松了许多。我们作为贺老总多年的部下，有这样的经验：贺老总估计情况往往很准，讲要打胜仗，一般没有走火的。所以对于贺老总的话，我们坚信不移，而后来的事实也证明了他当时的话是完全对的。但是，当谈到新的内战的危险正在增加时，我们考虑到将要遇到的各种具体困难，又不免顾虑重重，因而，我坦率地告诉了贺老总。

贺老总正亲切地和我们俩谈着话，后勤部长陈希云同志进来了。贺老总热情地给我们双方作了介绍，首先指着我和胡荣华同志对陈部长说：

"他是桑植五里桥的，他是大庸的。"然后又转向我和胡荣华同志说：

"以后你们有事可以找他——陈希云同志——陈部长。"

这时，我们已经完全无拘无束，说话就像老朋友见面一样随便。我于是脱口而出：

"你那么大的首长，我们怎么找得到你？"

"哎！怎么找不到？今天不是就找到了吗？万一隔远了，还可以写信嘛！"贺老总快活地鼓动似的回答道。

说话不多的胡荣华同志，这时也笑着插话道："记得到。我先就把你们的名字记到日记本上了。"

贺老总满有把握地说："只要写信，不管到哪里，什么事都可以解决，这个你们放心好了，啊！至于说蒋介石硬打仗怎么办？他要打，我们就奉陪到底。你们的事，党中央和毛主席会有安排的，当然我也要管，你们不要急。"

贺老总和我们俩说着，笑着，足足有一两个小时。他见我们没有什么新问题了，就对陈希云同志说：

"你批个条子吧，给他们两个搞点钱，到馆子里吃饭喝酒去。"陈部长随即写了一张条子，共40元，每人20元，要我们自己到银行去取现金。我们俩又感激，又不好意思，都坚持不要，说：

"老总的情意我们领了，老总的钱我们不能收。"

但是贺老总却怎么也不依，一再说：

"拿去用，没关系。你们以后有什么困难。只管讲。"

陈希云同志把条子交给了我们俩，就走了。我们估计，他来可能是找贺老总有公事，于是就起身告辞。贺老总也站起身来，把我们一直送到门外院子里，再三叮嘱说：

"好好休息啊！为革命出了力，残废了是光荣的！不要急，更不要悲观。"

告别贺老总，走出联防司令部，一路上，我们回味着贺老总亲切的关怀和教诲，心情很不平静，感到贺老总真不愧是我们红军战士的贴心人，对我们这样的残废人，竟这样亲热，这样关心，这样爱护！从此，我和胡荣华同志心情舒畅，思想开朗，无忧无虑！碰上闹思想情绪的同志，就把贺老总会见我们说的讲给他听，帮助他振作精神。不久，北平解放了，我们更有信心了。淮海战役胜利后，感到革命胜利有把握了，我们就更加高兴了。

（肖瑞林）

结拜兄弟，同生死共患难

1915年，经朋友介绍，我参加了黔军。

1923年，我在黔军彭汉章第9旅任旅长，驻南川。贺龙任川东边防军警备旅旅长，驻涪陵。那时，我只闻其名却未见其面。1925年，我们在四川军阀联合驱逐袁祖铭的战争中相识。

1926年5月，黔军全部从四川境内退入湘黔边境，6月，我任彭汉章部第二师师长，和贺龙所部同驻沅陵。

贺龙部队移驻湖南澧州时，我部驻津市，两部相距20来公里。7月，贺龙首先通电参加北伐军，被广州政府任命为国民革命军第八军第六师师长兼湘西镇守使，率部进驻常德。临行前，他同严仁珊一道来津市，动员我反戈讨伐吴佩孚。我当时效忠彭汉章，思想保守，犹豫不决。后来吴玉章专程来津市向我做工作。他分析了国内外形势，给我谈了北伐的任务及革命的前景，说服我倒戈参加北伐，接受广州国民革命政府的改编。

8月初，北伐战争开始取得节节胜利，吴佩孚的势力一天天衰败下去，袁祖铭、彭汉章、王天培也见风使舵转向北伐军。8月6日，彭汉章接受南方国民革命政府任命的第九军军长一职；贺龙被委任为第九军第一师师长，我任第九军第二师师长，并联合发出讨吴通电。接着，广州国民政府又委任袁祖铭为北伐军左翼前敌总指挥，王天培为第十军军长。

北伐前夕，由贺龙的参谋长严仁珊发起，贺龙、严仁珊和我，在湖南沅陵喝血酒，结拜为兄弟。我们3人各自开出自己的生辰八字，祖父和父母的姓名，家庭住址，交换保存。严仁珊年龄最大，排行大哥，贺龙比我大3个月，排行二哥；我序老三。当时的誓言是："同生死共患难，有福同享，有祸同当。"严仁珊是贺龙的亲戚，是个文人，能说会写。后来北伐结束后，他回贵州铜仁居住，因病去世了。

9月中旬，第九军和第十军奉命从左翼向武汉方向推进，第一师和第二师由常德、澧州出发进攻荆州、沙市，与北洋军的卢金山、于学忠部作战。我同贺龙分别率师北伐，一路打硬仗，在鄂南的石首、公安初战失利，我们两师伤亡很大。接着，我和贺龙的部队又被夹击在黄金口、斗湖堤、闸口狭长地带。贺龙、吕操和我一起亲临前线指挥，与五倍于我的北洋军阀展开了激烈的争夺战。我师正面进攻黄金口之敌，阻击荆州、沙市方面杨森部援鄂第一军前线总指挥曾子唯和北洋军卢金山、于学忠的增援部队。贺龙率第一师向观寺、曾坪头、斗湖堤进攻取得胜利后，又掉头冲破了杨森第一军何金鳌、第二军魏甫臣两部的包围。在我第十军的增援和接应下，我第一师和第二师、第十军的第二十八师于11月初攻克沙市，捕获了曾子唯。接着，贺师和我部又奉命回首西进，消灭了卢金山两个师，于12月15日占领了宜昌。

3个月的激烈战斗，部队伤亡惨重。贺师3000多人只剩下1000多，我师减员一半。

1927年1月，第九军奉调进驻武汉休整。贺龙住汉口汉寿街补拙里15号，我部驻武昌车站秦园。吴玉章带着慰问队来驻地慰问我们，同时还派了中共党员吴明来我师担任政治部主任。

不久，部队开始扩编。第十师扩编为第十一军，师长陈铭枢晋升军长兼武汉卫戍司令。我任第十一军第二十六师师长，贺龙任独立第十五师师长，我和贺龙分开了，但我们还是在武汉办事处经常见面。当时宁、汉之间的争斗加剧，军内也酝酿着反蒋和袒蒋的两派势力。军长陈铭枢虽然是保定帮的活跃分子，但他对我表示他是倾蒋的，我受其影响也有点倾向于南京政府，这就为我后来的戎马生涯罩上了阴影。没有多久，陈铭枢旋即被排挤去职（后到南京国民政府任政治部副主任），所遗武汉卫戍司令一职由唐生智兼任，军长一职由副军长张发奎代理。我和贺龙都隶属唐生智指挥。4月18日，南京国民政府及中央政治会议正式宣告成立，公开否认武汉政府，宁、汉正式分裂。武汉政府也下令撤去蒋介石总司令职务，以冯玉祥为总司令、唐生智为副总司令，组织东征军，讨伐叛逆。我军奉命东征讨蒋。部队正集结待命上船，准备开赴南京之时，又得悉新近溃败的孙传芳残部和张学良率领精锐部队占领了京汉铁路北段，企图继续南下阻止北伐。军情突变，我师奉命北上。贺龙的独立师已先于我乘车北去了。当部队到达河南新野时，我因胃出血回汉口就医，部队由副师长张我成代我指挥。6月，北去的部队陆续返回武汉，独立第十五师扩编为第二十军，贺龙升任军长。7月中旬，贺龙指挥全军东进。临行前，我去武昌给他送行。一见面，他就劈头问我："字行（我的号），你打算走哪条路？"我说："身体不大好，暂时只好坐守武汉了。"他一再动员我跟他一道东进讨蒋，脱离唐生智的控制，跟共产党走。由于我慑于反革命势力的淫威，怕担风险，没有跟贺龙走。这使我后来长期内疚不安，感到有愧于贺龙对我的教育。

八一南昌起义以后，张发奎调集第四军第十师"追剿"贺龙、叶挺部队。唐生智怕我跟贺龙跑了，把我调到湖北通山、通城驻防，列暂编师序列。后来唐生智被李宗仁打败，我师被收编入李宗仁的第四集团军所辖。

1928年4月，李燊师扩编为第四十三军。我和李在黔军时系多年同事，我被他委任为第四十三军教导师师长，奉调参加第二次北伐。在韩城镇时，参加八一南昌起义的原贺龙部队副师长秦光远、团长陈让儒潜回湖南被通缉，经贺龙介绍来我部，要求把他们掩护起来。我把秦光远留在师部任参谋处处长，陈让儒在师部任政治部宣传科长。此事后为白崇禧探悉，要我将秦交出，我拒不认账。在北京，李宗仁指着我鼻子说："你师政治部搞些啥子名堂，你要注意，是不是共产党搞的，得好好查一查。"第二次北伐结束，白崇禧说我部成员不纯，有共产党分子混入，要先整顿后改编。我得到消息后，把秦光远、陈让儒等先行送回四川，这时已是1928年冬天。李燊受蒋介石支使回黔争夺省政，被毛光翔打败，教导师直辖桂系，我被降为旅长。1929年4月，我亦离队回川。

回到重庆后，刘湘知道我同贺龙有关系，处处与我为难，立足不下。后来，我听说贺龙在湘鄂西拉队伍闹革命，曾打算投靠他，但总是犹豫不决。

1932年初夏，挚友双清由国民党中央派往贵州省政府任建设厅长，被刚上台的王家烈拒绝，滞留重庆，不得到任。我借助双清赴任为名，由旧部帮助，要挟刘湘的一营人跟我集合于涪陵明家场，两个月后，队伍发展到1000余人。此时正值黔军旧交毛光翔被王家烈夺去省主席和第二十五军军长职务，移驻遵义。毛在遵义暗地联合犹国才、蒋在珍、宋醒密谋倒王，约我移驻正安、绥阳一带，并委我为第十八路军黔北剿匪总指挥。我到正安后，四川、贵州方面带起人枪来投奔我的人很多，同时我派贺云成去收编了地方武装邓全英的1000多人。短短的一个多月时间，队伍一下扩充到6000多人枪。

1933年春，我发兵遵义与王家烈争夺防地。由于收编来的队伍全是乌合之众，没有进行专门的军事训练，打了3天仗，结果失败了。我退回黔东驻在铜仁石灰洞，重整旗鼓，总兵力增至7000人枪。4月，第二次出兵同王家烈作战，仅一天即将王部击溃。我部一时声威大震，队伍扩大了。

蒋介石早想插手贵州，鉴于黔军不买他的账，一直不得如愿。他发现我和王家烈的矛盾后，一方面想利用我的力量来牵制王的势力，一方面又派胡汉民来调和我与王家烈的矛盾，同时委任我为第二十五军第五师师长，调驻沿河。贺龙知道我又重拉起队伍驻守川黔边区的消息后，于1933年夏季，写信派肖美臣和一个姓向的（即向哥）侦察队长前来我部联系。我看了贺龙的信，经与来人密谈，约定红三军由咸来入川，我军即同时由秀入酉，以便会师，共创西秀黔彭根据地大业。

自接到贺龙来信后，我怀着极不平静的心情，召集我的至交警卫队长向辉旭（向是中共党员）、团长朱举钦说明情况，共商起义事宜，迎接贺龙入川。

这时，来投奔我部朱举钦团的黔江"联英会"首领黄凤楼，得知贺龙派人来我部联络的情况，也暗中写信告知黔江"联英会"，"约期里应外合，迎接贺龙入川"。不慎黄的密信被黔江驻军查获。周化成得此情报，立即函告田钟毅。田旅闻之大为震惊，一面电告刘湘："杨其昌勾结贺龙入川";一面电令各县军团严密防范,彻底镇压"联英会"。

田钟毅奉刘湘命令给我来电,要追查黄的密信事件。我部来团(即来志余团)反共气焰十分嚣张。他见此情况,以为他升官发财的机会到了,妄图对我下毒手。在此险恶的形势面前,我在向辉旭的帮助下,以来志余有反叛行为,将其全团缴械,并暗中把朱举钦团放走。然后电告田钟毅,"朱举钦畏罪潜逃",将此事件掩饰过去。

1934年6月,贺龙率部进驻南腰界,我曾写信给贺龙,要求跟他一起干革命。但贺龙不同意我的意见,他回信说:"字行老弟,实话对你说,在武昌时,我要你跟我一起走,那是形势的需要,但是目前统一战线工作和斗争形势的要求,还需要你留在那边继续帮助和支持我们,这样,你发挥的作用更大些。"贺龙这番话,我心领神会,就没再提去南腰界的事了。

这时,何应钦令我派兵"追剿"红三军,这是一次支援贺龙的好机会。我一方面造"进剿"的舆论,虚张声势,另一方面派人将我部"进剿"的路线暗中告知贺龙,并密派师警卫队长向辉旭率一个营,带上精良武器,迅速择路接近贺龙部队,待接上联络暗语,以佯败将武器移交贺龙。

1934年10月,蒋介石得知贺龙与萧克的部队在酉阳南腰界会合的消息,立即电令我师受陈渠珍、周燮卿指挥,"追剿"红军二、六军团。要我接受"矮子老鲨、周燮卿的指挥",去攻打贺龙部队,我心里是八个不愿。我召集师、旅、团军官公开数落"矮子老鲨"的不是,激发部队对他的不满;讲贺龙如何厉害,恫吓士官。事实上,蒋介石早想黔军垮台,派我去拦截红军,是要我们步北伐时黔军的后尘。我以保存实力为名,要大家在行动时相机行事,让开道路,不得硬拼。永顺战斗打响之前,我就将部队部署在远离龚仁杰、周燮卿两部的把总河附近。周燮卿在龙家寨被打得一败涂地的时候,我命令部队轻装,迅速撤离把总河返回保靖,给红军部队让开道路,并留下了大量物资。这就是我和贺龙在同一地方对峙驻军4年,唯一的一次"交战"。

在湘、黔两军联合阻击红军的永顺之战中,周燮卿旅几乎全部报销。我部也以损失惨重为由,将部队撤往湘、黔交界两不管的新晃一线。4月,王家烈下台,黔军完全处于蒋介石控制之下,贵州已不再是黔军把持的天下了。11日,部队被缩编为暂编第五旅,由晃县开回黔东南,驻防玉屏、清溪一线拦截红军。部队移驻新区时值严冬，军队衣饷无着，编余军官积怨闹事，我借队伍难维持，以怕闹事为名，调回驻玉屏、怀化的蒲世胜团，让开贺龙必须通过的道路，并派人通知刚在石阡上任才几天的县长刘树槐（老部下）设法退出石阡，回避红军。一方面同时向贵州省主席吴忠信和驻黔绥靖主任薛岳虚报军情，以利红二、六军团在1935年1月份顺利通过我部驻地。2月15日，我就辞职回川了。

我回川后，任重庆行辕少将参议，住在临江门炮台街。

贺龙长征到达陕北后，秦光远由我处去陕北见到贺龙。贺龙将女儿托秦代交我处寄养，后我又转交贺龙的老部下瞿××代养。

1950年1月，我护送民革烈士遗体去成都，又见到了阔别多年的贺龙同志。他派参谋刘展用小车把我接到家里。久别重逢，思绪万千，我不知从何说起，只是默默地望着乐呵呵的贺龙同志。他还是那样诙谐，指着和我对坐在他身边的杨尚伦（杨尚昆的弟弟）说："你们杨家将又走在一起来了。"薛明同志来给我们沏茶，贺老总又指着我说："这是我在北伐时的把兄弟，你要好好招待啰！"当我谈到永顺一仗时，贺龙说："如果我们俩真打的话，就不会像今天这样见面。我们现在已是并肩战斗的同志了。"

同年8月，在贺龙的推荐下，毛主席、周总理任命我出任川东行署委员、工商厅副厅长、财政经济委员会委员，后又任工业厅副厅长、西南军政委员会参事。每次到成都开会，我都要到贺龙家去，吃饭时他总要为我加几个菜。每次相见，总是给我鼓励，激励我走革命的光明大道。贺龙离开西南到北京后，我时时回忆着这一次次幸福的会见。

"文化大革命"期间，贺龙被林彪、江青打成"土匪"、"军阀"、"二月兵变的罪魁祸首"。林彪下令"认真审查一下贺龙与杨其昌的关系"。贺龙专案组派人来涪陵，把我关进监狱，隔离审查，大搞逼供信。7月的监狱，热得我透不过气。他们要我按他们的指供写材料，要我承认和贺龙的关系是土匪关系。我怒不可遏地指着这伙人说：在北伐中我和贺龙是并肩战斗的战友关系，国内革命战争时期我是受贺龙教育，由不自觉到自觉反蒋的一个民革成员，我们不是土匪关系，是朋友，是肝胆相照的同志关系。我没有什么可写的。他们把我没办法，抄了我的家。他们把我和贺龙同志的合影照片，全拿走了，却无法损害贺龙同志在我心目中的光辉形象。粉碎"四人帮"后，贺龙同志得以平反昭雪，我也随之重见光明。

（杨其昌）

"龚渭清的血是不会白流的"
——贺龙和龚渭清

20世纪20年代初的四川，军阀混战，盗匪猖獗，税捐繁重，民不聊生。为拯救劳苦大众，贺龙于1922年春奉孙中山之令，随石青阳入川整顿川军。同年5月，他率领川东边防军警备旅驻防于涪陵、丰都、彭水、沿河等地，以清剿匪患，安定社会秩序。

在彭水期间，贺龙匡正扶危，除恶严纪，济困救贫，胸怀博大，深为县内各界人士敬佩。彭水颇有社会影响的哥老会大爷龚渭清，对贺龙的崇高品德尤为敬佩。贺龙也很欣赏龚渭清为人正直、仗义疏财的品行，常常在闲暇时和龚渭清、孙子云、童雨时、支襄臣等商、学界人士，一起拉家常，及谈论彭水的商业、教育等问题。在贺龙的影响下，龚渭清的思想也产生了较大的变化，两人并结为"拜把"兄弟。

贺龙离彭水10年后，为创建酉秀黔彭根据地，于1934年5月上旬，率红三军由马喇湖出发，奔袭占领了彭水县城。贺龙进城后，就亲自前往探望离别多年的好友龚渭清。碰巧龚外出未归，贺龙深感失望，但由于军务繁忙，不能久停，便留下一张条子，并告诉他家人说："我如今已参加了革命队伍——红军，专为穷苦人打天下，希望龚渭清能支持革命，奔向革命，走向进步。"龚渭清回家后，贺龙已带领红军西渡乌江，向黄家坝方向前进了。当家人告知贺龙来过的情况后，他拔腿就去追贺龙，一气跑到30多里外的靛水坝，也没追上。龚渭清沮丧地返回家中，懊悔错过了与挚友重逢的良机。

同年6月，贺龙率部到达川黔边。贵州军阀王家烈派兵在沿河、印江一带堵截"围剿"红军，致使红军的给养非常困难，特别是食盐、药品奇缺。为救燃眉之急，贺龙写了一封亲笔信，派交通员傅怀忠到彭水找龚渭清想办法。龚渭清深知贺龙对自己的信任。经过几天筹备，龚渭清带着500块大洋同傅怀忠一道，到酉阳的龚滩买了4000斤盐巴，之后由傅怀忠带回。龚渭清一再叮嘱："一定要把盐巴亲自交给贺军长。"

十几天后的一天中午，龚渭清一家正在吃饭，突然傅怀忠满头大汗闯了进来。龚渭清大吃一惊，怕是出了什么事。忙搁下碗筷，急切地问道："老弟，该不是盐巴出了岔子吧？"傅怀忠气喘吁吁地说："盐巴送到了，贺军长让我谢谢你呢！"听他这么一说，龚渭清放心了。但想到傅突然到来，估摸又有要事，便问："老弟，你这次来还有什么事要我做吗？"傅怀忠从身上拿出贺龙的信和一张购药清单交给龚渭清，说："贺军长部队的同志，大都是外地人，到了那里水土不合（不适应气候），又经常打仗，伤病员较多，医治缺少药品。贺军长要我再来找你，设法帮助买点药送去。军长说，买药的款子还是请你想法垫支一下。"龚渭清当即答道："好吧，贺军长托我办的事，就是我们自己的事，我一定尽力去办妥。"当晚，两人商量了购药的办法：傅怀忠先去酉阳的小河场住下，等龚渭清筹款买好药品后运去会合，然后一起送到红三军驻地见贺龙。

送走傅怀忠后，龚渭清对家里人说：我此去红军送药，日后当局知道，一定会来为难你们。你们就收拾东西回老家去。我把药送到后，就跟贺龙去干一番，见识一下世面。家中安排好后，龚渭清带上备好的款子800元大洋，造了个证明，乔装成药商老板，从黔江县境转到酉阳县龙潭镇一带，共买到西药和中草药28担，并沿途请了20多个挑夫，一道挑着朝南腰界方向运去。但由于川军田冠五旅的部队驻防在酉阳小河场，不便通过，原订计划无法实现，只好改道而行。当他们一行31人改道来到沿河县沙子区水淹沱时，遭到国民党区长袁仲英、伪保警队长田明道等的拦阻。龚渭清心想，前面几道卡子都过来了，现在距红三军驻地只有40多里路。问题不会太大，只要沉住气过了这个卡，就没有危险了。他从容地从轿子里走出来，摸出证件说："我有证件，是卖药的。"田明道凶狠地说："你是卖药的？为什么大路不走，专走小井这条小路！哼，明明是给贺龙送药的！"田明道不由分说，抢走药材，逼迫龚渭清交代与贺龙的关系。龚渭清至死不说，结果被国民党匪徒当场杀害，年仅41岁。

事件发生后，傅怀忠也被抓，挑夫被扣。消息很快传到红三军驻地贵州沿河县境的枫香溪。贺龙得知自己真诚的挚友被国民党匪徒枪杀，悲痛万分，立即率领部队赶到沿河县城，歼灭了这帮敌人，救出了傅怀忠及为红军挑药被扣押的无辜群众，并亲自来到龚渭清遇难的地方吊唁致哀。贺龙同志怀着万分悲痛的心情，对在场的军民说：龚渭清虽然是党外人士，但他拥护革命，支持革命，不惜自己的家业、生命支援我们红军，毅然投身革命。我们要多打敌人，为龚渭清报仇。龚渭清的血是不会白流的！

（李世文　唐万友）

情投意合
——贺龙和刘愿庵

1923年，贺龙旅长率部驻防丰都的时候，结识了具有进步思想的丰都县知事刘愿庵。贺龙见刘愿庵为人正派，就积极支持治理县政，并常在一起商谈救国救民的大事。时间虽然不长，但却成为刘愿庵放弃仕途，走向革命道路的转折点。

刘愿庵原名刘侗，祖籍陕西咸阳，曾随父去南昌就读于大同中学。辛亥革命后，他到四川乐山电报局当工人。1919年，他经人介绍到万县军阀卢锡卿部当参谋，后又去川军杨春芳部做秘书。1922年秋，被杨委派为丰都县知事，当时他年仅27岁。在五四运动的影响下，刘愿庵开始萌发忧国忧民的思想。他到丰都县上任，就深入了解民情，清理冤狱，废除苛捐杂税，决心匡扶正义，做一个清官。县人都说他"年少多才，人不敢以私语"。

1923年春，贺龙奉命到丰都驻防。贺龙当时也是年仅20多岁的年轻将领。他对军阀混战很不满，常说："神仙打仗，凡人遭殃。"他一到丰都，就结识了刘愿庵这位年轻的知事。在多次接触中，贺龙了解到刘愿庵办事公道，不徇私情，为人正派，思想进步，两人情投意合。因此，贺龙大力支持刘愿庵的惠民施政方针。

就在这年的3月，刘愿庵接到许多控告许春樵的状纸。许春樵是树人地区的团总。他横行乡里，称王称霸，欺压百姓，作恶多端。刘愿庵将许春樵的罪恶调查清楚后，即转告贺龙旅长，并传许来县衙受审。刘愿庵根据许春樵的罪恶，将他判处死刑，当即由贺龙部的赵营长将许春樵押赴刑场，执行枪决。刘知事和贺旅长严惩了这一骑在人民头上的恶霸，树人地区的老百姓无不拍手称快。他们敲锣打鼓，步行40余华里到县城放鞭炮，给刘知事和贺旅长送"德政旗"，感谢他们为民撑腰。团总陈合清也有劣迹，见许春樵被惩办，吓得心惊肉跳，忙到县衙辞职。刘愿庵严词训诫，说："你来得正好。你辞职不行，我要开除你才能赏罚分明。"

5月，贺龙率部去涪陵，第四师陆柏香营移驻丰都。在此期间，陆柏香多次威逼刘愿庵为其筹集军饷。当时军阀混战频繁，苛捐杂税不断，人民负担极其沉重。从1920年到1923年的4年中，丰都县预征的粮税累计已征至1941年；陈兰亭旅1920年攻占丰都城时，又将县内积谷28000石全数盗卖一空，地方财政极其困难，群众怨声载道。为此，刘愿庵拒绝为陆营筹集军饷，从而激怒了陆柏香。一天夜晚，陆派兵到县衙将刘知事扣押了起来。

这时，边防军汤子模由江津进驻涪陵，贺龙率部复返丰都，旅部驻在财神庙内。贺旅长得知刘愿庵被陆柏香扣押的消息，义愤填膺，当即命令赵营长率部营救。一个漆黑的夜晚，赵营长带一连人将陆柏香的驻地禹王宫包围起来，出其不意地把营门岗哨剪手拖出，旋即迅猛冲进陆营驻地，将刘愿庵救出。

刘愿庵被贺龙救出后，即放弃仕途，离开丰都，回到成都从事教育事业。不久，他加入了中国共产党，先后担任成都特支书记，四川省委宣传部长，四川省委代理书记、书记等职。1928年出席中共六大，被选为中共候补委员。1930年不幸被捕，壮烈牺牲。

刘愿庵离开丰都后，丰都人民给他树碑，表彰他的功德。贺龙营救刘愿庵的事迹，也在丰都传为佳话。

（杜春胜　王民农　冉正华）

"我很需要你这样的老军人"

一、初识贺龙将军

我第一次认识贺龙将军,大约是在 1920 年夏天,在四川合川。当时贺龙将军在川军石青阳部当旅长,我在黔军袁祖铭总部任参军。

我本来是滇军,由士兵当到营长。护国之役跟随蔡锷将军进军四川。蔡锷死后,我转到黔军刘显世部,这样就结识了袁祖铭(袁也是一个营长),成了八拜之交。1918 年,我离开黔军回云南。两年后,袁祖铭已经当上黔军总指挥,便写信要我到四川工作。于是我当了他的参军。

那时候,袁祖铭与川军吕超、石青阳、刘湘、杨森等组成了反对熊克武的阵线,我就有较多的机会和这些部队的将校接触。这些人中,给我的印象最深刻的就是贺龙将军。他实在太引人注目了:他的年龄(24 岁)和职务很不相称,作为一个旅长的确是太年轻了;他仪表堂堂、气度潇洒、不同凡响;他言语出众、谈笑风生,看来不是一个内向的人,可是我总感觉到他的思想十分深沉,比起他的外貌来要"老"得多。在不多几次的接触后,我就得到一个总的印象:这是一个非凡的人。我也从旁听到过他在湘西杀贪官、打土豪的一些革命经历,因此,我这个贫农出身的军人,虽然年纪比他大得多(当时我已经 40 岁,比他大 16 岁),却对他产生了非常自然的钦佩和尊敬。没有想到,由于这种印象和感情,后来促成了我跟随他南征北战、出生入死,没有虚度自己的一生。

贺龙将军非常健谈。谈轶事,谈农村生活,谈风土人情,特别是谈马,他的知识的渊博,实在令人惊异。那个时候的军人对于马有着特殊的爱好。贺龙将军幼年时便经常和马打交道,他常常谈到马帮的那种豪放自由的旷野生活,真令人神往。于是我发觉,每当宾客满座,谈到政治问题的时候，贺龙将军总是静听别人的意见，很少谈他本人的看法。这与他那开朗的性格显然是极不协调的。

后来，当我们彼此都有了一些了解时，我逐渐察觉贺龙将军不是没有政治见解的人，恰恰相反，他非常留意政治，他在观察每个人的政治倾向，他在冷静地思考别人提出的政治问题，他是在荆棘丛生的旷野中探索革命的道路。

那个时候，他最佩服的只有两个人：孙中山和蔡锷。他和我谈到孙中山时说过："我很想见到孙中山。别人说他是孙大炮，中国就需要这样的大炮。清政府怕他，北洋军阀怕他，就因为这门大炮有威力。他把四万万同胞鼓吹起来，这个威力还得了吗？"他和我谈到蔡锷时说："文武全才，一个了不起的英雄！可惜啊，30多岁就死了——外国医院住不得。"他回忆往事，谈到在湘西，他正因为反对袁世凯的封建统治才组织民众奋起革命的。当蔡锷领导的护国军讨袁，右路军进入湘西时，他便率领一支民军参加了护国战争。他笑着说："我们都是蔡锷的部下，早就是老同事了。可惜我没有见过蔡锷。"

贺龙将军对当时的军阀混战是很不以为然的。他对我说过："这样打来打去，究竟为了什么？"他在寻找出路，但是出路在哪里，这是他还没有明确解决的问题。

袁祖铭刚愎自用，志大才疏，常被亲信所左右。我与他虽属"兰交"，但意见时常相左。我深感良言难进，跟着他实在有违初衷，便于1921年年初弃官回云南大理。

二、涪州小叙

1923年六七月间，我在云南大理连接重庆黔军故旧发来电函，告知：袁祖铭已将另一位"兰交"兄弟许鸣歧扣押，望我速去营救。许鸣歧是袁部旅长，为人耿介，作战骁勇，常常违抗袁祖铭的意志，和我的交情至深。我立即兼程赶赴重庆，执拗地要求袁祖铭以旧情为重，释放许鸣歧。这一要求，袁祖铭终于同意了。他并要我继续给他当参军。那时候，杨森、刘湘正伙同袁祖铭对熊克武展开激战。我深感袁祖铭走错了路，便向他提出：熊克武是孙中山任命的总司令，名正言顺。在吴佩孚的援助下打熊克武，实际上是反对南方革命，这是违反民心的，应该及早回头。袁祖铭仍然听不进我的忠告，我只好与他分道扬镳，决心到广东去。

我由重庆买舟东下，听说贺龙将军正在涪州，我便在涪州上岸去会见了他。我与贺龙将军有两年不见面了。他见到我，非常高兴。他谈到，1921年他曾经回到湖南桑植，在姐姐贺英的帮助下重建队伍，又当了混成旅旅长。不久前，孙中山大元帅任命熊克武为四川讨贼军总司令，贺龙将军当了熊部第三军（军长石青阳）第二师师长。对于倒熊与拥熊的变化，贺龙将军是这样对我谈的：

"石青阳过去倒熊，挨了孙中山的批评。他这一次是奉孙中山的命令回来的。要不是孙中山的意见，我就不得干了。"

我向贺龙将军谈了袁祖铭的情况，以及我到广东去的想法。他说："袁大脑壳这个人哪，又想到南京去买马，又想到北京去捐官，没有个主见，反正有奶便是娘。他找吴佩孚当靠山，吴佩孚连自己也未必保得住。袁祖铭是看不到这一点的。你现在劝他，只是白费力气。你到广东去也好，老是在云贵川这个山坳里头，眼光是看不远的。"

我们谈到最近重庆浮图关的激烈战事。贺龙将军说："许鸣歧是一员勇将，袁祖铭不会用人，还把他关起来。你给袁祖铭做了一件好事，把许鸣歧放出来帮他打了个胜仗。神仙打仗，凡人遭殃，吃亏的还是四川的老百姓。中国地方这么大，人口这么多，为什么这么穷、这么弱？就是给这帮军阀、官僚搞烂了！不打倒这些人，老百姓还能指望过好日子吗？困难啊，这么大一个烂摊摊，哪个能够收拾？"

我问："你觉得广东怎么样？"

贺龙将军说："孙中山是个伟人，人民是拥护他的。可是光靠嘴巴不行，要有枪。他依靠的还是军阀队伍，早晚是靠不住的。要革命就得有革命的本钱。这不是当商人，可以借钱做买卖。"他突然问我："你听说过俄国革命没有？"

我告诉他，前几年在四川就听说过了。近两年在云南，消息非常闭塞，俄国革命后的情况就不大清楚了。

"我也不大清楚。"贺龙将军说，"听说嘛，沙皇、贵族、地主、资本家统统被打倒了，由工农兵当家，搞共产。我很想知道这个'产'怎么'共'法？它和孙中山的'平均地权'有什么不同？中国也有了共产党了。不过我想，不管怎么'共'，要有产才'共'得成。干人反正是不会吃亏的。你说对不对？"

由于贺龙将军的盛情挽留，这一次我在涪州住了三天，对贺龙将军有了进一步的认识。贺龙将军充满活力，朝气蓬勃，生活作风与当时的一般暮气沉沉的将领比较起来，真是天差地别。他洁身自好，艰苦朴素，廉洁严肃。在那个时代的将领中，这是绝无仅有的。

临别时，贺龙将军送了我一封大洋（100元）作盘缠费。他说："听说广东是很有生气的，你去了，看情况再说。如果不如意，就到我这里来，有你的事情干。"

三、跟随贺龙

我到广东，本来的打算是重返滇军。驻粤滇军是护国战争时由李烈钧带去的第二军，以及后来再次到广东的云南部队。在滇军中，我有许多熟人。既然这支队伍已经成为广东革命政府的主要军事力量，我去了以后，想来是可以做一番事业的。可是到了广州一看，事与愿违。滇军的骄横跋扈、腐化贪婪，简直到了令人发指的程度。我不能与他们同流合污，决意离开广东。我想到贺龙将军临别的话，但是那时四川情况不明。由广州回家很方便，我便取道海防，回转云南。

1924年春末，听说贺龙将军在四川失败后退往贵州，我便带上孩子和侄儿前往贵州，在铜仁找到了他。

"广东的情况怎么样？"贺龙将军一见面就问。

"太使人失望了。"我把看到的情形告诉了他。

"你看到的恐怕只是一个方面。"

我告诉他，我看到的的确只是一方面，但是滇军在广东的实力很大；真正拥护孙中山的革命力量是比较弱的。

贺龙将军说："孙中山改组了国民党，提出了三大政策，这样，他就会得到苏俄、中国共产党和工农民众的支持，情况正在发生变化。"

从谈话中，我听出贺龙将军对广东方面的情况知道得比我多。他对南方的革命形势显然是经常关心的。

贺龙将军直率地对我说："你来了，很好，就留下吧。我很需要你这样的老军人。就当我的参军，也算官还原职，不嫌小吧？"

当时，我从内心感到：从清朝末年参加新军，直到此时，当了十几年的军人，现在才找到了一位真正能领导我走革命大道的领导人。从此，我追随贺龙9年，先后转战黔东、湘西，参加了北伐战争和南昌起义，直至伤残回家。

（刘达五）

两代情深

1950年年初，成都人民送走了严寒，迎来了桃李芬芳的春天，也驱走了黑暗，挣断了镣铐，迎来了光明和解放。

贺龙来了！人们争相传诵着这个喜讯，传诵着贺龙在四川的革命故事，都想瞻仰一下这位身经百战的人民英雄的风采。

2月25日上午9时，一位解放军战士来到实业街张宅找到了我，交给我西南军区司令部陈梦还同志写的一封信，上面写道：

冠群先生：
　　如你有暇，请到我处一谈。
陈梦还　廿五日

西南军区司令部就在商业街，现在四川省委所在地。解放前的励志社，那真是一座魔鬼的宫殿。蒋介石到成都常常住在这个地方。而现在回到了人民手里，成为解放大西南的指挥中心了。

商业街警卫森严。这是因为刚解放不久，国民党潜伏下来的特务分子还在捣乱。司令部门口的传达室繁忙极了。七八位国民党的起义将领，穿着黄布棉军服正在等待接见。

我被引进正厅下面左侧的会客室。接见我的，不是陈梦还，而是秦其谷同志。秦其谷同志是河北人，和蔼可亲，穿着普通战士一样，看不出是位首长。他对我说："贺总想见见你，可他这一段时间都很忙。今天因为医了牙齿，安排休息，就让我们通知你来见一见。"秦其谷同志有些口吃。他告诉我，贺总在北方作战时，有一次夜行军，从马上摔下来，把牙齿摔坏了。战争环境中，一直没有条件医。到成都后，听说华西坝的牙科很有名，就请外国人来医了一下。

正闲谈中，陈梦还同志来了。他招手示意要我到楼上去。我知道马上就要见到敬爱的贺总了，兴奋得心也突突跳起来。我随着秦其谷同志上楼到右角的一间较大的会客室。贺总已经先在里面了。另外一位是李长路同志（成都"革大"校长，后调西南大区任文化部部长）。

我向贺总鞠躬致敬后，贺总拉着我的手端详着说："鼻子眼睛都像你老子，就是身体没有他那么结实。多大年纪了？"

我回答说："27岁。"

贺总穿一套黄斜纹布便服，没有戴帽子，手里夹着一支雪茄烟。他笑容满面，容光焕发，眉宇间洋溢着胜利的喜悦。他指了指对面的座位，我便在李长路同志身边坐了下来。

"你老子有饭吃吗？"

我回答说："他负伤以后，回了云南大理，靠磨大理石过日子，现在还是这样。"

贺龙将军略略想了想，又问："他该有70了吧？"

"是的，今年刚好70岁了。"想不到贺总的记忆力竟然这么好。我接着说，"有什么办法呢，没田没地，没房没钱，老的老，小的小，只有靠两只手劳动吃饭。"

贺总拿着雪茄的左手一扬说："你马上发个电报，要你老子到四川来。先到重庆，就在重庆等我。"

"他不可能来了。"

"为什么？"

我告诉贺总说："在石门，他的两只脚都打伤了。你派人把他转移到汉口去医。老是医不好，后来两条腿完全残废了。接着又和你失掉了联系，他只好靠朋友的帮助回云南老家，直到现在。身体还好，可是一步也不能走，不可能出来了。"

贺总感慨地说："他在汉口还做了不少工作，帮着买枪买子弹。后来嘛，我们就没有办法和他联系了。石门那一仗，牺牲多大啊！你老子打伤了，贺锦斋打死了！多可惜啊，贺锦斋死的时候只有你这么大，也是27岁！"

这时候，六七位首长走了进来，随便在周围的沙发上坐下来。其中一位，我很容易认出是贺炳炎同志。他坐在长沙发的靠手上。

贺总兴致正浓，就滔滔不绝地向大家讲了下去。

"他的老子叫刘达五，是个老同盟会会员。参加过辛亥革命，后来跟蔡松坡打袁世凯到四川。蔡锷死了以后，他又转到黔军，和袁祖铭是拜把兄弟。你们知道袁祖铭吗？这个人后来当了黔军总司令，有名的大军阀。那个时候，我的队伍也在四川，就认识了他老子。袁祖铭官当大了，架子也大了，把兄弟的话听不进去了。他老子跟袁祖铭政见不合，乌纱帽一摔就不干了。路过涪州来会我，说他要到广东去。我这个人就是喜欢农民出身的烈性汉子。我告诉他，到广东看看也好，如果不如意就到我这里来。"

在座的人静静地听着，没有一个人打断他的谈话。

"后来我到铜仁，他老子果然找上门来了。我就请他当参军。他向我介绍了广东方面的许多情况。我对孙中山是很佩服的。那是一个了不起的人，可惜他一辈子就是缺乏基本的武装力量。孙中山提出了三大政策，主张北伐，我很赞成。我就派他老子给我当代表到广东去。可惜没有直接见到孙中山。"

"北伐的时候，我这个师是国民革命军左翼军的先锋部队。到澧州，他老子当我的训练处长，这个时候，周逸群也来了。我们从澧州往北打公安。贺敦武带一个旅和北洋军打了一仗，打得很激烈，打输了。死的死，跑的跑，贺敦武也阵亡了。一支军队，如果没有很好的思想政治工作，没有扎扎实实的军事训练，单凭蛮干，迟早都要碰钉子。在澧州两三个月，周逸群抓政治，他老子抓练兵，我们的部队就大变样了。1926年年底打宜昌，卢金山的人比我们多，枪比我们好，我们一个师就把宜昌拿下来了，打得吴佩孚心惊胆战。那一仗缴的枪，每个兵多加一支都扛不完。这个时候，贺锦斋已经升了旅长，他老子是第一团的团长。"

"在河南打张作霖，那真是打硬仗啊！逍遥镇那一仗，我和俄国顾问多伦到前线指挥，亲眼看到他老子端着步枪带头冲锋杀敌，和北洋兵拼刺刀。那一仗，俘虏了几千人，几十门大炮，数不清的枪支弹药。我们发了一次大财。多伦高兴地把自己的望远镜送给他老子，亲自给他挂到脖子上。"

贺总转过头来向我笑着说："你老子的封建迷信思想还不少哩！从南昌打到广东云落的时候，你老子对我说：'云落打不得！'我问为什么，他说：'大将怕犯地名，你名字叫贺龙，号叫云卿，云落了，你就完了。'我说：'我不信神。我这条龙从天上落下来，就会钻到大海里，仍然要翻江倒海的。'"

讲到这里，贺总豪气纵横，放声大笑，引起了满座一片哈哈之声。我相信，商业街上的来往行人都会听到那爽朗的笑声。

贺总收敛了笑容，平静地说："时间是最能考验人的。有些人在生死斗争面前，害怕了，逃跑了；有些人在荣华富贵面前，叛变了，向敌人投降了。那个时候我的队伍里也有两派：革命派和投降派。斗争是满激烈的。他老子始终跟着我。他和贺锦斋的感情特别好，也很佩服周逸群年轻有为。可惜，战争使他残废了。太可惜了。那时候跟我在一起的，到今天没有剩下几个了。"

贺总又问了我一些地方上的情况，最后，他站了起来说："你到'革大'去学习吧。"他又指着李长路同志介绍说："他就是李长路同志，你们的校长。"

我起身向贺总告辞，向各位首长告辞后走向门边。贺总一只手抚着我的背送我出来，亲切地教导说："要好好学习政治，首先要多学习毛主席著作。该读哪些书，你多问问秦其谷同志，他很有点学问哩。政治这个东西是很复杂的，不要光在书本上学，要在实际斗争中去学。"

我只感到一股股暖流从我的背上涌到我的心中。

贺总带着我穿过走廊来到隔壁的办公室，几个青年军人正在围着看什么。贺总走过去和他们开了两句玩笑，又走向秦其谷同志的办公室对秦说："你给他写个到'革大'去学习的介绍信。"贺总临走时再一次嘱咐我说："要好好学习，唔！要常常给你老子写信。告诉他，我们会见面的。"

这是1950年与贺总的第一次见面。

几天以后，我刚从军区司令部大厅往外走，就见到一长串小汽车开了进来。贺总下车来了。后面还有李井泉同志和不少首长。我一见贺总就迎上前去。贺总见了我便问:"你老子有信来了吗?"

我说:"还没有,我已经写信回去了。"

贺总走了几步,忽然停住问我;"你老子有个秘书,叫张什么名字,还是你们什么亲戚,这个人现在怎么样了?"

我回答说:"叫张逵举,是我的表哥。在南昌起义前两天,你派他回汉口取炮栓。他到汉口,南昌很快起义了。长江被封锁,回不了部队,后来就单独回云南大理老家,当手工业工人,直到现在,也是靠磨大理石过日子。"

"对,有这么回事。"贺总笑了。他转过头去对身边的几位首长说,"南昌起义前两天,我到炮兵团去看看准备情况。一检查,才发现有一门炮没有炮栓。我把那个炮兵团长狠狠批评了一顿。他老子对我说,汉口办事处仓库里有炮栓,我就派这个张秘书回汉口去取来。还没有等到他回来,我们已经起义了。要是我不派他回汉口,他现在也可能跟你们差不多了。当然也可能早已打死了。'运气'这个东西,恐怕是有的。运气来了,门坊都挡不住;运气走了,牛也拉不回来。这在哲学上应该怎么解释?"

说罢,贺总和几位首长都哈哈大笑了。

过了不久,也就是在贺总要离开成都到重庆去的头几天,我去司令部看望了贺总和薛明同志。贺总又对我谈到一些往事。他说:

"你可以去找一找蔡国铭嘛,他也是你们云南人,宾川县的。长征的时候,在宾川参军的。那个时候还是个小鬼,现在是文艺处处长了。"

于是,贺总讲起了长征的故事。

"长征到云南,打得太艰苦了。屁股后面是薛岳的几个纵队,这倒没关系;他们并没有真正想和我们打,只想跟着我们进云南,把龙云吃掉。龙云的部队拼命不让我们进云南。在宣威虎头山一战,我们死了多少人哪!云南军队比中央军能打得多。几十挺机关枪打得没有停过。我们呢,一支步枪只有几发子弹,舍不得打呀,硬是拼死命冲上去,打垮了龙云的几个旅,用刺刀杀出一条血路。"

"我们原来打算经过大理的。到了红岩,侦察人员回来报告:大理城墙高大坚固,一边是大山,一边是海,像个口袋,还有两个营的地方部队守城。我们钻进去,两头一堵,这个仗就不好打了。我才决定绕道走宾川的。"

"宾川也打得艰苦。要攻城啊，没有重武器，是靠梯子，靠人踏着人的肩膀强攻上去的。那里的敌人虽然不是正规部队，是些民团，受反动宣传的毒太深了，很顽固。城攻下了，我们也死了不少人。可惜那个县长没有抓到。"

这次会见后，贺总就到重庆去了。

我在成都"革大"学习期间，曾经写信向贺总汇报自己的学习收获。

1950年8月初，马文东同志由重庆到成都川西区党委工作，贺总写了一封信，托他捎来，信中给了我亲切的鼓励和关怀。

我由川西"革大"分配到新都搞农村工作后，又向贺总写信汇报我的工作情况。不久就收到了复信。贺总又一次从书面上对我的思想上、工作上、生活上给了许多宝贵的教诲。此信原文如下：

冠群同志：

　　本月5日马文东同志带去一信谅已收到，今接来信始知你已由"革大"毕业被分配新都县委工作，甚为欣慰。今年西南各地减租运动即将开始，你得到参加这一反封建斗争工作机会，这对你是很实际的锻炼与考验。望你在这一反封建运动的革命斗争中，树立为人民服务的观点，坚强自己的阶级意识，站稳阶级立场，分清敌友我界限，遵照政府政策法令，并联系群众，向群众学习，与群众打成一片。这样才能把工作做好，也才能提高自己。所以我认为你目前暂不必回云南工作，就在四川参加工作，待减租运动完成后，将来再回云南工作也可。至于你父亲的生活问题我已告大理县政府及面告十四军李军长给予照顾，请勿念。你在工作之暇望常给你父亲写信。

　　此致

敬礼

贺龙　八月十日

与此同时，贺总托十四军李成芳军长给我父亲带去照片一张，并两次给我父亲写了信给以嘉勉和关怀。原文如下，其一：

达五吾兄：

接获手书，并承惠赐大理石物品多件，至深感谢。西南解放现已半年有余，一切建设工作正在着手进行。令郎冠群现在"革大"学习甚为努力，将来毕业后即可分配其参加国家的建设工作，成为国家的干部。我已给他写信，鼓励其努力学习，请勿远念。吾兄年高七十，犹能勤苦劳作，实堪嘉勉。我已函大理县政府对兄之生活困难酌情照顾。吾兄寄毛主席朱总司令致敬函遇便即当转寄北京，兹附上弟照片壹张，敬请查收惠存。专此即颂

夏安

贺龙（章）八月五日

其二：

达五吾兄：

接奉八月廿二日手书，又蒙惠赐印章壹对，敬领之余，特别感谢。吾兄生活艰难，我甚了解，故上次接兄来函后，当即给大理县政府去信，请其对你的生活问题给以优待与照顾。倘大理县政府对此尚未办理，我当再函催促，你亦可向县政府直接询问一下，俾获早日解决你一些困难。对于冠群，自由学校毕业后即由川西区党委派赴新都县深入农村参加实际工作。目前农村中正在开展秋征减租清匪反霸运动。这对于冠群是一个很好的学习和锻炼机会。所以我的意见还是要他在川西做完这运动之后，我当负责将他调回云南工作，望勿怀念，专复。

并颂

健康！

贺龙 九、廿七

十四军李军长、大理县杨县长都亲自到我家中对父亲进行慰问。中央但凡有老同志到云南大理，贺总总是要他们去看看我的父亲。遗憾的是，我的父亲双腿已经残废，并且年事已高，无法外出，也没有能够活到与贺总见面，便在1952年一病不起，与世长辞了。

我的母亲享受着党和政府的优抚待遇，贺总也常托人到我家去慰问她。她本来是可以安度晚年的。可是，1969年，也就是贺总含冤去世的时候，林彪指使他在大理的爪牙专门对我家进行了一次轰动大理的查抄。他们上及屋顶、下及地，翻箱倒柜，片纸不留，把所有的笔记、信函、历史照片、革命纪念品等，全部抄走。我的大哥刘盛群被隔离审查、批斗、毒打达3个月。我母亲精神上受到严重摧残，又被停发了优抚费，生活无着，忧郁成疾，悲愤离开了人间。

直到贺总冤案平反，我们一家也才重见天日。

我的父亲1920年认识贺总，1923年追随贺总到1928年因伤成残离开贺总，前后共9个年头。对贺总这一阶段的革命事迹念念不忘，经常向亲友讲述。我自幼随侍父亲，每讲必在。全国解放以后，父亲又把革命经历写成笔记。我在20世纪50年代就很想把父亲的口述和笔记整理出来，但是直到1963年回云南大理探亲才有条件进行这项工作。当时，我的表兄张逵举和大哥刘盛群都还健在。他俩有5年时间（1923年至1927年）在贺总身边。在他们的帮助下，我把父亲的回忆录整理出来，题名为"从北伐到南昌起义"，我不敢擅自向报刊投寄，便直接寄给贺总。

贺总关心革命、关心人民、关心下一代，可他自己总是那么谦逊。他接到我的稿件后，马上给我复了信。信中除勉励我认真学习毛主席著作外，贺总说"不要宣传我"。那份资料他已转有关单位作为参考。

在那史无前例的十年浩劫中，我对个人苦难只是漠然置之。但是，每当听到林、江反革命集团对贺总的那些无耻的造谣、诬蔑和攻击时，禁不住痛彻心肝，怒火如焚。历史竟被林贼江妖丧心病狂地任意颠倒了！

1977年，我在给四川省委杜心源书记的一封信中曾经提到："我是一个渺小的人，如果能够为贺总洗掉一点林彪、'四人帮'泼到他身上的污水，也就不负党的教育和贺总的开导与关怀了。"在贺总去世12年之际，我终于能够了此夙愿，整理出了父亲关于贺总的回忆录。

（刘冠群）

"贺龙同志成为无产阶级革命家，不是偶然的"

我和贺龙同志最初相识是在1926年。50多年过去了，每当我忆及当时的情景，仍然历历在目。贺龙同志的音容笑貌永远深深地铭刻在我的心上。

1926年北伐时期，国民革命军第八军教导师师长周斓率领所部驻在湘西，警戒北伐大军的左后方。当时我在教导师的政治部工作，部队驻在湘西重镇常德。常德地处川、黔要道，是防备贵州、四川军阀和湘西土匪扰乱的军事重地。这时我已听到了一些有关贺龙同志的传说，深为这位"一把菜刀起家"的英雄好汉所激励。从常德到桑植这一带，实际上也正是贺龙同志当时活动的地区。贺龙同志及他领导下的队伍对北伐是什么态度呢？我们一时还不清楚。只知道这支农民起义大军，在贺龙领导下，造了反，打击了封建地主阶级的统治势力，部队的给养是向财主派粮派款，限期缴出，但却从不侵犯老百姓的利益。起义军大都是贫苦农民，严冬时节，还多数衣不蔽体，但宁愿忍受饥寒，也不扰乱百姓，纪律严明，秋毫无犯。湘西的老百姓称陈渠珍为土匪，却都称贺龙所领导的队伍为义军。

正是在这个时候，教导师得知贺龙同志打算率部进驻常德。国民革命军第八军军长唐生智命令我教导师让出常德，移驻沅江南岸的德山，把常德让给贺龙所部。同时派我去见贺龙同志，了解他对北伐的态度。领受这一任务之后，我私下里既兴奋又嘀咕。兴奋的是可以看看这个威震湘西的人物，嘀咕的是对任务感到没有多大的把握，因为当时曾有人说，贺龙对做政治工作的干部很轻视，此去恐怕是碰硬钉子，甚至可能是凶多吉少。

没几天，贺龙同志打着澧州镇守使的旗号，率领大军来到常德，司令部就设在常德府坪——旧常德府台衙门所在地。得知贺龙同志到了常德，第二天，我便去见他。

当副官把我接到府院右边大客厅里以后,我见到房间陈设虽阔绰但也简朴。阔绰的是原府台衙门的家具陈设,但此外就很少有东西了。炕床的茶几上摆着抽鸦片烟的烟盘、烟具。两边各一根烟枪。贺龙抽鸦片烟?我独自思忖时,贺龙同志进屋来了。

完全出我所料,贺龙同志竟是一位30岁左右的温雅、英俊的青年。而我原来以为这位名震湘西的传奇人物,一定是位高大粗野的猛汉。只见他身穿一件蓝色绸袍,外罩黑缎子坎肩,一根粗大的金表链子从胸前的第二个扣眼挂到左胸前小口袋上,这是当时很时髦的装束。他见到我,热情地招手让我往炕上坐,也就是让我抽鸦片,还颇为风趣地叫了我一声"李同志"。我坐下来,扫视了一下烟具,贺龙同志眼光很敏锐,这个细小的动作当即被他看到了。他说:

"人家以为像我这样的人必定抽鸦片烟,可是我连纸烟也不抽。来,这是专门待客的。"我表示也不抽。

我坐着,他和我谈着话,却不坐下来,而是把一只手插在腰间的长袍里头,另一只手做着手势,在客厅的中间来回走着,边走边比画边说。袍子有时轻轻向后摆动露出青绸裤子,脚上着一双不算新的皮鞋,风度十分潇洒。在我回忆中,整个谈话时间,他一直没有坐下来,开头我感到坐立不安,随着他那真切的表白,我才不再局促,安心地听着他谈话。

"李同志,我现在是澧州镇守使,以前我是一把菜刀起家的。但是,我不是为了抢东西,而是为穷人打不平。我专干劫富济贫的事,所以穷人附和我,一下子聚了这么多人,搞到这么多支枪。但是,现在军阀们各据一方,眼下我的力量有限,只得霸占湘西几个县。"

"我这个澧州镇守使的头衔是自封的,并没有人给我什么委任状;要说有,那就是老百姓拥护我。我不受任何人约束,我是自由自在的,就是专为老百姓办事。"

他依旧在屋子里来回走着,又说:

"听说北伐战争是打土豪劣绅,打军阀,打外国强盗的,是谋求中国统一的。这正合我的心意。所以,我的部队参加了北伐革命的战争。我以前的想法太狭隘了,以为劫富济贫就等于革命。现在已经懂得,要想大家富裕,不容许少数人发财,必须依靠大家的力量,只依靠个人或少数人的力量是做不到的。我的理想是让大家富裕。"

我听了贺龙同志的剖白，心中的敬意油然而生，忙点头称是。贺龙同志又说：

"李同志，你认为我说得对不对呢？如果说得不对，就请你指出来。"

我为能与这样一位襟怀坦白、待人以诚、具有卓见而又勇敢非凡的人物相识，感到痛快。对他如此鲜明地表示拥护北伐，我更感到高兴。

目的已经达到，我决定告辞。贺龙同志要留我吃中饭，我感激地谢绝了。在临别之时，贺龙同志对我说：

"你是否到我的部队去看看呢？"我表示赞成。他即说，"我下个手令，叫人带你去。"随后，他接着说：

"我是一个不识字的人，出身贫苦，没有上过学，只会写个名字。我对部下下命令，都是'手令'，就是在副官的手上写上'贺龙'二字，口授命令，叫副官照传，部下无不心领神会，坚决服从。现在，我可以叫个副官来，叫他带你顺道看看我的部队。"一会儿，副官来了，果然，贺龙同志用笔在副官左手掌上写了"贺龙"二字，然后这副官和我一块辞出。

我随同副官进了他的部队驻地，见副官把写有"贺龙"二字的左手张开，高高地举着，向部队干部传达着贺龙同志的口头命令。我见部队果然是秩序井然，纪律严明。

在返回的路上，我思忖着：贺龙同志为什么会具有这种卓越见解和自觉为革命而献身的精神呢？我认为这是由于贺龙同志来自受压迫受剥削的劳苦大众，又决心一切为了劳苦大众的缘故，从这个角度上说，贺龙同志成为无产阶级革命家，不是偶然的。

返回部队，我立即向师长作了汇报。后来，听说国民政府很快便命令前敌总指挥部政治部派周逸群同志带个宣传队到常德，担任贺龙部队的政治工作，贺部也改成独立第十五师。虽然周逸群同志当时尚未公开共产党员的身份，但贺龙同志在与周逸群同志相处一个时期后，逐步接受了党的教育和影响，并走上了革命的道路，后来成为无产阶级革命家。

（李奇中）

"我们都希望你再活二十年"
——贺龙和周素园

1936年元月底，刚过完春节，毕节山城就风传红军要来了。城里的地主、老财们都纷纷携眷逃亡乡下。当时，我父亲周素园参加辛亥革命失败后，赋闲在毕节家乡，闭门读书。他在家乡购置有少量土地，过着不劳而食的剥削生活，但他为人正直，不与反动政府勾搭，在地方上有一定威信。风传红军要来时，有的亲友劝他下乡，他未理睬。红军到毕节的前一天，伪专员莫雄逃离前害怕席大明的队伍，就约地方上的乡绅（我们的一位本家）一同来劝父亲和他一起走。父亲明知来意，只是不露声色，巧妙地安排请他打牌，不让他有开口的机会。后来，那位家门悄悄地对父亲说明来意，父亲说："我不走！"就这样，他留下等待红军的到来。

第二天，红军进城后，即开始没收地主的资财。我家是地主，当夜9时左右，红军指战员到来，抄了家，没收了东西，并把父亲带走，说他是地主。他镇定地回答："我剥削农民，是有罪的。但我这个地主和别的地主不同，我是拥护红军、拥护革命的。"又问他，为什么拥护红军？他说："你们把我看的书、写的东西翻一下，就了解了。"一个连指导员就把我家的书（古书除外）和父亲的笔记带到政治部去。第三天，开群众大会，群众都说我父亲是好人，都出面保他。当时，有些进步的中学教师和学生联名向红军说明我父亲在地方上的为人，说他清廉正直，不干坏事。经过多方的调查，红军对我父亲的情况有了进一步的了解，觉得他的确是反蒋的，倾向革命的，便让他回家，退回没收的财物。当时，王震同志还对他开玩笑说："周老先生，你是关起门来在家里闹革命！"（意指他闭门学习马列主义）接着，在贺老总、王震、萧克、夏曦等领导同志的关怀帮助下，我父亲积极参加抗日救国会的工作，组织"贵州人民抗日军"（抗日军的总部就设在我们家里）。后来，王震同志传达贺老总的指示，叫他任抗日军的司令员。这时，父亲已年近60，身体也不好，但是他的革命热情很高。红军在毕节期间,贺龙等同志经常教育他、鼓励他,使他焕发了革命青春,日日夜夜为革命奔走。

不久,红军要战略转移。3月1日凌晨3时左右出发,我父亲毅然离家跟随红军长征北上。一路上,贺老总、任弼时、王震、萧克等同志很关心他,照顾他,战士们用滑竿抬着他。从毕节出发后,有的人吃不了苦,悄悄逃跑回来。父亲虽然年老体弱,但他的意志非常坚决。到云南时,部队日夜作战行军,生活非常艰苦,贺老总指示要邓止戈同志征求我父亲意见,说考虑到他的健康条件和嗜好(抽烟),如不能随军,组织上可以给他一些黄金和现款,送他到香港暂作寓公,并继续为党做些统战工作。我父亲听了后,激动地说:"我在中国的黑暗社会里摸索了将近60年,到处碰壁,现在参加了红军,才找到光明。请你告诉诸位首长,我周素园就是死,也要死在红军里!"贺老总听了,霍地站起,并在大腿上猛击一掌,大声地说:"好啊!我就欣赏这样的人!就是拿18个人抬,也要把他抬走。"就这样,在长途跋涉中,贺老总在生活上无微不至地照顾他,有时还亲自背他过河;有好吃的,任、贺、王、萧几位首长,总是先照顾他。由于领导的关怀照顾,像我父亲这样病弱而年已60的老人,终于跟随红军爬雪山、过草地,历尽艰难险阻,行军10个月,于1936年12月2日到达陕北。

我父亲历史上为党做了一些工作,更重要的是贺老总坚决执行党的抗日民族统一战线政策,才使我父亲这样一个参加过旧民主主义革命、对当时社会不满而又无能为力的旧知识分子找到了光明大道,开始了新生,为中国革命贡献自己的力量。通过他,去联络各阶层人士,在中国共产党的领导下,团结一致,共同抗日。例如,西安事变过程中,我父亲遵照毛主席的指示,写信给何应钦、王伯群、吴忠信、张学良、朱绍良等;1937年,合作谈判停顿时,又写信给张道藩、张继、冯自由、吴忠信、冯玉祥等。抗日战争爆发后,毛主席、朱总司令委任我父亲为八路军高级参议,带着主席的亲笔信件,访问国民党的西南当局,要求释放政治犯,并宣传共产党团结抗日的主张,扩大政治影响。11月他到重庆,贺国光拒绝晤见。到成都,代理省主席邓汉祥允汇法币4万元补助陕北公学经费。四川省动员委员会的张澜、胡景伊乐意把彭德怀同志论游击战的小册子大量翻印,送给群众阅读。1938年1月,龙云两次来电约我父亲去昆明。他在昆明一共逗留了80天，介绍了朱家壁等一些青年去延安学习，又募集了创伤特效药云南白药20000盒，由航空邮寄西安，转运前方应急。后来，他被警告离开昆明。回贵州后，在国民党反动派的严密监视下，在毕节老家艰苦地度过了11年，直到解放。

新中国成立后，贺老总一直很关心我父亲，在政治上开导他，在生活方面照顾他。1950年6月底至7月初，我父亲到重庆参加西南军政委员会会议时，曾去贺老总住处拜望，彼此都非常高兴，谈了足足两个钟头。贺老总很关心地对他说："你是死不得的，我们都希望你再活20年，享受享受，以清偿长征时的辛苦。"又谆谆嘱咐同去的人照料好我父亲的生活。我父亲非常感动。1951年10月，我父亲在北京参加全国政协会议。当时，贺老总也出差在北京，我父亲听到这个消息后，特地去看他。贺老总嘱我父亲不要因为开会，把身体弄垮了。1952年12月，我父亲因病，身体衰弱，拟辞去贵州省人民政府副主席的职务，贺老总刚好来贵阳，听见后找他谈话，使他解除顾虑，坚持岗位，为革命继续工作。

贺老总到北京任副总理后，还和我父亲通信。

1958年2月1日父亲病逝，贺副总理得悉，即于2月2日打来唁电："惊悉周素园副省长逝世，殊感哀悼，特电吊唁。"

我父亲生前得到贺老总恳切的教导和帮助，死后又得到如此关怀。作为他的儿女，也分享到了这份温暖啊！

（周平一）

"我等着看你们的戏啊"

贺龙同志是我的老首长。在他的领导下，我度过了整个最艰苦也是最难忘的抗日战争岁月；在他的领导下，使我在战火的锻炼中成长起来。

一

我第一次见到贺龙同志是在 1937 年年底。那时，我和"上海救亡演剧队第一队"到山西前线，为八路军的领导机关和战斗部队演出。正好"西北战地服务团"也在那里。"西战团"的负责人丁玲同志告诉我们：八路军的许多高级将领正好参加完"洛阳会议"，聚集在"前总"（八路军前方总部的简称），他们都会看我们演出的节目。她还说："你们应该借此机会见见贺龙同志，他是一位传奇式的英雄人物，还是一个美男子呢！"

正当我们盼望见到贺龙同志的时候，在一个傍晚，他却先到我们的住处来看我们了。他给我的第一个印象是：仪表堂堂、声音洪亮，具有非凡的魅力。这大概是丁玲同志把他说成"美男子"的原因。他进屋以后就一跃上炕，和我们围着炕桌交谈起来。他逐一问了我们的姓名，谈了谈对我们演出的意见，对我说："看了你们的《黄浦月》，你演的那个'水鬼'不错，不错。"紧接着又说："我们的部队非常需要文化娱乐，热烈欢迎你们到一二〇师去！"我们有一个同志问到一二〇师的情形，他简单地为我们介绍了这支部队，从"红二方面军"经过长征到达陕北，后改编为现在的番号，开赴抗日前线的历史。说着从随身携带的图囊里取出了一张地图，铺在桌上，指点着给我们介绍一二〇师在前线作战的情况。刘白羽同志乘机提出请他讲讲"两把菜刀的故事"。他爽朗地哈哈大笑，然后就给我们讲了那个脍炙人口的传奇故事。他讲得绘声绘色，我们听得津津有味，竟忘记了时间的流逝，直到天已黑了下来，他才向我们告别。临到门口又回身叮咛说："欢迎你们到我们一二〇师来！"

我们和他虽是第一次见面，他又是一位八路军的高级将领，但是由于他那平易近人、热情亲切的态度，使我们感到一见如故，毫无拘束。可是听说在"洛阳会议"上参加蒋介石的"个别接见"时，他的态度却是非常严峻。蒋介石问他为什么发动南昌起义，他干净利落地回答了 4 个字："政见不合。"对方为了缓和空气，问起他家里人的情况，他的回答是："都被你们杀光了！"贺龙同志的立场何等坚定，态度又何等鲜明！

不久，我们到了延安，又见到了贺龙同志。那一次是在延安的"机关合作社"，一些从前方回延安开会的高级干部看了我们的演出后，请我们到那个延安唯一的"高级饭馆"吃饭。记得参加的人除了贺龙同志以外，还有邓小平、罗瑞卿、杨尚昆等同志，他们谈笑风生、轻松幽默，当着我们互相称呼绰号。我们深受他们那种亲密无间的战友情谊的感染，使我们在他们面前自由自在、无拘无束，犹如在自己家里和自己的父兄相处一样。在吃饭的时候，贺龙同志又一次提出，欢迎我们到一二〇师去工作。

"上海救亡演剧队第一队"在延安演出了一个月以后，队员们有的进"抗大"学习，有的到"鲁艺"去任教，我则到了"边区文协"，但是却一心想着上前线。正好，总政治部委托刘白羽同志组织一个部队文艺工作组到华北敌后去，我就参加了。这个组的成员还有汪洋、金肇野和山林3位同志，我们途经晋西北时，又在岚县第3次见到贺龙同志。他曾提出要我就此留下，但是那时我除了作为文工组的成员外，还另有一项工作，就是为同行的美国友人埃文斯·卡尔逊担任翻译，结果只能让山林同志留下来，我们继续前进。

这年秋天，我从华北敌后回到延安进"抗大"当了学员，目的是想毕业后到前线部队去搞军政工作，不再从事文艺了。不料学习了一个半月就被罗瑞卿同志下命令调到新成立的"抗大总校文工团"了。

我自幼患有疝气病，一直没有得到根治，由于长期劳累和连续行军的关系，病情发展得比较厉害。当时"抗大"的卫生处没有这种条件，罗瑞卿同志当即写信给一二〇师参谋长周士第同志，请一二〇师卫生部代动手术。我拿着介绍信到一二〇师司令部，在那里又一次见到了贺龙同志。他亲切地问了我的病情，随即要周士第同志安排我住到卫生部的干部所。在那里还没有来得及治疗，敌人的冬季"扫荡"又开始了。干部所奉命随领导机关一同转移到外线。为了行动方便，将重伤病员分散"坚壁"在附近一条偏僻山沟的3个小村子里。我没有受伤，还可以行动，但是也被列入重伤病员中了。我和腿部受伤的董教导员，还有一个姓赵的保卫部的干部，一同被"坚壁"在沟底一个只有两户老百姓的村子里。沟口的村子较大，住的伤病员稍多。一天清晨，敌人追到沟底来了，我们事先已有准备，便和老乡们一起上山打了3天游击。敌人扑了空，又不断受到我转到外线部队的袭击，不敢久留，将房子点起一把火就撤走了。我们帮老乡们扑灭了火，休息了两天，就去找干部所，从干部所打听到师领导机关的驻地，接着又向那里进发。在途中，"抗大文工团"正好迎面而来。同志们见到了我，又惊又喜地说："听说你已经牺牲了，我们正准备给你开追悼会呢。"原来当敌人闯进"坚壁"我们的那条山沟的时候，有一个住在沟口村里的伤病员夺路而出，找到部队后说："其余的伤病员可能全完了。"关于我可能牺牲的消息传出后，贺龙同志向罗瑞卿同志提出："就把欧阳山尊调给我们吧，我们一定负责打听他的下落，就是死了，也算我们的人。"他随即下令派专人牵一匹骡子，带一件皮大衣出发找我。他说："天气冷，他有病，不要冻坏了。"这种入微的体贴，不只是对我个人的关切照顾，而是体现了党对于知识分子的政策。

我到了一二〇师，被分配到贺龙同志的"战斗剧社"工作。到了剧社的第二天，一二〇师就奉中央的命令赶赴晋西北，对付阎锡山发动的"晋西事变"。在行军途中，我穿了贺龙同志送的那件皮大衣，身心都感到温暖。他送的那匹骡子我没有骑，让给女同志和病号们了。这次过同蒲路"封锁线"，不像1938年"文艺工作组"那次由少数武装保护的行军，也不像1939年"五纵队"那次由小部队掩护的通过，而是浩浩荡荡的大军转移。在贺龙同志的指挥下，对整个部队作了周密的部署，甩开大步过了同蒲路之后，就宿营在铁路附近的村子里。大概敌人慑于贺龙和一二〇师的威名，没有敢出来找麻烦，让我们睡了个安稳觉。

二

到"战斗剧社"工作以后，和贺龙同志接触的机会就比较多了。剧社的演出，贺龙同志差不多都看。他总是坐在露天场子的第一排，聚精会神地看得津津有味。有时还情不自禁地和台上演员对起话来。我们经常到司令部去向他请示工作，见到他时，他总要留我们吃饭，吩咐伙房："多做点菜，多放点肉，让这些'饿死鬼'吃饱。"晋西北根据地物质条件较差，尤其在1940年，粮食供应非常困难，大家经常吃黑豆，小米成了稀见之物；加之当时国民党顽固派对我们封锁，食盐也很缺乏，我们只能刮土熬硝盐吃。由于营养不良，我和一些同志都患了"夜盲症"，而这时我的疝气病又发展得很厉害。贺龙同志了解到这种情况后，就批准我马上到师卫生部去进行手术。我因感冒发热，说起了胡话。贺龙同志得知后，又批准给我一针"消治龙"。从现在看，"消治龙"只是一种极为普通的消炎药，可是在那个用盐水消毒、用木匠锯子截肢的日子里，一针"消治龙"是多么宝贵啊！说也奇怪，打了这一针后，我很快就退了烧，伤口也愈合得很好。

就在这一年的"八一"，全军进行了一次大会演，各旅的剧社都到师司令部所在地演出。会演期间，贺龙同志亲自为参加演出的部队文艺工作者作报告，给大家讲述了南昌起义的经过和意义，讲述了红军时代文艺工作的光荣传统，明确指出，"当前的部队文艺工作应是面向连队，面向战士和面向敌占区。"不久，他又和我们剧社的领导干部说："我认为你们的戏应该送到敌占区去，为那里的老百姓演。现在抗战已进入了相持阶段，敌人搞'三光政策'和'强化治安'，部队和老百姓都很困难，尤其是敌占区的老百姓。你们要去给他们宣传抗战必胜的道理，巩固他们对最后胜利的信心；并且还可以从他们那里搜集材料，写出作品。现在给你们个任务：组织一个'游击剧团'，带着武器和化妆品，到敌占区去进行武装宣传。"我们听了他这席话都非常激动，争着"请战"，要求担负这项任务。结果决定由我担任这个"游击剧团"的团长，刘伍任支部书记，其他成员有石丁、肖明、肖孟、高子良、贺飞、王述文、路均一、佳雨和薛海迎等，连我们两个共11人。贺龙同志指示发给我们每人一支军区兵工厂制造的"46式马步枪"、30发子弹和3颗手榴弹。此外还给每人发了一床新的夹被，晚上盖，演节目时就当幕布用。为了保证我们的安全，贺龙同志请周士第参谋长在"师直"特务营中挑选出7个精干的侦察员配合我们工作。他们来剧社报到的时候，对成荫指导员说："贺司令员派我们和'游击剧团'到敌占区去工作，碰上敌人，发生战斗，要死我们先死！"很明显，这是贺龙同志给他们下达的命令。

出发之前，贺龙同志曾把我找去谈了两次话。第一次是在仔细地询问了我们的装备和出发前的准备情况后，向我说："你们这次是到八分区去，我们在那里的部队是'决死队'和'工卫旅'，他们都是'新军'。你们是代表'老八路'去的，凡事不要忘了自己是'老八路'，要起模范作用啊！你们这次虽然没有作战的任务，但是如果遇到敌人把你们包围起来，为了突围，你们就要勇敢地跟敌人拼，不能当孬种。只要不死，受了伤我们有最好的手术医院给你们治疗。"第二次谈话可以说是第一次的继续。大概贺龙感到第一次的谈话言犹未尽，还有些不放心，所以再次把我找去，向我指示："……行军再累，到了宿营地，别人都休息你也不能休息。你应该观察地形，布置警戒，找到制高点。你们十几个人应该预先分好小组，分成三四个人一组，指定负责人，做到可合可分，一旦发生情况就分散行动。集合地点一个不够，要有两个、甚至三个，规定好了告诉大家……"他像一位慈祥的长辈，在子侄离家出门的时候，不厌其详地一再叮咛嘱咐。从他的两次谈话中，我除了受到一次军事教育外，也体会到老一辈革命家对于青年知识分子的关怀和培养。他对我们这些文艺工作者不是溺爱，而是让我们到斗争最尖锐的地方去闯、去生活、去工作、去学习、去锻炼。我们"游击剧团"的同志们没有辜负他的期望，完成了他给予的任务。

1942年春，贺龙同志赴延安主持西北部队的高干会议和筹组"陕甘宁晋绥五省联防军"的领导机关，他让"战斗剧社"到延安去学习和汇报演出。剧社在绥德停下来慰问王震同志领导的三五九旅部队。我先到延安，参加了"延安文艺座谈会"这个有历史意义的会议。毛泽东同志在这次座谈会上作了重要讲话，明确了党的文艺工作在那一历史时期的方针、任务，并结合当时的具体情况，解决了许多带根本性的问题。座谈会结束不久，贺龙同志和中共晋西北区党委书记林枫同志决定，成立"鲁迅艺术学院晋西北分院"，并要我负责筹备。我离延安返晋西北之前，贺龙同志特别叮嘱我：路过绥德时，一定要认真地给剧社传达毛泽东同志在座谈会上的讲话。我按照他的指示做了。这个经典性的讲话就成了剧社到延安汇报演出和以后工作的指导思想。

我在晋西北建立"鲁艺分院"的筹备工作就绪后，于这年秋天又到了延安，任务是为"分院"请教员。这时，剧社正在延安为当地的部队、机关、学校和群众演出，毛泽东同志和许多中央负责同志也都看了我们的戏。贺龙同志得知后，就把我和副社长朱丹、指导员成荫找去，要我们给毛泽东同志写信，请求指示和批评。毛泽东同志接信后，很快就亲笔给我们写了回信，复信的全文是："欧阳山尊、朱丹、成荫同志：你们的信收到了，感谢你们！你们的剧我认为是好的，延安和边区正需要这反映敌后斗争生活的戏剧，希望多演一些这类的戏。敬礼！毛泽东 十一月二十三日。"这封信给了我们很大的鼓舞，并为我们指出了今后努力的方向。

1943年3月间，我带着为"分院"请来的教员，准备回晋西北。在动身前，我向"五省联防军"政治部副主任甘泗淇同志告别。没有想到他说："贺司令员决定把你留在延安，你就不走了。"这个决定对我来说虽然有些突然，但是在战争的年代里，由于情况的变化和工作的需要，这种突然的工作调动，对我已经习惯了。从那时起，我就离开了"战斗剧社"，参加了"联防军政治部宣传队"的工作。

三

从抗日战争胜利到全国解放这段时间中，我一直没有见到贺龙同志。他先是在西北指挥作战，后来率领大军解放西南。这期间，我却在东北战场从事"敌工"和"军工"工作。全国解放后，贺龙同志来北京在中央工作，我也到北京重返文艺岗位。在庆祝建国10周年的一次宴会上，非常高兴地见到了他。这是抗战胜利后第一次见到，他问我："你什么时候来北京的？"我回答："我一向在北京。"他说："为什么不来看我？"这一问，使我无言以对。也许是由于我的性格的关系，历年来，对于许多领导过我的老首长、老上级，如果没有工作上的联系，我都疏于拜访，其实我的心里对他们都充满着深厚的感情，尤其是对于在他的领导下度过抗战的艰苦岁月的贺龙同志，所以当他提出为什么不去看他时，引起了我一种负疚的心情。

1965年，贺龙同志率领中央代表团赴新疆庆祝维吾尔自治区成立10周年纪念，在他的领导下，我和"北京人民艺术剧院"也去参加祝贺的演出活动。在自治区举行的盛大招待会上，在全体热烈的掌声中，贺龙同志由王恩茂、赛福鼎等领导同志陪同，走进灯光辉煌的大厅。当他从我身边走过时，忽然停下和我攀谈起来，他问"北京人艺"来了多少人？演些什么节目？并亲切地说："我等着看你们的戏啊！"没有料到，这竟是我见到他的最后一面和听到他最后的说话！

第一次见到贺龙同志的时候，我是23岁的青年，最后一次见到他的时候，我是51岁的中年人，现在我已是年逾古稀的老翁了。但是他对我们说的话还在耳边回响，这些话鼓励着我用全身心为人民、为社会主义祖国进行艺术创作，鼓舞着我不断前进，也只有这样做，才不辜负贺龙同志的教诲和培养。

（欧阳山尊）

"过去你们演的戏我反对过，现在演的就对头了"

在战争年代里，我曾在贺龙同志手下工作过，解放后我也多次见到他，贺龙同志在我的记忆中有着不可磨灭的印象。他的音容笑貌，许多感人的情景至今还清晰地映现在眼前。

一、到贺龙部队去当兵

1938年11月间，我在延安鲁迅艺术学院戏剧系学习告一段落。当时正值党在六届六中全会上做出了关于扩大敌后抗日根据地的决定，因此延安有很多干部要到前方去。我们学院的同期同学，也响应党的号召，大部分要求到八路军和新四军中去从事文艺工作。那时，同学们要求奔赴抗日前线的心情非常迫切，当大家唱着《毕业歌》的最后两句"别了，别了同学们：我们再见在前线！"时每一个人的心情就更加激动。可是，我们将分配到哪个部队去呢？这不免使大家又猜测议论起来。我们等啊，盼啊，学院终于通知了我和其他各系的20几位同学，以及作家沙汀、诗人何其芳同志等到贺龙同志率领的一二○师去。

对于贺龙这个名字，记得我最早是从国民党的报纸上知道的，那时，反动派通过连篇累牍的报道，使用各种污蔑的字眼对他进行攻击和诽谤。但当时的广大人民群众却有自己的看法。因为蒋介石所推行的"攘外必先安内"的反动政策，葬送了东北，出卖了华北，陷中华民族濒于毁灭的境地。爱国的人民自然地把希望寄托于共产党和红军身上。特别是"西安事变"以后，党的影响扩大，全民要求停止内战、一致抗日的呼声越来越高，而国民党反动派的报纸就越发抹杀事实真相，进行反革命的鼓噪。在这种情况下，贺龙的名字出现得越多，就越会加深群众的印象、受到人民的景仰。

贺龙这个名字本来就很响亮，很有气势。我曾把他看成救世济民的侠客义士，不止一次地盼望着一瞻他的风采。参加革命后，在延安经常见到毛主席、朱总司令以及中央的其他领导同志。但因贺龙同志在前路指挥作战，我一直未能见到他，所以，"久闻其名，不见其人"的渴望心情，就更强烈。

我第一次见到贺龙同志，是在延安的一次晚会上。那时，我们正在演出，别人忽然告诉我："贺龙同志来了！"这使我惊喜非常，便抑制不住地拉开幕布缝，悄悄向台下望去。果然，他是那样气宇轩昂，体态魁梧，浓眉短须，两只炯炯发光的眼睛，闪耀着坚强豪放的性格。特别是当演出引起观众的反应时，他那爽朗的笑声显得格外洪亮突出。啊！他不是什么侠客义士，而是在毛主席领导下为了无产阶级革命事业，率领着工农红军南征北战的一位出色的军事指挥家。

告别延安那天，我们是坐一辆卡车出发的。贺龙同志带着随行人员，比我们早动身。当我们傍晚到达了第一个休息点——永新兵站时，我们见到了这位性情豪迈、和蔼可亲的师长。他紧握大家的手，说："同志们！咱们的车还在路上，日本鬼子竟然用飞机轰炸了延安！"他的语调是那样气愤，两眼迸发着怒火。接着，贺龙同志和我们一起吃了晚饭，饭后又把我们邀请到他的窑洞，详细询问了每一个人的姓名、籍贯，还讲了他家乡湖南桑植县的一些情况。开始，我们还显得十分拘束，但一经交谈，他那平易、亲切、豪爽的作风，就使我们的紧张心情一扫而光了。

在这么一位赫赫有名的老红军将领面前，我们感受最强烈的，就是同志间的亲切关系，大家心里都是热乎乎的。我们每到一站，晚饭后总很自然地围在贺龙同志身边，听他讲述革命故事，介绍南昌起义的经过。他对我们说，在参加起义的过程中，他还不是共产党员，由于看到蒋介石很坏，是个反革命，靠国民党中国是没有出路的。所以便到处寻找共产党，谁知在自己的身边就有共产党员，这怎能不使人高兴呢！那时，党派人来做他的工作。他听到了革命的道理，就豁然开朗，毅然地参加了这次震撼中外的南昌起义。而他这个国民革命军二十军军长，把一个军的兵力全部交给了党指挥。我们知道，在旧社会，谁要是掌握了部队，谁就有了飞黄腾达的本钱。兵越多，本钱越大，地位也就越高。可是，贺龙同志为了追求真理，为了走革命道路，决心抛弃个人的一切，献身于无产阶级革命事业，这更加使我肃然起敬。另外，他还讲到他在潮汕地区失败以后，自己暂避香港的情况；又讲到他辗转抵达上海，接受党中央的指示，带了几个人回到他的家乡，重新组织武装，开辟革命根据地，迎接了革命高潮。这更说明他始终不屈不挠，永不后退的大无畏精神。贺龙同志就是这样用他的亲身经历，教育着我们这些无知的青年，要我们热爱党，忠于党，跟着毛主席闹革命。

当时，我们这些小资产阶级知识分子，确实还很幼稚，也不懂怎样去爱护首长。大家行军一天，贺龙同志已很劳累了，可是我们依然一吃过晚饭总是跑到贺龙同志前面说东问西，毫不顾忌。到了米脂县时，同行的余秋里同志实在看不过去了，悄悄告诉我们，要我们应该爱护首长，说师长行军一天，还有很多的军机要务要办，不能总缠住他不放。我们这才感到老同志对首长关怀，而我们却过于放肆了。从米脂县出发，我们都换上了骡马，但大家都没骑过马，单是为了把行李捆上马背，就费了好大力气。这一支新的骑兵队伍，一路上摔的摔，跌的跌，稀稀拉拉全给拖得不像样子。当我们最后一个人到达黄河边的葭县时，已经是伸手不见五指的深夜了。贺龙同志看到我们这副狼狈相后，不禁哈哈大笑起来，说骑马也得好好地锻炼。等到晚饭后，他依然把我们叫到他的房里，给我们讲革命故事，谈骑马技术。第二天过了黄河，他又特意叫了一个警卫员，骑上一匹缴获日寇的大洋马，在河边上纵横奔驰，飞身腾跃。他对我们说："骑马一是得掌握要领，更重要的是要有制服劣马的勇敢精神。"

经过一个多星期的艰苦行程，我们终于到达了师部所在地晋西北岚县。那时我和另外两个同学被分配到师政治部战斗剧社当教员。

贺龙同志对战斗剧社确实是关怀备至的，政治上、工作上和生活上的许多问题他都要亲自过问，亲自帮助解决。剧社有些问题请示师政委关向应同志或政治部主任甘泗淇同志，有时他们也要我们去找贺师长解决。

贺龙同志对我们每一个人都很熟悉，就连每个红小鬼的绰号都能叫得出来。他常常到各个班去，了解我们的一切。我们同他也就更熟了，一见到他，就喊"老总"，真是跟着他越久越亲。特别是我们剧社，不仅演出，还要到部队去从事战勤工作和政治工作，甚至还要做统战工作。贺龙同志为了使我们在这些方面发挥更大的作用，就更重视剧社的活动。

二、到冀中去

这年 12 月，贺龙同志按照党中央的决定，率领主力部队离开晋西北，前往冀中平原。从晋西北到冀中要经过两道敌人封锁线，我们是从晋北忻县和原平之间通过同蒲路的。过封锁线之前，领导动员大家，准备一夜要走 140 里路。过封锁线时如遇到战斗，机关人员若有失散，就直向东走。带队的同志告诉了我们集合地点，并再次鼓励大家，牺牲是为革命，要是有人负伤，同志间必须互相帮助。这对我这个初次长途行军，又没有参加过战斗，也不知道敌人的封锁线到底是个什么样子的人来说，未免有些紧张。那天，下午 3 点钟就吃了饭，4 点钟开始行动，走到午夜已到达同蒲路附近。在这个关键时刻，师部是由一支队和教导团掩护；主力团亚六（七一六团的代号）也要在太原附近同时过铁路，于是，队伍爬过山沟，前追后赶，当接近铁路线时，行列已显散乱。尽管敌人在我们大部队的威慑下，没敢阻挠，但静静的深夜却被沿途村落的狗吠声搅乱了。走到铁路边时，部队已变成了十几路纵队同时越过。这时，我正要跨过铁路，只见贺龙同志巍然屹立，像座铁塔似的站在铁路中间，威严地喊着："不要乱！"他的坚定、沉着，顿时使我激动万分，信心百倍，我和其他同志一样飞步疾跑过去。

我随着人流向东山进发，心里还一直念着"老总为了掌握部队，还在后面呢"！当天色破晓，我们走到了晋察冀边缘地带时，我的两腿发肿，几乎挪动不得。就在这时，贺龙同志带着警卫员，骑着马又出现在我们面前。看！我们的老总风尘仆仆，神采奕奕，泰然自若。我的那种再也挪动不得的感觉，当即被他那爽朗的笑声一驱而散，两条腿真像注射了兴奋剂，一下子来了劲头，在集合点稍微休息后，吃过早饭又继续走了 40 里路，加起来 180 里的行军路程，终于被我坚持下来，没有掉队。对于这件事，我以后时常在想，作为一个革命部队的指挥员，在极为艰险的时刻，他的举止对部队该有多么大的鼓舞力量啊！直到现在，我一回忆起那段部队生活，脑子里就会清晰地映现出贺龙同志屹立在铁道中间的魁梧身影，和他那无往不胜的豪迈气魄。后来在我们又通过平汉路封锁线时，敌人的装甲车把我们的大行列冲散，铁甲列车照射出耀眼的光芒，贺龙同志仍然威严地屹立在铁路边上，指挥着部队，使部队沉着应战，钳制了敌人的装甲车没再蠢动。大家在他的鼓舞下，便很顺利地到达冀中平原，和冀中军区司令吕正操同志指挥的部队会师。

部队驻扎在冀中期间，贺龙同志特地为我们剧社每人做了一套草绿细布军装，要我们剧社配合部队工作，帮助收编当时的各种抗日军队，包括一些游击队和地方武装力量。这说明贺龙同志十分重视发挥我们作为政治宣传队伍的作用。后来，敌人出动大量部队进行"扫荡"，我们的行军也就多起来了。在这期间，贺龙同志作为一位出色的军事指挥员，运用灵活机动的战略战术，给了肆无忌惮的日寇以很大的打击。记得有一次，我们要下连队去，甘泗淇同志把我带到司令部征求老总的意见，贺龙同志却把我们留下，说现在不必去了。原来当时敌人在任丘、河间、文安三角地带，开始向我们采取三面进攻。我们处于敌人包围之中，形势十分危急。我们在傍晚就急行军直奔大清河边，河水很深，河上没有船，几千人的部队要想渡河是不可能的，了解地形的人都为此捏了一把汗。可是，当走近河边，突然先头部队沿河往北一转，绕到了白洋淀的堤上边，紧接着一个急行军，再往西北一插，绕过了任丘城，敌人竟被我们甩了老远。到这时，我才恍然大悟，我们的贺龙老总原来早已掌握了敌人的动向和计划，机智地捉弄敌人，化险为夷。在那十分危急的情况下，贺老总那沉着镇定的神态，至今还清晰地映现在我的记忆中。

三、重返晋西北

1939年的年终，阎锡山发动了"晋西事变"，妄图消灭我党领导的新军。贺老总奉党中央之命，回师晋西北支援新军。我们再次通过同蒲路封锁线，赶回晋西北，粉碎了阎锡山的阴谋。到了1942年，贺龙同志调回延安，担任了陕、甘、宁、晋、绥五省联防司令员。当时剧社还留在晋西北，虽然我们不在贺龙同志身边，但他还是一直关心着我们。

当毛主席发表《在延安文艺座谈会上的讲话》之后，贺龙同志当即给我们发来电报，要我们到延安作汇报演出。这个喜讯震动了我们剧社的每个同志。当我们来到延安后，便严格地按照贺龙同志给予的指示，演出了反映敌后斗争的《丰收》、《晋察冀的乡村》、《小八路》、《回头是岸》等剧目，受到群众的热情欢迎。更使我们感到欣慰的，是毛主席也观看了我们的演出。当时我们全剧社的同志怀着难以抑制的激动心情，给毛主席写了信。毛主席亲自给我们回信说："你们的信收到了，感谢你们，你们的剧我以为是好的，延安及边区正需看反映敌后斗争生活的戏剧，多演一些这类好戏！"

记得在毛主席《在延安文艺座谈会上的讲话》发表之前，我们也曾受到演大戏、洋戏的影响，也演过像《中秋》这样思想内容不好的戏。这个戏脱离敌后的斗争实际，把一个游击队员写得家破人亡，情调非常低沉、灰暗，贺龙同志看了非常生气，严厉地批评了我们。那时，我已是剧社的领导人之一。他便把我们叫去，狠狠地说了我们一顿，并召集剧社的全体同志开会，讲述战斗剧社的历史和它在红军时期的作用，表扬了我们1938年、1939年在冀中的成绩，要我们继承红军宣传队的传统，为革命战争服务。贺龙同志对延安演大戏同样不满。1943年的春节，延安鲁艺演出了新秧歌剧《兄妹开荒》等，他看过后高兴了，对鲁艺秧歌队的同志讲："过去你们演的戏我反对过，现在演的就对头了。"

日本投降以后，我离开了战斗剧社，改了行，很长时间没有见到我们的贺老总，一直到保卫陕甘宁战役期间，毛主席决定要打榆林，他来到了我们部队做战斗动员。那次他见到我，像过去一样热情地握住了我的手，使我抑制不住内心的激动。他问到我离开战斗剧社以后的情况，鼓励我在战斗部队里好好工作。

（成　荫）

"我们在前线欢迎你们"

一

1937年10月，我们上千名来自全国各地的知识青年，聚集在山西临汾八路军驻晋办事处举办的"学兵队"里进行短期学习。这时,我们虽然都有满腔抗日救国的热情,身上也都穿了八路军的军衣,但大部分人心里都还有着各自的想法:有的想学习完再返回后方城市去上学;有的想学习完再回故乡去过小家庭生活;甚至,有不少人只是为了好奇而来看看,随时都准备离开。在革命形势转变关头,这种小知识分子的摇摆思想比较突出,在听到11月8日太原沦陷的消息之后,就更有些人心惶惶了。

正当此时,贺龙同志和几位八路军前线领导人,从洛阳开会回来,路过临汾,并要给我们全队讲话。消息传开,大家一下就沸腾起来。那天,天气晴朗,太阳当空,我们集合在一个大庙的院子里,当办事处主任彭雪枫同志宣布:"这就是全国闻名的两把菜刀闹革命的贺龙师长,现在给咱们讲话……"全场立即响起暴风雨般的掌声。我抬眼看去,贺龙同志那魁梧的身材,端庄地站在庙台上,在他那威武而亲切的面孔上,两道浓眉和一排短须特别明显,更加衬出他的威武和严肃。他讲话的语调非常洪亮、亲切,还带着一种朴质的诙谐。全场的气氛异常活跃。他从国际国内形势讲到毛主席的抗日战争战略方针,从敌后游击战争的发展讲到军民团结打败日寇的决心和信心,尤其是讲到抗日前线的斗争现状时还讲了许多具体的故事。这些故事,把敌后抗日战争的场面生动地展现在我们面前,使我们受到鼓舞,对我们产生了强烈的吸引力。最后,贺龙同志用热情而急切的口吻说:"有志气的青年人,有热血的青年人,到前线去!打日本鬼子去!我们在前线欢迎你们!"

当天晚上,我们热烈而认真地讨论了贺龙同志和八路军几位前线领导人的讲话。大家兴奋地认为:这次讲话,不仅对"学兵队"全体人员起了重要的镇定作用,而且立即出现一个自愿要求上前线的签名热潮。我自己就是签名的一个。第二天,我们40多人,被批准随贺龙同志向晋北抗日前线出发了。

二

晋北的11月,已是北风飕飕,寒气逼人,一阴天,雪花就飘起来。我们40多个第一次长途行军的青年,身背行装,晓行夜宿,途中虽然备尝艰苦,但一路上仍然是笑语不断,歌声震天。由于日寇占领太原后,正沿同蒲路南侵，我们行军只好走吕梁山区的小道。

一天，我们走了70多里，天快黑的时候，到了离石县境内一个村子，村口有阎锡山的军队在站岗，他们明明看见我们佩戴着"八路军"臂章，但硬是拦住我们不让进村。气得我们没办法，就排着队大唱抗战歌曲。一会儿，群众围了一大片，我们趁此便向群众进行宣传，讲打日本、救中国的道理。群众目睹阎军无理刁难八路军，也愤愤不平，就把我们领进村外的一座旧庙里，还帮着我们打扫干净，送来铺草、油灯、开水，使我们深受感动。

在这四面透风的旧庙里，我们吃过干粮，正要熄灯就寝，贺龙同志看望我们来了。他给我们每人送来一件大衣，庙里的空气马上变得暖烘烘的。贺龙同志随便往地铺上一坐，就和我们亲切地攀谈起来。他首先表扬我们，说我们为了抗日上前线，在艰苦的条件下行军，有吃苦耐劳精神。接着鼓励我们要继续努力完成最后一段行军任务。谈到阎锡山军队沿途对我们多方阻拦时，他瞪大眼睛说："阎锡山和蒋介石完全是一路子货，他们的军队，一见日本人就屁滚尿流向后跑，却专会在后方欺压老百姓，制造摩擦，破坏抗战。"讲到这里，贺龙同志愤怒地哼了一声，继续说："这次去洛阳开会，蒋介石还假惺惺地表示对我关怀，单独接见我，并问我：'你家里还有什么人？'我说：'亲人都被你们杀光了！'一句话给了蒋介石个大红脸，臊得他再也不敢耍什么花招了。对这种人，就要狠狠地揭露他。"这时，贺龙同志的眼睛里充满着仇恨的光芒，两道浓眉紧紧地蹙了起来。我们在"学兵队"时，就听老同志介绍过：自贺龙同志参加南昌"八一"暴动之后，国民党、蒋介石就对他恨之入骨，先后把他的父亲、两个姐姐、三个妹妹、一个兄弟和一个亲生女儿，都给惨杀了；他的伯叔弟兄、侄儿、外甥、远亲故友等，被他们杀害的就更多。所以，我们完全理解贺龙同志此刻的仇恨心情。同时，他这种心情也深深感染了我们，给我们以力量，激发我们对敌斗争的勇气和革命到底的意志。当晚，我们纷纷表示："不管遇到任何艰难险阻，也挡不住我们跟贺龙同志上前线打鬼子的决心。"

三

我到了前线，被分配到八路军一二〇师政治部的战斗剧社，做文艺宣传工作。刚来部队，感到展现在自己面前的完全是一个广阔的新天地，每天都能学到许多新的东西。我就找旧书页子翻过来钉了个小本子，把随时看到听到的标语传单、墙头诗、词汇、成语、故事等，都尽量记在小本子上。我想，将来搞文学创作是会有用的。因之，在小本子的第一页上，写了这样一行字："坚持用心记，将来会有用处。"有一天，我正站在连队战士办的黑板报前面，往小本子上摘录战士的语言和故事，不晓得什么时候贺龙同志也来看黑板报了。他像往常一样，看见我们总要谈心说笑。他到我跟前，伸手要去我的小本子，翻开看里边摘录的内容，眉宇间露出会心的微笑。但当他看到小本子第一页上我写的那句话时，立即严肃而亲切地说："为什么将来才用？真是乱弹琴，要一边学一边用嘛！"他这一简略而中肯的批评，对我触动很大。

我在脑子里久久考虑着：贺龙同志看问题的尖锐程度，确实令人钦佩，他只用这轻轻一语，不就一下点出了我这种小资产阶级知识分子喜好想入非非的缺点了吗？他也使我深刻理解了毛主席"理论必须联系实际"这一教导的重要性。

四

1939 年 1 月 25 日，我师到达河间县西北的惠伯口村，和冀中军区司令部会师了。军区召开军民联欢大会欢迎我们。冀中军区司令员吕正操和贺龙师长都在会上发表了热情洋溢的讲话。会开得非常热烈，非常活跃。晚上，我们剧社和冀中军区的火线剧社联合演出，节目演了一半，侦察员来报告：河间敌人出动，在 30 里铺烧房子，还有骑兵、坦克正向这里前进。贺师长听了很镇静地说："有咱们六团在前面，不用慌，看完戏再说。"吕司令员也鼓励我们把戏演完再转移。等晚会散了，我们收幕布灯光时，机枪和手榴弹的响声已可听到。

为了适应新的战斗环境，我们剧社这时的生活几乎也和战斗连队一样：夜晚行军，天亮宿营，住下后先布置岗哨，构筑工事，准备战斗。一天，我们正在宿营地的村头上搬运树枝架设鹿砦障碍，忽然看见贺师长走了过来。他离老远就喊着说："喂，你们修工事一定要负责修好，可不能马马虎虎呀！"

等他到了跟前，我们向他要求说："贺师长，今天这里要打仗了，给我们分配什么任务呀？"

贺师长很严肃地答道："你们的任务，现在是修好工事赶快去睡觉。把觉睡得足足的，保证能随时行军转移，保证能随时演戏做宣传，你们就算完成了任务。"

遵照贺师长的指示，我们修好工事，吃完早饭就去睡觉了。但是远处传来的枪炮声越来越紧密，哨兵也不断报告敌人的新动向。看样子这场战斗规模还是不小。我们都有些担心。觉是睡不着了，我们几个人就跑到师部去打听打听消息。可是，到那里一看，贺师长却安详地坐在一边看"战斗队"打篮球呢！看他那泰然自若、雍容潇洒的神态，好像日本鬼子的坦克、大炮远在千里之外似的。贺师长这种镇定的态度，使我们的担心一下就成为多余的了。

和往常一样，贺师长看一会儿打球，就把队员们叫到一块儿作思想技术指导。这时他看见剧社也有人在场，讲得更认真、更仔细。他说："毛主席从建立红军开始，就非常重视部队的文化工作。我们一定要按毛主席的教导办事。咱们部队的军事、政治都是很强的，文化工作也不能落后。现在环境变了，你们的工作方法也要变。就像今天，村子外边打仗，你们也要抓紧时间练球，抓紧时间练唱歌、排戏。要记住，我们是在艰苦战斗中成长的，也要在艰苦战斗中经受锻炼。锻炼得在任何情况下都能拉得动、打得赢，才能更好地为提高我们部队的战斗力服务。"在这战火燃眉的情况下，贺龙同志还这样关心部队的文化工作，使我们更加感动。

就在这天傍晚，我师部队和冀中兄弟部队一起，在贺师长亲自指挥下，向敌人发起猛烈的攻击，把企图合围我们的一股日寇一举歼灭，打死日寇大队长一名，缴获大炮一门。接着在几天之内，我们部队又连续打了几个大胜仗，狠狠打击了日本强盗的疯狂气焰，大大增强了冀中军民坚持平原游击战的信心。

（刘　伍）

一件皮大衣的故事
——贺龙和柯仲平

有一件东西，多少年来我一直细心收藏着，这就是贺龙同志送给柯仲平同志的皮大衣。

1949年春，老柯从华北完成党交给的任务回到延安。我发现他的行李中多了一件皮大衣，灰布面，白布里，整齐崭新的羊毛三四寸长。这是哪里来的？老柯得意洋洋地望着我，叨叨地讲起来：

"我在平山编完《人民文艺丛书》，归心似箭，恰巧贺老总要到中央开会，便叫我乘他的吉普车一起走。一路上有说有笑，真够热闹。一天，正紧张地赶着路，贺老总突然回过头来，盯着我。盯了半天，把我盯毛了，他才作古正经地问我：'老柯，你老婆当真喜欢你的胡子吗？莫吹牛哟！''哈哈哈'，我放声大笑起来。'哈哈哈'，老总也放声大笑了。差点儿没把天笑垮了。过了一会儿，他又回过头来盯着我，把我又盯毛了，怕他还要开什么更那个的玩笑。谁知他却郑重其事地问：'你穿这么一点，不冷？''冷什么，才11月初。''才11月初？你还得跟我到包头前线去找李井泉，回来以后还得在兴县开上几天党代会……冷坏了我们的大诗人，我怎么向诗婆交代呀？'你看贺老总多会开玩笑！到了兴县，他就把这件皮大衣送来给我。不久我就跟他到了包头前线——和林格尔。那一带刚解放，路上很不安全，我们不得不夜行军。好冷哟，还真亏了它。"老柯用感激的目光瞟了皮大衣一眼，又说："在那里，我还写了两首诗哩。哦，第二首是在兴县写的。"他手舞足蹈地朗诵起来了：

贺龙远道会战友

为赶和林会战友，情不自禁车不休。
路过将军百战地，流泉朗朗颂千秋；

西风屡屡来问候，管涔山脉几度留。
人知贺龙行动如雷电，目送他出大水口，
大水口又杀虎口，内外长城落背后。
金沙滩开万顷田，红水河连四面沟；
今夜要过南天门，日落月明路不愁。
上高山，高山走，半个月儿照西头，
北斗星不离手右。
贺龙车，车如龙；
车在高山走，活像龙在云中游，
忽见南天门前电光闪，料是政委派车来接头。
大军解放包头后，溃匪常路劫，政委很担忧。
南天门过和林到，司令政委手拉手；
塞外风光添豪气，同心同德为党谋。
这么样的将军人民有，全国胜利有何愁。

再赢几盘棋

毛主席摆了一盘棋，
派贺龙带我们创造晋绥；
保卫党中央，控制咽喉地；
十年光荣史，赢了这盘棋。
跟着贺龙去，再赢几盘棋。

　　从此，这件皮大衣便成了老柯的伙伴，为他御寒，为他保暖。他在城里穿着它，在乡下穿着它，到北京开会也穿着它。他幸运的时候，它陪伴着他；他倒霉的时候，它保护着他。

（王　琳）

"我愿意做你的入党介绍人"
——贺龙和程砚秋

一、慨赠宝刀

1949年9月下旬,程砚秋和梅兰芳、周信芳、袁雪芬四人作为特约代表,出席了中国人民政治协商会议第一次全体会议。

会间西北文艺界邀请四大名旦中的其中一位去西安古城演出,庆祝古城解放和慰问西北人民解放军。当时,梅兰芳、尚小云、荀慧生3位先生恰恰都已有演出安排。这样,西安之行就落在了程砚秋身上。而他此时也接到了上海方面的邀请。但是,大西北对他的吸引力太大了:他早已景仰的革命圣地,大西北的戏曲和民歌,大西北的风光……于是,他毫不犹豫地辞谢了上海之约,踏上了西北行程。

西北文艺界的朋友们为程砚秋准备了隆重的欢迎会。他刚刚回到住所,早在这里等候他的王维舟同志笑着对他说:"贺龙司令员听说程先生要来西安,特意嘱咐我代表他向您表示热烈欢迎和亲切慰问。贺老总很快就要回西安,到时二位就可以深谈了。您难得到此地。贺老总让我陪您在西安游览一下名胜古迹。程先生的《武家坡》,贺总和我都是闻名已久的,我想,王宝钏的寒窑和塑像,您是一定要看的喽!"

说罢,二人相视大笑起来。

在此后的几天内,程先生不但游览了寒窑,还在剧场公演,去工厂、医院慰问演出,也不放过一切机会去观摩秦腔……

一天,程砚秋正忙里偷闲,在住所写日记,忽然从门外大步流星地走进一位客人,他还没有看清楚,那人已经推门进屋,兴奋地喊了一声:"程先生!"便伸过一只大手来。

程砚秋一面站起同客人握手,一面打量:来人身披风衣,唇上蓄着一缕黑须,气度非凡。但他不认得来人是谁。来人不等他启问,便自我介绍说:"你还不认识我吧?我就是贺龙。"

程砚秋对贺龙慕名已久,却没有想到这位叱咤风云的传奇将军会如此礼贤下士,主动来住所看望他,感动不已,便说:"贺将军,我久仰您的英名,此次来西安,本该等您回来前去拜见,不想您却屈尊来看我,实在不敢当啊!"

贺龙豪爽地说:"哪里!程先生,我久思一见,不得其缘,今日才夙愿得偿。你们跑这么远来慰问部队,我跑这点平路算得什么。我来看看你们在生活上有什么困难,演出有什么不方便。你们远道而来,带的行头、乐器和人手不够的话,也不要客气,需要什么,一定要告诉我呀!此地刚刚解放,情况比较复杂,你要多留心才是。"说完,他又到东西厢房看了看,又再三叮嘱接待人员好好照顾,才告辞而去。

程砚秋激动得对同来的社友们说:我原来以为贺龙这位久经沙场的大将一定是粗犷的花脸型人物。谁知一见,竟是一个靠把武生的形象,有赵子龙的气派。从此,贺龙便给他留下了真挚、豪爽、细致、热情的深刻印象。

两天后,贺龙宴请程砚秋一行。席间,贺龙举杯挨桌敬酒,热情地说:"程先生是四大名旦中第一个率剧团来到刚解放的西安的。听说同志们来时没有火车,吃了不少苦。我代表西安人民感谢同志们。请放心,铁路就要修通了,同志们回北京时,决不会再吃苦了。"

"同志们"三字,像一股暖流涌入程砚秋的心田,使他感到了真正的尊重和信任。他平日并不嗜酒,但遇有高兴的事却也能豪饮。他第二次见贺龙,有如他乡遇故知,便与贺龙频频干杯,贺龙朗声笑道:"想不到程先生唱旦角,倒有大丈夫的海量呢!"二人酒后谈兴亦浓。程砚秋豪气溢于言表:"我这次准备把所有的程派戏,全部拿出来同西北人民见面。"

贺龙说:"好!我代表西北人民感谢你。我们西北军区这个京剧团底子差些,让他们给你跑跑龙套,希望你能指点指点,帮他们提高一下。"

程砚秋慨然允诺,提出两团联合演出,贺龙又提议为军民联合演出干杯!

几天之后,程砚秋到贺龙在西安的临时住所——高桂滋公馆回拜,并邀请贺龙来看演出,同时表示要慰问一野部队。贺龙遗憾地说:"看不成了。我马上要入川，解放西南。正准备向你辞行呢。"

程砚秋沉吟片刻，说："那也好，重庆一解放，我马上就到。"

"一言为定。我在重庆等你。"贺龙说完，让警卫员取来一个用绿丝绦系着的杏红缎子的长包袱，里面是一柄泥金红底刀鞘、带有华丽的镏金饰件的日本战刀。贺龙说："我们西北穷得很，没有什么好送你的。这把宝刀是我们的战利品，日本将官的指挥刀。送给你作个纪念吧！"他又风趣地说，"不过，你在舞台上舞剑时可不能用这个呀！"

程砚秋连忙辞谢："这是您的心爱之物，我如何受得。"

贺龙笑了："中国有句古话：'宝刀赠烈士，红粉送佳人。'你是个有气节有胆识的男子汉，当然受得。莫推辞，收下吧。"

程砚秋恭恭敬敬地双手捧过战刀，后退了一步，深深地鞠了一躬，连说："谢谢，谢谢了！"

程砚秋返京后，手书"新国肇造，西北壮邀；贺龙将军，慨赠宝刀；胜利纪念，百练功高"24字，叫弟子拿到前门一家铜器店镌于刀柄，珍藏起来。

二、践约赴川

从西安返京后，程砚秋无日不盼望西南解放的消息。当他从广播中收听到贵阳、重庆、成都相继解放的新闻，兴奋得两手颤抖，双目放光，连声说："贺龙真了不起，真没想到这么快！"他为践前约，提笔给贺龙写了一封信。贺龙很快复信，表示欢迎他来西南考察，但由于还有一些国民党残余部队在西南流窜，安全没有保障，请他暂缓启程。

1951年临近春节之际，程砚秋再也等不下去了，对演员们说："咱们该入川找贺龙了。再晚，就赶不上给贺龙将军祝寿了。"

就这样，1951年春节期间，程砚秋和鼓师白登云，琴师钟世章、任之林，著名演员于世广、李四广、贾松龄及秘书杜颖陶等，首途上海，溯长江而上。为筹措路费，他们在武汉等地演出数日，待到重庆，已近阳春三月。贺龙与程砚秋阔别经年，倍觉亲热。程砚秋表示："此次入川，一践约，二慰问解放军和西南父老，在川、黔、滇考察戏曲。"言罢，他将冈村宁次使用过的一把指挥刀双手递给贺龙，说："知道贺司令员喜欢练武，我也送给您一把刀吧。"

程砚秋在重庆的短短二十几天里，不辞劳苦，不讲条件，不但为重庆市内的驻军和高级步校演出，还到数十里外的北碚、南温泉为部队和群众演出，孔从周将军率领的炮兵部队远在百里外的铜梁县，他也一定要去慰问。虽然他住的胜利大厦是当时重庆最好的饭店，但他的大部分时间却是在部队度过的。程派的代表作《锁麟囊》、《荒山泪》、《汾河湾》、《红拂传》、《六月雪》等，一时风靡山城。他那低回婉转、深沉激越的唱腔，久久地飘荡在长江和嘉陵江之上……

在繁忙的演出间隙，程砚秋还几次看望贺龙，促膝畅谈。

贺龙说，我在旧社会就听说程先生是很有正义感的，也很有民族气节。现在全国解放了，我们党是要发展传统艺术的，要为中国戏剧的发展创造条件。希望你把程派艺术传下去，为戏剧改革作出贡献。你的学生王吟秋在艺术上是有成就的，也有进步思想，我们准备把他调到西南军区京剧院。这还要感谢你的支持哟！

程砚秋说，吟秋是我从小带大的。他能到贺司令员麾下唱戏，又穿上军装，也是我的光彩。吟秋就交给解放军了。

贺龙接过来说，你的学生调到这里来，我欢迎。我也欢迎你能来西南啊！

贺龙对程砚秋在艺术上的精深造诣、崇高的民族气节和为人，十分赞许。他对西南军区京剧院为程砚秋配戏的演员说，像程砚秋这样的艺术家，在中国是不可多得的。周总理给我介绍过程先生的为人，说他很有民族气节，有骨气，有正义感。抗战时，他隐居在青龙桥，拒为日伪演戏。有一次，一伙汉奸在前门火车站强拉他去演戏。程先生坚决不从，汉奸们就动手围攻他。他以一身武艺，力敌二十几个汉奸，脱险而出。程先生是四大名旦之一，能不远千里，从北京到西南来慰问部队，作为一个从旧社会过来的艺人，能够做到这一点，是难能可贵的。你们要借这个机会，好好向程先生学习。

程砚秋对同来的社友们说，贺龙将军是一员武将，性情豪爽，待人诚恳，教导我们在新社会怎么做人。我就愿意接近他。一次，他从贺龙那里回来，赞叹地说："共产党的大官都是忠良相。在旧社会，像贺总这样有地位的大官，根本不可能这样热情地接待我们。他身份这么高，又这么平易近人，是我所想不到的。"

三、"你们看，像不像贺龙将军"

1951年3月22日，是贺龙的55岁生日。程砚秋、王吟秋和社友们一起到重庆曾家岩给贺龙祝寿。师徒2人各自清唱了几段程派的代表作。"战斗"文工团的演员们唱了《歌唱二郎山》等歌曲，表演了《孔雀吃水》等少数民族舞蹈。

程砚秋把珍藏多年的岳父送给他的结婚礼物——一副英国扑克牌，送给贺龙作为生日礼物。贺龙很高兴地收下了。至此，程砚秋意犹未尽，忽发一念，问道："贺司令员，可以借您的军装穿一穿，照张相片吗？"

贺龙爽快地说："当然可以，拿去拿去。"

程砚秋兴致勃勃地走到院中，穿上贺龙的军装和风衣，模仿贺龙的神态，让社友拍了两张照片。洗印出来之后，程砚秋用毛笔在半身照上画了一道胡须，然后问大家："你们看，我这张相片像不像贺龙将军？"

大家争相传着：身材魁梧的程砚秋穿上军装，再加上胡须，那风度确有几分像贺龙呢！

程砚秋高兴得提起毛笔，在照片上题写了"抗美援朝，我也武装起来了"一行字，送给了留在重庆的弟子王吟秋。

程砚秋返京后，将这两张相片珍藏在影集中，编号为"1223"和"1224"，并注明"46岁摄于贺龙副总理家"。

程砚秋在重庆演出一个时期后，便向贺龙提出去云南义演。贺龙说，现在滇、黔一带仍有残匪出没，安全不能保证。程砚秋却说，我就是到前线来慰问部队的，冒点险也没什么。贺龙见他执意要去，就让李达副司令员派了一个加强班，配备了轻机枪和冲锋枪，乘一辆卡车，在途中护卫；另为程先生配备了一辆吉普车。李达按照贺龙的嘱托，向带队的排长交代说：程先生一行走到哪里，就护送到哪里；住在哪里，就在哪里警卫，不离左右，要保证他们的绝对安全。

程砚秋在昆明演出长达3个月。返京途中，又在汉口公演5天，连演了11场。他把此次在西南、汉口演出的收入全部捐献出来，购买抗美援朝的飞机，以表一腔爱国赤忱。

四、"我愿做你的第二个介绍人"

　　1953年秋，贺龙担任中国人民第三届赴朝慰问团总团长，准备率领慰问团到朝鲜慰问朝鲜人民、朝鲜人民军和中国人民志愿军。程砚秋闻讯后立即给慰问团去电要求参加，并被委任为第一分团的副团长。梅兰芳、周信芳、马连良等众多著名艺术家也参加了慰问团。

　　刚刚停战的朝鲜，条件非常艰苦。第一分团最初的宿营地是一所被炮火轰塌围墙的小学校，一间十几平方米的房子内要放4个双层床，床又窄又小。程砚秋身材魁梧，睡觉时伸不开腿，只能屈腿侧卧。他对此毫不计较，屈己从人。有时早晨没有热水，他就带头用冰冷的水洗脸；食品供应不足，他就少吃一些，把饭菜让给别的演员，他对演员们说："咱们是来慰问的。志愿军在前线流血奋战。比比人家，我们什么困难克服不了呢？"

　　一次，慰问团举行军民大联欢，梅、周、马、程要同台演出。4位艺术家都是"一方诸侯"，谁为"压轴戏"，可绞尽了剧务的脑汁。程砚秋率先表示："我的《三击掌》唱开场吧。"马连良见程先生带头，接着说："那我唱第二出。"这样，"难题"便迎刃而解。此后，凡遇几位名家同台，程砚秋总是唱开场头一出。

　　程砚秋到医院慰问伤员时，随处给伤员、医务人员清唱，不讲条件，战士们听不懂唱词，他就把唱词写到纸片上，给他们逐句讲解。有的伤员动不了，他就在伤员耳边细声讲解。见到这种情景的志愿军指战员，没有不为之感动的。

　　1957年，贺龙陪同周恩来出访莫斯科。恰在此时，程砚秋也在莫斯科演出。他在异国见到周总理和贺龙元帅，感到格外亲切，便倾吐了他近年来萌生的一个念头：加入中国共产党。但他又觉得自己不够条件。

　　周总理听了以后，却列举了很多事例，说明程砚秋这几年还是有很大进步的，其中也包括他在朝鲜的事迹。

　　程砚秋不禁惊呆了，他想，总理日理万机，怎么还对我如此了解呀？他又看了看坐在周总理身边的贺龙，正在望着他微笑。他明白了，这是贺龙向总理介绍的。这时，周总理说：人有缺点是难免的，但也是可以克服的嘛！说着，紧紧地握起他的一双手，鼓励地说："砚秋同志，如果你申请如入共产党的话,我愿意做你的入党介绍人。"

贺龙情真意切地说:"砚秋,入党要有两个人介绍。我愿意做你的第二个介绍人。"

程砚秋回国后,主动靠近党组织,向中国戏剧研究院副院长马少波和夏衍谈了自己的想法。不久,党的整风运动开始了。一些民主党派都曾邀请在戏剧界颇有影响的程砚秋参加。他都一一谢绝了。也有个别人听说程砚秋打算申请加入共产党,便写了匿名信,对他讽刺、挖苦。程砚秋对此不以为然,反而更坚定了加入共产党的信念。在一次会议上,周总理又问及他的入党问题。之后,他便向党支部提出了入党申请。

初秋的一天下午,一辆黑色轿车停在程砚秋住宅的门口。车门打开后,只见周恩来走出来,亲自接程砚秋、果素瑛夫妇到中南海家中去吃螃蟹。饭刚吃完,总理便起身同贺龙、程砚秋到另一房间中去了。

周恩来亲切地问:"砚秋同志,你入党的申请书交上去了吗?你觉得近来自己有哪些进步?"

程砚秋回答说:"入党申请书早已交了。进步我倒觉得有一些。但总扪心自问:我够一个共产党员的资格吗?"

周恩来和贺龙一听,都笑了。贺龙诙谐地说:"你自己说自己进步不行,要别人说你进步才行。"

周恩来接着说:"最近中国戏曲研究院党组织要讨论你的入党问题,我和贺龙同志作为你的入党介绍人,理应对党、对你在政治上负责,应该找你谈谈。解放后这七八年,你的进步是显著的,但是思想的进步和提高没有止境。一个人加入共产党只是初步的,今后还要不断学习,不断改造,不断进步。前几年,我曾指出过你性格孤僻、清高,不愿与旧势力同流合污。这在旧社会是个优点,但到了新社会,不顺应历史的潮流,心胸狭窄,不注意团结同志,就会脱离群众。你这个缺点,这几年有所克服,但还要继续努力。"他沉思片刻,又说:"自从1927年我介绍贺龙同志加入共产党后,30年来我一直没有再介绍其他人入党。如今,我和贺龙同志介绍你入党,为党增添了新的血液,我们感到高兴。"

1957年10月11日,中国戏剧研究院党支部大会讨论并通过程砚秋为中国共产党预备党员。

五、"我提议，成立一个程派剧团"

在同辈的京剧名家中，程砚秋是加入中共最早的一位。这在当时的文艺界产生了很大的影响。

程砚秋入党后，精神更加焕发，决心以自己的丰富学识和艺术实践，进行戏曲改革的探索。1958年年初，中央文化部决定派程砚秋率领一个有俞振飞、言慧珠、李玉茹等著名演员参加的阵容强大的艺术团，赴法国参加国际戏剧节。行前，程砚秋积极准备，对《百花赠剑》（俞振飞、言慧珠主演）和《锁麟囊》等剧目进行复排和修改加工。由于他连日上、下午和晚上不间断地工作，身体十分疲倦，但仍然坚持工作。突然，戏曲研究院来人找他谈话，转达了上级关于《锁麟囊》由于"内容不好"不能上演的意见。程砚秋郁闷难解，顿时胸闷气阻，憋得豆大的汗珠直往下流……

程砚秋被送到北京医院后，贺龙和文艺界的许多负责人都来探视，并嘱他安心静养。马少波向在外地的周总理专函报告了程的病情。为了让他心情愉快，贺龙让他的管理员选购了一只最漂亮的花篮，插满了马蹄莲等鲜花，专程送到医院。程先生极为感动，叮嘱果素瑛下次来医院，一定要带些鲜花来，送给恰好住在隔壁病房的薛明。

程先生住院1周后，精神渐渐好了起来。然而，出乎大家的意料，1958年3月9日下午，他的心肌梗死再次突发，抢救无效。这位伟大艺术家的心脏停止了跳动，年仅54岁。

程砚秋突然病逝的消息，在文艺界和广大观众中引起了巨大的震动，它给中国文艺界带来的损失是不可估量的。文化部、中国文联、中国戏剧家协会、中国戏曲研究院立即筹组了以郭沫若为主任的治丧委员会。周恩来和贺龙等担任委员。

周恩来曾在中南海紫光阁召集会议，研究治丧事宜。贺龙悲痛万分，许久，他对周总理说："砚秋同志虽然去世了，但他的艺术应该传下去，我提议，成立一个程派剧团。"

周总理当即首肯，并指着在座的田汉、夏衍等同志说这不是文化部的同志都在嘛，请他们具体办。

程砚秋的公祭仪式在北京厂桥嘉兴寺举行。周恩来因事离京，行前嘱托贺龙、陈毅两位元帅代表他参加，并为程砚秋的灵柩执绋，护送至八宝山革命公墓安葬。

在周恩来和贺龙关怀下，文化部经过1年多的筹备工作，陆续从各地调来程门弟子赵荣琛、王吟秋，以及同程先生合作多年的名鼓师白登云，琴师钟世章，名演员于世之、李盛芳、贾松龄等，并以李元春的班子为基础，成立了程派剧团，名为北京青年京剧团。

这段元帅与京剧大师的佳话，在中国文艺界产生了重大影响，也给后人留下了深刻的启迪。

（谢武臣）

"来带学生，传授技术，就是为社会主义服务嘛"
——贺龙和蒋医民、吕钟灵、宁誉、董秉奇

西南地域辽阔，边防线长，气候多变，驻军条件很差，云南地区疟疾流行，严重地影响了边防部队的身体健康。部队在进行剿匪作战中，伤、病员不断增加。进军西藏和修筑康藏公路的部队，由于不适应高原气候，后勤供应困难，伤病员也大量增加。鉴于这些特殊情况，1950年秋，贺龙和刘伯承、邓小平在军区财政非常困难的情况下，准备在其他方面节省一些经费，筹建一所军医大学，当时被军委卫生部编为第七军医大学。但不久，军委卫生部在整编时，又以西南军区不具备办学条件为由，准备撤掉七医大。

经过西南军区贺龙司令员和邓小平政委的努力争取，军委卫生部考虑西南军区的特殊情况，保留了七医大，并决定把在南昌的以原国民党"中正医学院"班底组建的第六军医大学合并给七医大。

聘师是建校的基础环节。贺龙亲自过问此事，交代周长庚、李幼轩在解放军内和重庆、成都等地物色人选，还请七医大的几位负责同志推荐。

重庆、成都两地人才济济，而且医术高超，确有真才实学者不少。有些人曾在国民党办的医院或学校任过职。他们对国民党不满，不愿去台湾，留下来开私人诊所。但由于他们对刚刚进城的共产党和解放军还不了解，动员他们来军队学校教书的过程中，还发生了一些有趣的故事。

一、"医民"

有一位名叫蒋俊儒的著名眼科医生，原籍天津，北京医学院毕业，曾在南京国民党中央医院当眼科副主任。上海医学院也曾慕名聘请他担任兼职副教授。抗日战争期间，他随中央医院迁至重庆。抗战胜利后，中央医院要迁往上海。但他看不惯国民党官僚，不愿同行，留在重庆，立志只给人民治病，并从此改名"医民"，开了一个"蒋医民诊所"。

贺龙有一阵眼睛常常流泪，一时查不出病因。钱信忠和周长庚慕名去请蒋医民。他以前没有听说过贺龙，一听说给司令官看病，就有点犯怵。但军区卫生部的正副部长来请，也不好不去。贺龙听说蒋医民要来，不但出门相迎，而且亲手敬茶，和国民党大官对待医生的态度截然不同。他为贺龙检查后，诊断是眼睫毛倒长和小泪点（鼻眼管）不通，需要动个小手术。他又犯怵了，怕贺龙痛时会发脾气，就对一旁的钱信忠悄声说："通小泪点可疼啊！"

钱信忠说："没关系，你做吧，他这个人很爽快。"

贺龙听到他俩的对话，便说："打仗都不怕，这点痛怕什么！治眼不是捅那么一下嘛！有一次打仗，我们正在吃饭，敌人的子弹把我的警卫员的饭碗打掉了，警卫员很紧张，要我赶快走。我不怕死，就是不走。警卫员又催我，我说，要走，也得吃饱了再走，不然，万一打死就是饿死鬼。要知道，你一走，部队就会乱了呢！"说罢，爽朗地笑了起来。

蒋医民的顾虑，随着贺龙的笑声消失了。他用手术器械给贺龙的小泪点扩张了几次，贺龙顿时疼痛难忍，但过了一阵，便感到很舒服了，高兴地说："你头一次给我看病就很见效，谢谢你！"

蒋医民第二次再来看病,贺龙问他:"听说你原来的名字不叫蒋医民?"

"那是我看不惯国民党当官的,开了诊所之后,把原来的名字蒋俊儒改成了蒋医民。虽然立志给民众治病,但是当官的来了,我还得给他治,得罪不起啊!"

"那是为了生活嘛!共产党解放全中国,目的就是为人民服务。咱们的目的是一样的。从此,你可以实现自己的愿望了。不过,共产党、解放军的官,也是群众的一员呢!"

蒋医民后来对笔者说:"从那儿以后,我常给贺老总看病,还给他配了眼镜。他和夫人薛明也常留我一块儿吃饭。他家的饭也很简单,全家也就那么4个小碟子。我每次去,贺老总都在门口迎送,有时还把我送到车上。开始接触贺总时,因为摸不准共产党是怎么回事,对他是有点怕的。经过几次接触,感到他对知识分子特别好,也就不怕了。他常跟我谈心,但也不是拿大道理扣你,而是启发诱导,很符合实际,我听得进去。我对他是很敬佩的。尽管我开诊所比到七医大讲课收入要多些,贺总派人动员我到七医大讲课,我不得不来。贺总指示,我一到七医大上课,就是二级教授的待遇,上下班有专车接送。但我当时没有穿军衣,因为不愿到部队工作,怕穿上军衣就走不了了。这样,我还得兼地方大学的课:七医大3天,地方3天,薪金两边都拿。过了1年多,就光拿部队的了。"

蒋医民教授在同解放军和共产党员的接触中,逐渐建立了信任和感情,到七医大任教几年后,志愿加入了共产党,并且高兴地穿起了解放军的军装,终生在七医大工作,并担任了附属医院副院长兼眼科主任。

二、"贺龙元帅,老朋友了"

重庆市中区的鸡街口,有一家私人诊所,门旁挂着一个醒目的牌子:"英国皇家医学院毕业医师吕钟灵诊所"。贺龙曾经几次到诊所看病,同吕钟灵摆过"龙门阵"。经过了解,这是一位确有真才实学的教授。贺龙一次看完病后,对他说:"你是有学问的人,如果给国家工作,到七医大教书,带带学生,培养人才,比你在这里开业贡献大得多呀!教书,工资也不会低于你开业的收入。"

吕教授这时还不知道他就是西南军区的贺龙司令员,也不愿穿军衣,没有表示态度。

贺龙求才心切,又让周长庚和李幼轩去动员他来七医大任教,并问问他开业的收入每月有多少?

周长庚以看病为由,到诊所和吕教授摆龙门阵,一是设法说服他,一是问明月收入。然而,这却是件非常困难的事。因为病人看病,不论交多少钱,吕教授从不找钱;他每日关门回家,把钱用包袱一兜,从来不点数。周、李2人来看过几次,均是如此,只得问他:"你平均每天有多少收入?"

吕教授说:"我收诊费没有定数,病人给多少算多少。没有钱,我照样给看病。谁来借,来要,我一把就给他了。不还,也没关系,反正每天都有这么一包袱。"

"看样子,你开诊所也不是为了存钱嘛。你要是到七医大教书,带带学生,把技术传下来多好!"

"我也想收了这个诊所,到医大教书。但我听说你们共产党太约束人,待遇也低。"

"先请你到医大当教授,不穿军衣也行,只讲课。如果愿意搬到学校,给你盖房子。愿意开诊所,还可以同时开,兼职也行。"

"这样也可以吗?"

"可以。这是贺司令员交代的。"

"贺司令员?"

"就是到你这儿来看过病,动员你到七医大教书的那位首长。"

"啊!他就是南昌起义的总指挥贺龙啊!我怎么就没认出来呢?"

"贺司令员特意嘱咐我,一定要说服你到七医大教书,去了以后,薪金不能低于开业的收入。"

当笔者赴渝访问年逾八旬的吕钟灵教授时,他说:"你问贺龙元帅吗?老朋友了!重庆解放后,贺老总常来我的诊所,进门之后,把大衣一脱,往凳子上一坐,点上雪茄,很随便地就跟我摆起龙门阵来。他喊我'老吕',我喊他'贺老总',又亲切,又随便。薛明同志有时也一起来。贺老总女儿的手术,就是我做的。贺老总动员我到军队教书,后来又派周长庚来动员。盛情难却,我就去了。但我只是教书,不穿军衣,也不接聘书。

七医大给我定的是教授待遇，每月薪金300多万元。从此，我一直在七医大教了两年半的书。"

三、特殊的条件

在重庆原民国路70号，有一家著名的"咸临诊所"。主治医师宁誉，早年在上海同济大学毕业后留学德国，在培林根大学毕业。归国后曾任同济大学医学院院长，在全国医学界名望很高，被称为第一流的皮肤科专家。七医大筹备组的同志们向贺龙推荐了他。贺龙便让张步峰和李幼轩登门拜访，动员他来七医大工作。

张、李二人奉命来到咸临诊所，向宁誉说明了来意，并且说，重庆解放了，将来政府要办很多医院的，开私人诊所并非长久之计。

宁誉开诚布公地说："我也不甘心就这样下去。但是我开诊所的收入，还是比较富裕的。我有两口人，收养了一个女娃娃，一个月要花销200多万块钱呢。"

张步峰说："你把诊所收了，到七医大教书，住房、待遇都可以从优。"

"去也可以。"宁誉沉吟片刻，又说，"但我有几个要求，你们答应了，我就去。"

"有什么要求，只管讲。"

"一是现在军队正在搞'三反'运动，我不了解情况，也不懂政治，去了以后，能不能不参加你们的政治学习？二是学校能不能分配我一栋房子？如果房子一时盖不起来，希望上下班有车接送一下，我的腿不大好，走路、乘公共汽车都不方便。三是能不能每天供应我一磅牛奶？我多少年来养成了这么个习惯。"

"不参加政治学习"！张、李二人愣住了。其他条件很好解决，这一条怎么可能呢？二人商量了一下，不管这一条能不能行得通，还是如实地向贺龙汇报。他们没有料到，贺龙听了以后，爽快地说："我们现在搞'三反'运动，他不参加也可以嘛。他不参加政治学习，也不必强求，可以把书和学习材料发给他。他愿意在家里看也行，愿意参加学习讨论也欢迎，由他自愿好了。反正他来带学生、传授技术，就是为社会主义服务嘛。房子和汽车，人家自己原来就有的，到七医大来，当然要给人家解决。牛奶，现在重庆市供应很困难，但你们七医大要想法子保证供应，其他教授需要的，也一样待遇。薪金，他要多少给多少，就等于我们把他的诊所包下来了，包他一辈子。"

张、李二人对七医大的几位负责同志说：贺老总真是求才心切呀！要不是他，别人谁有魄力答应他这个条件呢？

经贺龙批准，七医大拨出15000万元，为宁誉盖了一栋小楼房。竣工之前，还拨了一辆吉普车，专门接送宁教授来校上课。薪金为每月364万元，即一级教授待遇。此外，学校还派了一名公务员照顾他，这是他没有想到的。宁誉全家都很感动。到七医大就职后，便关了诊所，全心全意地带起学生来。过了一个阶段，宁教授对共产党的"政治学习"有了了解，便主动要求参加了。

四、外科第一把刀

原国民党四川省卫生厅厅长董秉奇，是中国的第一位胸外科专家，20世纪30年代毕业于湘雅医学院，后在美国哈佛大学和纽约的两家医院进修，曾获医学博士学位。抗日战争时期，中央大学、华西大学和齐鲁大学联合办了一家医院，时称"三大联院"，董秉奇受聘担任总外科主任。他曾在成都开私人诊所，也曾在北京协和医院担任过外科主任。他在当时被誉为中国外科第一把刀，做一次胸廓整形手术（需动8根肋骨），只需15分至20分钟。而一般胸外科的熟练医生也需要三四个小时。由于他的技术高超，国民党的许多军政要员都曾找他治过病或动过手术。国民党政府最后撤离成都时，派人送给他一封带有3个"X"的紧急信件和飞机票，要他赶快去台湾。他不愿跟国民党走，躲在一个朋友家里，才没有被拉走。因他曾同成都地下党同志有交往，成都解放的第二天，解放军就派了一个班保护双凤桥一号董秉奇的寓所。

祁开仁、周长庚等早知董秉奇的大名，进城之后，专程看望了他。董秉奇向他们表示了愿意为新中国工作的愿望。

贺龙听了祁开仁、周长庚的介绍后，认为董秉奇不去台湾，愿意为新中国服务，就应该竭诚欢迎。贺龙迁往重庆办公时，指示祁开仁、张步峰、李幼轩等把董秉奇带到重庆，安排在西南军政委员会卫生部当顾问。七医大成立时，经贺龙提议，任命董秉奇为第一副校长（后被授予上校军衔）。

董秉奇刚到七医大时，患有轻微的偏瘫症，行走不便。贺龙特别嘱咐七医大给他派了一名警卫员，配备了一辆专车，还送给他一支美制象牙柄银色左轮手枪。由此可见贺龙对他的关怀和信任。不仅如此，贺龙曾几次亲自登门看望他，勉励他努力改造世界观，树立为人民服务的思想，为新中国多培养一些外科人才。贺龙曾经指示军区卫生部举办一个训练班，把七医大和总医院的外科医生集中起来，由董秉奇授课。

董秉奇由衷感谢共产党和解放军对他的信任，抱病为筹建七医大奔走，做了大量工作。他常到贺龙那里汇报工作，自己有什么想法，都愿意跟他交换意见，从他那里领受了很多教益。他的一个儿子董燕麟在华西大学学医时，和同学杨森的第13个女儿杨汉霞恋爱。经贺龙保荐，他们顺利地结了婚，董燕麟也被调到七医大工作，后来也成为副教授。在"三反"运动中，由于董秉奇脾气急躁，有些群众提了不少意见。贺龙亲自找他谈话，循循善诱，推心置腹地启发他如何成为一名为人民服务的领导者和专家。董秉奇心悦诚服，始终不忘贺龙寄予他的希望，和在"三反"运动中保他过"关"的情景。他临终前的最后一句话是："贺龙是个好人哪，我忘不了他对我和全家的关心。"

（路　草）

"要认识体育工作的重要性啊"
——贺龙和张之槐

提起贺老总，张之槐忘不了对他的两次当众批评……

1951年4月底至5月初，北京举行了第一届全国篮排球比赛大会，有解放军、东北、华北、华东、中南、西北、西南、"火车头"体育协会（铁路系统）8个单位参加。西南区代表队的选手都是由各大学的学生临时组织起来的。西南女篮获第六名，女排获第四名；男篮和男排均为倒数第二；足球为倒数第一。

当时，担任西南军区司令员的贺龙和政治委员邓小平听到这个消息，等不到代表队回重庆，就往北京挂了长途电话：我们西南地区打成这个样子不行，球队回来以后，要集中起来搞训练。

同年6月，贺龙和邓小平即组建了中华全国体育总会西南区体育分会。贺龙担任名誉主席。次年12月5日，西南军区正式宣布：成立专业体育工作队（该队亦称"战斗队"），选拔全军区的优秀选手和身材高大强壮并有培养前途的人员集中训练，并任命张之槐兼任该队队长。

张之槐是河北蠡县人，1937年毕业于北平体育专科学校，曾参加过华北运动会，是华北著名篮球高手，更以投篮极准而被誉为"神投手"。抗日战争时期，他曾是冀中行署篮球队的主力队员。后被贺龙看上，调到八路军120师，给贺龙担任秘书兼体育教员，并兼任了由贺龙组建的原"战斗"篮球队队长。

然而此时的张之槐，已经担任了西南军区司令部干部处处长，他觉得自己已经30多岁，不适合再搞体育工作了，所以接到任命后，迟迟不来报到。

在一次为"战斗"队召开的庆功会上，贺龙把军区司、政、后机关部以上负责干部都请来出席。贺龙在讲到恢复"战斗"队的问题时，问道："张之槐来了没有？"

张之槐起立，答道："贺总，我来了。"

贺龙厉声责问："请你当队长你不来，是嫌我这个'战斗'队队长职务小啊？我是'战斗'队的发起人，第一任'战斗'球队的队长就是我，现在'战斗'队的副大队长邢亮就是我的队员。外国人不是叫我们'东亚病夫'吗？我们中国人都要有这个志气，我们也要建立体育大国。我们在座的同志都有责任把体育工作搞好。张之槐，你不要以为你这个干部处处长权力大，你要是看不起体育工作，不愿意当'战斗'队的队长，我照样给你撤了！"

在大庭广众之下，贺龙点名道姓地批评干部处长，而且又是老"战斗"队的一员名将，使全场为之愕然！这是贺龙到西南后第一次发脾气。运动员们想，贺司令员这么重视体育呀！

贺龙当众批评张之槐，也是为了让在座的负责干部重视体育工作，无论哪一级干部，都不能瞧不起体育工作。贺龙越是喜欢的干部，批评起来也就越狠，越不讲情面，所谓责之愈严，爱之愈深。张之槐跟随贺龙多年，深知他的脾气。第二天，他就来到"战斗"队，向大家说："贺总昨天批评我，批评得对，以后我安心在'战斗'队里，和大家一起干。"

张之槐在30多年后回忆这段往事时，不无感慨地说："那次贺总讲了一个小时的话，批评我就有40分钟，他对体育那么重视，令人不忍心不干；他那样信任你，非要你来干，你也非得干出一番成绩，不然对不起贺总啊！"

1952年11月，贺龙兼任国家体育运动委员会主任以后，感到体委十分缺乏干部。然而，建国初期，百废待兴，干部一时很难配齐。加之当时受到传统观念的影响，很多人都不把体育当作正式职业。所以，体委调干部就更难了。1953年4月27日，贺龙在北京主持全国体育工作会议时指出："为了把中央体委的机构建立起来和逐步建立、健全各级体委，必须首先解决干部问题。目前，必须向中央要些'母鸡'，从中央、大区、部队调，作为我们的骨干。"

此后，贺龙以他非凡的魄力和独特的方式，动员、说服和吸引了一批曾在部队和西南区从事过体育工作的干部到国家体委机关工作。他首先点的将，便是已兼任了西南军区"战斗"体工大队队长的张之槐。当时，正是部队开始酝酿评定军衔的时候，谁也不愿意在授衔之前转业到地方工作。贺龙理解这种心情，便对张之槐说："以往我们是打天下，现在要管天下。体育同样是建设新中国的一条战线。我上次到北京开会，住北京饭店，马路对面就是东长安街体育场。每天晚上我都看到，灯光球场里总是挤得满满的，门外还拥着一大片人。群众那么喜欢体育，需要有人来领导和组织这项工作呀！你是学过体育的，科班出身，干这行的专家。你不干，谁干？"

张之槐仍然想不通，轻声嘟囔道："在部队工作，也一样重要嘛！"

"啊，原来是这样！你是光想当官扛牌牌，不考虑事业。给你几天时间考虑考虑，想通了，来找我。"

几天过去了，年方40的张之槐对部队感情至深，还是不想脱军装。一次会议上，贺龙又在大庭广众之下，指着张之槐说："你光想当官，不愿意当老百姓，那怎么行？你回去再想一想。想不通，就开支部大会，咱们辩论辩论。你讲讲不去的理由，如果把大家说服了，可以不去。如果说不服大家，就得去体委报到。三天以后，听你的回音。"

在场的人都是第一次见到贺龙发脾气，非常震惊：贺老总竟如此重视体育工作！贺龙的这席话本来就是为了让大家一起听听的。这样，许多本来不大情愿从事体育工作的人目睹此景，自然也受到了深刻教育。

张之槐整整想了一个通宵。他从贺龙的严厉批评中悟到了对自己的信任和期望，极为感动，等不到三天期满，第二天一早就来到贺龙家里。正在打台球的贺龙看了他一眼，仍然埋头击球，故意不理睬。秘书和警卫参谋给张之槐搬了把椅子，斟了一碗茶水，向贺龙报告："贺总，张处长来了。"

贺龙击了一杆，问："是来辩论的吗？"

"贺总，我想通了。"张之槐站起来答道。

"想通了就好！"贺龙紧绷着的脸一下绽开了，放下手杆，走过来说："坐下谈，坐下谈。"他亲切地坐在张之槐身旁，接着说："要认识体育工作的重要性啊！过去洋人笑我们是东亚病夫。现在，中国人站起来了，这顶帽子要摘掉！谁来摘呢？搞体育的人有责任嘛！这个任务很艰巨，也很光荣。小平同志打电话告诉我，要我当体委主任。需要我当我就当。我还就想当这个体委主任呢！能把体育工作搞好就不错了。你想通了就好。去了好好干，和大家一起把体育工作开展起来。"

张之槐不负贺龙厚望，不仅如期赴京报到，而且现身说法，积极宣传体育工作。如他在1954年5月曾著《关于体育工作者安心工作的问题》一文，从4个方面来论证"体育运动是人民的事业，在国家社会主义建设中有着重要的地位。"

1953年8月3日，国家体委正式向中共中央宣传部部长习仲勋呈递报告，提议任命张之槐为干部训练司副司长。

（谢武申）

"要把祖国的荣誉放在第一位"
——贺龙和徐寅生

1959年，在第25届世界乒乓球锦标赛上，容国团以"人生能有几回搏"的英雄气概，夺得了中国的第一个世界冠军。贺龙亲切地接见了容国团和中国乒乓球队的全体同志。

参加接见的运动员中，就有工人出身、来自上海队、年方22岁的徐寅生。他自从听到贺龙的名字，就无时不想亲眼见见这位传奇式的英雄人物。今天，他如愿以偿。可是，他更羡慕容国团，因为贺龙把容国团叫到跟前，还同容国团握手。自己没得冠军，哪能有这个幸福的机会呢？何况，在这次锦标赛中，自己的责任心不强，患得患失，没有打好。这些，细心的贺老总是不会不知道的。说不定，他老人家会狠狠地"刮"自己一顿。想到这儿，他不由得紧张起来……

正当徐寅生眨眨大眼睛出神的时候，荣高棠同志把他拉到贺龙身边，介绍说："贺老总，这就是打败了日本冠军成田的小将徐寅生。"

贺龙亲切地握着他的手，说："你就是徐寅生啊！"然后拍拍他的肩膀，"打得好嘛！打得好嘛！"

徐寅生的脸一下子红了，羞怯地说："贺老总，我在单打和双打时都没打好。"

贺龙鼓励说："你还年轻，机会多着哪。你要向容国团学习呀！"

徐寅生没想到，贺老总不但没有批评他，反而连连称赞他打得好，对他充满希望。他更没料到，贺老总又把他介绍给周总理，周总理笑着和他碰了杯，徐寅生觉得手中的酒杯有千斤重。内疚和惭愧转而变成了激励："容国团可以夺取世界冠军，我为什么就不行？我又没缺胳膊短腿！我一定按照贺总的指示去做，为祖国的荣誉去拼搏！"

以后，徐寅生和乒乓球队的小将们，经常见到贺龙在乒乓球台旁观看他们的训练，和他们谈心，还和他们同桌就餐，谆谆嘱咐他们"要为革命而打球"；"国内练兵，一致对外"；"在训练中要反对骄娇二气"。

徐寅生把老人家的话默默地记在心里，时刻注意克服患得患失的情绪。在当年召开的第一届全国运动会上，他的球艺和作风同以前判若两人，好多场比赛都是在0比2落后的情况下追回来的。他所在的上海队夺得了全国冠军。

全运会后，徐寅生从头做起，练得更加刻苦。他为了迎接下一届世界乒乓球比赛，潜心研究日本和欧洲运动员的打法，琢磨对付他们的招数。在参加国内比赛时，他从不计较名次，而是有意识地把这些比赛看作练习多变招数的机会。这样，他牢记贺龙关于"国内练兵，一致对外"的指示精神，默默地苦练了整整两年半的时间，终于迎来了第26届世界乒乓球锦标赛。然而，他毕竟才是20出头的年轻人，苦练两年的技术，在国际比赛中究竟如何？心里并没有把握。如果不能夺得冠军，两年前的誓言岂不被人说成是吹牛？又怎么能对得起祖国，怎么能对得起贺老总的期望？徐寅生和伙伴们都在考虑这个问题，思想上的压力是不小的。

贺龙对这些小老虎的脉搏是摸得很准的。在比赛前夕的1961年3月31日，他亲自作动员。他一到华侨饭店，就对早已等候他的小将们说："我是来看看你们，并不是来向你们要奖杯的。"

这句开场白，把小将们逗得笑起来，会场顿时充满了轻松的气氛。

贺龙又说："我国乒乓球运动，从1953年第一次参加世界锦标赛到现在，还不到9岁，还是个红领巾。我这个当体委主任的，对你们取得的成绩是满意的。一个9岁的娃娃，与日本、瑞典、匈牙利、捷克斯洛伐克等球队相比，都比他们年轻。匈牙利队拿过68个冠军。他们都是前辈，都是老师。后辈打前辈，学生打先生，应该没有包袱。"

小将们还从来没有听到过这样充满幽默的讲话，一个个都显得很活跃。贺龙看看火候已到，就开始给他们"打气"说："初生牛犊不怕虎，不怕才能打胜仗。我今年66岁了，是独子，打了几十年仗没打死。你不怕死就不会死，不怕输就不会输。你们要放开手打，不要背包袱。"接着，他又给小将们讲了参加国际比赛的战略和战术，一连讲了两个小时。最后，他说："希望小将们把外国种子队员多打下几个，为中国种子队员开路。看我们的小罗成有没有这样的本事！"

小将们没有听够，纷纷请求贺龙再讲讲。贺龙看看已到开饭时分，便说:"今天先讲到这儿。明天我请周总理、陈毅副总理来给你们讲。"

徐寅生和庄则栋、李富荣、张燮林等70多名小将聆听了周总理、陈毅和贺龙的讲话,深深感到党和人民对他们的信任和期待,为祖国争光的责任感,在头脑里深深地扎下了根。

第26届世界乒乓球锦标赛在北京工人体育馆拉开战幕之后,贺龙和许多中央领导同志出席观看,为小将们助威壮胆。

徐寅生参加了中国乒乓球队男子队,和容国团、庄则栋3人同日本队拼杀,争夺团体冠军。在中国队以1比2落后的不利形势下,轮到徐寅生再度出场,大战日本全国男子单打冠军星野。两人战至关键性的第3局时,星野使出浑身解数,连续放出12次高达丈余的旋转球。徐寅生早有准备,面无惧色,沉着应战,一鼓作气,极其准确地回敬了12大板,最后以21比18战胜星野,拿下了这关键的第3局,为中国男子队夺得第一个团体冠军立下了汗马功劳。在单打比赛中,徐寅生获得了第三名。由于他在这次世界比赛中足智多谋,顽强拼杀,被大家称为"智多星"。他和星野拼杀的12大板,至今仍被传为乒坛佳话。

1961年6月12日,在为参加26届世界乒乓球锦标赛的中国优秀运动员授奖大会上,贺龙元帅把"体育运动荣誉奖章"授给了徐寅生和庄则栋、容国团、李富荣、王传耀、邱钟惠、孙梅英7名运动员,并同他们合影留念。徐寅生为国争光的夙愿终于实现了。和容国团等站在敬爱的贺龙元帅身旁,他感到极大的幸福。

但是,中国乒乓球队的女子队,由于种种原因,败在日本队手下,屈居亚军。在第27届世界乒乓球锦标赛上,又下降到第三名。女队能不能在短时期内打一个翻身仗?从体委领导到运动员都很着急,徐寅生更是如此。他认真学习毛泽东的哲学著作,细心观察女队的优缺点,潜心研究她们打翻身仗的途径。1964年9月28日,国家乒乓球队的负责同志邀请他到女子队作了一次讲话。

徐寅生演讲的开场白独具一格。他说:"现在我是来'放火'的,反正也豁出去啦!"他首先勇敢地解剖自己,讲了如何克服思想上和技术上的弱点,树立雄心壮志,敢于为国家荣誉去拼搏的。然后,逐条分析了女子队存在的主要问题和努力方向。他讲得入情入理,实实在在,处处体现着辩证唯物主义精神,使女队队员们个个心悦诚服。他的这次讲话,在国家乒乓球队和体委引起了很大震动。

贺龙听了李梦华同志汇报后,立即把徐寅生的讲话稿要来,一口气就看完了。他非常赞赏这篇讲话,作了长达数百字的批语:"他的讲话中有几个问题我认为提得很好。首先是为谁打球的问题,要把祖国的荣誉放在第一位。""运动员也要像解放军那样思想上经常有杆枪,时时事事联系到怎样打好球,临场要抛开个人的得失。""看来徐寅生同志是肯于和善于用脑子的。否则,他的这篇讲话就不可能讲得那么深刻。""这种革命事业心和钻劲是可贵的,应该大大提倡。"

贺龙指示要把这篇讲话稿赶快印出来发给各运动队,"让每个人都好好学习"。他还把讲话稿呈送给毛泽东主席。毛主席读后特别高兴,于1965年1月12日批示说:"这是小将向我们这一大批老将挑战了,难道我们不应该向他们学习一点什么东西吗?讲话全文充满了辩证唯物论,处处反对唯心主义和任何一种形而上学。多年以来,没有看到过这样好的作品……如果我们不向小将们学习,我们就要完蛋了。"

贺龙接到毛主席的批示后,连夜组织国家体委党委成员学习,并亲自到国家乒乓球队传达。从此,徐寅生成了运动员心目中的英雄。

可是,也有人不服气,认为把一个年轻的运动员提得太高了。贺龙知道后说:"不要看不起运动员。对小将要重视、要培养、要教育。将来接班人就是他们。徐寅生是第一个标兵。我们以后还要培养出第二、第三、第四个标兵……"

当时,正值第28届世界乒乓球锦标赛前夕。徐寅生怕在比赛时打不好,有负众望,精神负担很大。贺龙早就预料到这一点,经常通过乒乓球队了解他的情况,还亲自找他谈话,及时地帮助他,鼓励他,使他放下了思想包袱,轻装开赴卢布尔雅那。在比赛中,他的技术发挥得比上两届还好。他同庄则栋合作,获得男子双打冠军。

中国女队经过苦练,解除了思想负担,在比赛中出手不凡,过关斩将,杀败所有强手,终于打了翻身仗,登上世界冠军宝座;林慧卿和郑敏之合作,夺得女子双打冠军。从此中国的乒乓球运动发展到世界最高水平。

贺龙对于乒乓小将们的优异成绩和他们在思想、作风上的巨大进步,非常满意,号召其他运动队向他们学习。他说:"乒乓球队有个徐寅生,你们努把力，出个徐寅生好吗？要学徐寅生，赶徐寅生，超徐寅生，都要做到'心怀祖国，放眼世界'。全国要培养几百个、几千个、几万个徐寅生，体育事业就搞得更好了。"

徐寅生后来被提升为国家体委副主任，当选为中国乒乓球协会主席。他和许多乒坛宿将铭记贺龙元帅的嘱托，培养出一批批优秀乒乓球运动员，使中国的乒乓球技艺一直在世界乒坛大放异彩，长盛不衰。

（谢武申）

"革命的冲天干劲必须跟严格的科学态度结合起来"

当我第一次听到贺龙同志逝世的消息时，简直惊呆了，怎么也不肯相信这是真事。像他这样一位虎虎生风、爽朗豪放，为中国革命建立了丰功伟绩的革命前辈，怎么可能突然跟我们永别了呢？

直到几年以后，我才从断断续续的消息中得知，我们敬爱的贺老总，是被万恶的林彪反革命集团和"四人帮"迫害致死的。我难过极了，越想越痛恨这帮阴谋篡党夺权、陷害革命前辈的害人虫。

贺老总是国家体委主任，也是我们广大运动员的贴心人。1959年贺老总曾经和我谈过两次话。回忆起这两次对我政治上的成长有着特别重要意义的谈话，激动的心情就久久不能平息。

1959年9月，我国举行了第一届全国运动会。这年初春，我在北京体育学院参加集训。一天中午，快到开饭的时候，忽然听说贺老总要来看望我们，大家高兴极了，都向校门外奔去。贺老总刚从汽车里走出来，就被我们这一群运动员团团围住了。大家争着同贺老总握手、问候。贺老总高兴地一边同我们握手，一边问道："你们吃饭了吗？"当他知道大家还没有吃饭时，立刻微笑着挥了一下手，说："走！上食堂去。"于是大家簇拥着贺老总，一起来到了食堂。学院的领导人把贺老总引向一张专门为他准备的饭桌，上面已经摆好了一桌菜。不料贺老总摇摇手说："我不在这里吃，我要和运动员们一起吃饭。"说着，他自己动手拿起一副碗筷就朝我们的饭桌走过来。我们喜出望外，马上给贺老总让出一个座位来。他一坐下，就用亲切的目光扫视着我们，招呼大家就座。

这时，贺老总一眼认出了我，就招招手，叫我坐到他身边。他看看桌上的饭菜，问我们："你们平时吃的菜也是这样的吗？"我们回答："差不多，不过今天每个菜的量稍微多一点。"贺老总马上风趣地说："啊，怪不得这么多。你们这一顿菜，够我吃一天的。"又说："你们运动员的伙食标准比较高，吃得好，这是因为工作需要、革命需要，可不能滋长娇气啊！"接着，他就边吃边询问我们生活、学习方面的问题。忽然贺老总转过头来问我："你入党了没有？"我一愣，感到一阵惭愧，只得不好意思地摇摇头。贺老总又接连问了几个在座的田径、举重运动员是不是党员，他们也都做了否定的回答。贺老总一看，坐在这一桌上的人竟没有一个是党员，脸上的神色一下子变得严肃起来。他又转过脸来问我多大年龄，我说24岁。他听了以后皱了一下眉毛，紧跟着又问："24岁啦，还没有入党，怎么搞的？"我被问得心里直扑腾，不知怎么回答才好。

这天，北京体育学院党委的几位负责同志也在我们食堂用饭。于是贺老总便要求他们注意抓好运动员的政治思想工作，不能只抓技术训练，并且指示学院党委立即制定出一个在运动员中培养、发展党员的具体规划。他说：在这里集训的，是目前我国最优秀的一批运动员。这"优秀"的含义，不能只看运动技术水平，也应该包括政治思想条件在内。学院的党组织要对运动员做深入细致的政治思想工作，多给他们锻炼的机会，提高他们的觉悟，鼓励他们争取入党。

这天晚上，我思潮汹涌，久久不能入睡，贺老总的话像桌上的钟摆，激荡着我的心。我是在部队里成长起来的。争取入党，虽然是心中存在已久的愿望，但由于自己在改造世界观、提高政治觉悟方面努力不够，所以至今还没有入党。这怎么对得起党和毛主席对我的培养，怎么对得起敬爱的周总理、贺老总、陈老总这些革命老前辈对我们的殷切关怀和谆谆教诲呢？贺老总关于一个新中国的运动员，首先应该是一名具有崇高革命精神的共产主义战士的指示，在我心中燃起了一团熊熊烈火，促使我争取成为一名共产党员的愿望更加迫切了。我暗自下定决心：决不辜负党的殷切期望，一定要争取早日加入伟大、光荣、正确的中国共产党！

离第一届全运会开幕的日子还有半个月,首都北京就已经到处洋溢着迎接全运会的节日般的气氛。

8月30日上午,参加全运会的运动员和工作人员在北京体育馆召开了一次反右倾、鼓干劲,迎接全运会的誓师大会。贺老总在大会上讲了话。贺老总平时在大会上讲话极少照讲稿念,我们都喜欢听他生动的讲话。那一天,他的情绪显得特别好,讲起话来更有劲,更生动风趣。全场7000多人都被贺老总那朴实、刚劲、鼓舞人心的话语吸引住了,不断地报以热烈的掌声。

贺老总讲完了话,在主席台上就座。当时我正坐在主席台的后排。贺老总转过头望见了我,打了个手势叫我过去。我怀着兴奋和激动的心情,坐到了贺老总的身边。还没来得及向他老人家问候呢,他却先开口问我了:"你有没有干劲?"我毫不犹豫地回答说:"有!"贺老总点点头,又问我近来的训练情况怎样,思想、技术有没有新的提高。我向贺老总汇报说:"昨天我100米跑了11.6秒。"他一听到这个新成绩,很高兴,马上又问:"好啊,那么离世界纪录还差多少?"我说还差零点3秒。贺老总略微思索了一下,伸出3个手指,轻声地重复着"零点3秒"几个字,然后又问我有没有信心冲击世界纪录。我犹豫了一下说:"信心倒是有,不过……相当困难。"我这种自相矛盾的回答,立刻引起了贺老总的不满,他直截了当地批评我说:"同志啊,你的干劲还不足呀,思想不够解放!为什么不敢冲击世界纪录?"他指了指大厅上方挂着的大幅标语,对我说:革命者应该无所畏惧。毛主席的领导,就是我们力量的源泉,有这么大的力量,你应该有信心突破那零点3秒!

听着贺老总的批评,我只觉得自己脸上一阵火辣辣的,心里有说不出的羞愧。是啊,刚才自己还说有干劲哩,可是一接触到具体问题,自己的嘴就软了。这岂不是说明我的干劲是虚的,是不落实的?贺老总看出了我的窘态,就慈祥地笑了,亲切地对我讲了我们有毛主席掌舵,有坚强的党中央领导,有全国亿万人民的冲天干劲和革命英雄主义的气概,我们就能战胜一切艰难险阻,创造出各种各样人间奇迹的道理。

贺老总讲话的声音不大,但每句话都讲得很有力量。在讲话中还讲起了当年红军长征艰苦奋斗的故事。他告诉我,那时部队经常处在寒冷、饥渴、疾病的威胁下,在最困难的时候,一天要在崎岖的山地里赶一二百里路。为了摆脱敌人的追赶围截，有时连续步行好几天不得休息。这困难有多大啊！但是，共产党人是先锋战士，在共产党员面前，没有克服不了的困难。在毛主席的领导下，我们终于消灭了几百万蒋匪军，建立了新中国。

贺老总接着又用勉励的口气对我说："你们要学会不断总结经验，既要苦干又要巧干。"他还告诫我，革命的冲天干劲必须跟严格的科学态度结合起来，并举例说短跑运动这里边就有不少学问，首先要全面增强身体素质，加强力量，还要加快跑动的频率……

我一听贺老总竟然说出我们田径运动员的术语来，真是又惊又喜。我就说："贺老总，您对田径运动还真内行呀！"贺老总摇摇头说："不，我不懂。我说得不一定对，只是打个比喻。我问你，你跑100米总共跑几步？每一步的幅度是多少？10米需要几步？20米跑几步？什么时候开始冲刺？……"

我被贺老总这一连串的问题问住了，一时答不上来，心里暗自惊讶，真没想到贺老总会问得这么具体，这么细致。这位叱咤风云、使敌人闻风丧胆的老帅，现在抓起体育工作来也一点儿不含糊呀！

贺老总又询问了一些关于我们冬季训练的情况。他嘱咐我要多爬山，选择复杂的地形锻炼腿力和耐久力。他说，越是在困难的条件下，锻炼出来的意志和成绩越是巩固。

临别的时候，贺老总再三叮嘱我，一定要坚持政治挂帅，学好马列主义和毛主席著作，鼓足干劲，为革命勤学苦练，为祖国争光，为毛主席争气！他还嘱咐我，把他的谈话转告其他的运动员们。

贺老总的话，在我心中引起了极大的震动，我心头热乎乎的，干劲倍增，全力以赴去参加第一届全运会。在党组织和教练员的帮助指导下，我终于在全运会上取得了女子100米、200米、400米三项冠军，同时创造了200米和400米两项全国新纪录，使我国的女子短跑成绩更进一步接近了当时的世界最高水平。敬爱的周总理亲眼看到了我打破纪录的情景，特地走进田径场来接见我，高兴地祝贺我，要我继续鼓足干劲，再接再厉，向世界水平前进！

就在那一年的10月28日，我在周总理、贺老总的亲切关怀下，在党组织的培养教育下，终于实现了我盼望已久的崇高愿望：光荣地加入了中国共产党。

20年过去了。但是，贺老总的那两次谈话，我至今记忆犹新。他那亲切的声音、谆谆的教诲，至今还深深地刻在我的脑海中。他那慈祥的笑容、爽朗的神态，现在还历历在目。可以这么说，贺老总用他自己宝贵的斗争经验和炽热的革命精神，点燃了我们心头的火炬，鼓舞着我们前进。我总觉得，这是一次对我的一生具有转折意义的谈话，年头过得越久，我越体会到贺老总这次谈话的深刻意义，也越发增添了我对敬爱的贺老总的怀念。

（姜玉民）

"足球是军球"
—— 贺龙和鐔福祯

西南区足球队和西南军区"战斗队"两支足球队，技术水平都相当低，贺龙十分想为足球队聘请一位出色的教练。

一次，贺龙问林绍洲是否认识"球王"李惠堂，林绍洲说："过去认识，只是好多年没见着了。"

"你写信，托人给他带去，向他致意，就说我请他来'战斗队'工作。关于薪金让他自己报，要多少给多少。"

李惠堂此时已经去了香港，由于不大了解大陆和解放军的情况，接到林绍洲的信后，没有答复。贺龙还通过其他途径，请他来"战斗队"，但都未能如愿。贺龙为此十分惋惜。

1953年，"战斗"体工大队副政委陈居江带领"战斗"足球队到上海观摩全国青年足球比赛。贺龙又嘱他在上海物色教练。

在这次比赛中，上海青年队夺得了冠军，该队教练员便是足球宿将鐔福祯。陈居江便来到上海体委，请他们为"战斗队"推荐一名教练。经会商，大家都觉得鐔福祯比较合适。陈居江遂将所了解的情况直接报告了贺龙：鐔福祯原籍辽宁黑山县，曾在冯庸大学体育部和东北大学（校长由张学良兼任）读书。1936年毕业后在天津北宁铁路任职，以他为中锋的北宁足球队在参加天津的一届国际联赛时，击败了英、意、白俄、西侨等所有外国队，第一次打破外国足球队称霸中国的局面。从此，几乎每次参加国际比赛，北宁队都捧杯而归。北宁队赴日本比赛，以1∶0战胜了一流强队早稻田队，镡福祯被日本队员凶狠地踢肿了脚。早稻田队输给中国队后，队员们气得割破了球鞋！镡福祯所在的球队曾7次战胜意大利队（侨民），时有"七擒孟获"的佳话，是一位公认的"华北最好的中锋"。他到上海后，又加入埠际队和华东队。当时他的本职是华东第一针织厂总务科副科长，月薪250万元左右。

贺龙听罢介绍，高兴地说："一个总务科长容易找，一个足球名将可难寻哩！就说我贺龙请他来重庆。"

有了贺龙这句话，陈居江便亲自游说镡福祯："贺龙的名字，你听说过吧？"

"就是两把菜刀闹革命，后来担任南昌起义总指挥，抗战时当一二〇师师长的贺龙吗？"

"是的。"

"我在学校读书时就知道这个名字。"

"他现在是我们西南军区的司令员。他很重视体育，也很重视人才。你看，贺司令员派我带足球队到上海来学习，还让我物色教练，一下住了两个来月。贺司令员特别让我转达他的敬意，希望你能去重庆担任'战斗队'的教练。"

镡福祯回忆起当时的情景时说："陈居江把贺龙抬出来，对我来说比毛泽东都厉害，因为当时我对毛泽东并不了解，而对贺龙的传奇故事早就有耳闻。他当时已经当了国家体委主任。我当时月薪250万元，还有些补贴，在上海新闸路还有一所大房子，楼上楼下各两间，外加两个亭子间。在上海垒这么个窝可不容易。我曾想回东北老家，也没舍得这个窝。陈居江来找我之前，南京军区也曾经要我去当教练。我那时的心情是矛盾的。加上'战斗队'在上海和国棉17厂队比赛，以0∶8惨败，我认为这个队的基础太差，就更加犹豫。没想到我妻子这时来将我的军，说：'你平时老说要为革命做贡献，现在解放军的贺司令员派人来请你，你倒犹豫了。如果你不去，我就要和你离婚。'一个女同志尚且有这样的志气。古人说过一句话：'士为知己者死。'你贺龙看得起我，去就去吧！"

谁知镖福祯下了决心，他妻子的所在单位却不愿放她走。贺龙从重庆给潘汉年打来电报，告其西南部队可以安排她的工作，请转告她的所在单位批准她与丈夫同行。于是，8天之内，镖福祯夫妇就把房子、家具处理完毕，携了一儿一女乘船溯江而上，取道武汉赴渝。

陈居江陪镖福祯夫妇到达武汉时，适逢贺龙在此路过。在中华旅舍的客厅里，贺龙会见了这位足坛宿将，充满希望地说："欢迎你从大上海来西南工作。我们的足球队水平很低，非常需要'教头'来加加工啊！你们上海是个大地方，但是不要看不起西南哪！西南有上亿人口，天府之国，人杰地灵，是很有发展前途的。足球是军球，在部队里开展是最合适的，战士们非常喜欢它。希望你到部队里传艺，多教几个学生，对发展足球运动做出贡献。以后到重庆再谈。今天请你看场电影。"

电影放映完毕，镖福祯怕打扰贺龙办公，就悄悄地退到一旁。贺龙踏上几级楼梯，忽然停住脚步，问秘书："镖教练呢？"

秘书说："已经走了。"

"你叫住他。"

秘书以为贺龙还有什么事，就叫住已经走到门口的镖福祯。贺龙追到门口，紧紧地握了握他的手，说："忘了和你告别。我还有事，让陈居江送你吧。咱们到重庆再见。"

镖福祯踢了大半生足球，从没受到过这么高的待遇，心中很不平静。他后来在谈起这件事时说："贺司令员已经上了楼梯，又下来追到门口和我握别，这在国民党时代的大官们是绝对不可能的，对一个踢足球的，更是如此。过去我只是从书上看到过'礼贤下士'这句话，这一次才亲自体会到了。贺总当时跟我谈的，有一句话记得最清：'足球是军球'，因为这是我第一次听到这种说法。"

镖福祯到"战斗队"就职后，月薪金为250万元，为西南教练员中最高者。妻子被安排在西南军区保育院工作，刚上班就发给她3个月的薪金，使夫妇两人深为感动。从此以后，镖教练每日披挂上阵，兢兢业业。他要求队员做的动作，必定自己先准确地做一遍。他技艺高超，又温文尔雅，和蔼可亲。队员们经他"加工"后，茅塞顿开，球技来了一个飞跃。镖福祯率领小伙子们重返上海，再战国棉17厂队，竟以8∶1取胜，前后判若两队。

尽管镡教练到西南仅仅两年左右的时间,"战斗队"便因西南军区的撤销而解散了,因而失去了参加国内外大赛的机会。但是,"战斗"足球队由此涌现出来的几位全国著名的足坛宿将,如后来担任广东省足球教练的冼迪雄,广州部队足球教练潘培根,曾为"战斗队"门将后为国家足球队教练的曾雪麟等,都出自镡福祯门下。

(谢武申)

"把你的技术和经验好好向青年人传授传授"
——贺龙和林绍洲

西南区体工队和"战斗队"集中了西南地区的精兵良将。姑娘、小伙子们训练很认真,也很刻苦,却苦于没有名师指导,也没有现成的体育教材,不知从何练起。特别是体工队的田径队建立之后,论人数,比其他项目的运动队都多,但教练员却只有李代铭1人。

张之槐的弟弟张之轩在川西区公安部门工作。他在清理成都国民党军政人员档案时,发现了林绍洲的材料,便对张之槐讲,林绍洲除在国民党军队担任过体育教官外,并无其他问题。张之槐在20世纪30年代就认识林绍洲,发现他的踪迹后,就很高兴地向贺龙推荐了他。

林绍洲曾在1930年4月赴杭州参加旧中国第四届全国运动会,获得110米高栏冠军。之后,又蝉联第五、第六届全国运动会110米高栏冠军。由此,曾被人称为"高栏王"。他曾就读于集美高中、师范专科、厦门大学教育系和上海持志大学教育系。1935年毕业后,在持志大学任教,并兼南京海军部体育总干事和海军游泳教官。国民党中央军校迁成都之后,他任该校体育科长兼总教练,同时还兼任光华大学体育主任和华西大学体育教员。1930年5月,他作为中国体育代表团的田径选手参加了第九届远东运动会。他还是中国参加奥运会代表团的成员。成都解放后,他作为留用人员,曾在解放军某随营学校教体育,也参加过修筑铁路,还在川西军区机关组织工作人员的业余球队。他有妻子和 6 个孩子，但月工资却只有 80 万元，很难维持生活。于是他要求转业，用转业费购置了一辆架子车（即人拉的双轮载货车），每天给工厂拉活度日。由于他身材高大，强壮有力，快步如飞，加上他在车轮上安了轴承（成都旧式架子车无轴承），所以总是比同行拉得多，最多时一天能挣 10 万元左右。

当时"战斗"田径队正缺教练员。贺龙过去也听说过林绍洲。他把二队协理员冯毓昌找来，说："成都有个林绍洲，是解放前的全国高栏冠军，别的项目也不错。听说他在成都拉架子车。我在电话上跟李宗林（成都市委书记，曾给贺龙当过秘书）说好了，让他们找人和林绍洲谈谈，到'战斗队'来当教练。你们再从成都找几个拉黄包车的青年，从 17 岁到 20 岁的，让他们练长跑。田径队要扩大，也要搞好，没有好教练员不行。"他说着，写了一个便条，交给冯毓昌。"你们一定要找到林绍洲，把他调过来。听说他家里娃儿多，生活很苦。你拿着这个条子，支 120 万元补助费给他送去。"

冯毓昌走后，贺龙还不放心，又让李达给川西军区专门发了一个电报，请他们协助冯毓昌。

冯毓昌等在成都市政府的帮助下，很快就找到了林绍洲，先派了一名认识他的干事，探探他的口气。开始，林绍洲考虑自己是台湾籍人，又在国民党中央军校任过职，到解放军中恐不会被信任；工资又比现在拉架子车少，难以养活 6 个孩子，便婉言推辞说，自己年纪大了，不适合再搞体育。

冯毓昌和成都西城区的一名负责干部再次去林绍洲家，对林绍洲说："我们'战斗队'运动员的条件都很好，就是缺少教练员。贺司令员早就听说过你的大名，特派我们来代表他向你致意，请你再度出山。房子已经给你准备好了，家眷都可以带去；需要多少薪金，请你自己报。"

那位区干部也说："区长希望你好好考虑一下，到军区工作是光荣的。你是转业军人，如果部队需要，还是应该回部队。"这时，冯毓昌将带去的一笔补助费放到桌子上，说："贺司令员听说你娃儿多，生活困难，特意让我们支了一点补助费，给娃儿们买几件衣裳。"之后，张之槐也同他谈话，说："贺总很重视体育人才。你到解放军当教练，带学生，多光荣啊！在这里拉架子车，埋没了你的才能，多可惜呀！"林绍洲终于被说动了。

林绍洲偕妻携子，坐上了从成都开往重庆的列车。他望望6个穿破衣服的孩子，又望望整洁舒适的软席车厢，不解地问："我们上错车厢了吧？"

冯毓昌答道："没错。让你全家乘软席，是贺司令员交代的。"

林绍洲默念着"贺龙"两个字，眼睛模糊了。他赶紧将头转向窗外，心中暗自说，男儿有泪不轻弹哪！

不久，贺龙在重庆亲切地接见了林绍洲夫妇，对林绍洲说："欢迎你来'战斗队'工作。你不是喜欢搞体育吗？那就好好工作吧，把你的技术和经验好好向青年人传授传授。"他介绍了身边的张之槐："这是你的新朋友张之槐。以后工作中遇到什么问题，可以跟他商量。"

之后，贺龙又交代张之槐说："林绍洲的工资，让他自己报，要多少给多少。他娃儿多，生活上有什么需要，尽量满足他。"

林绍洲回忆这段往事时说："当初，关于工资问题是讲了价钱的，因为怕再发80万不能养家糊口。后来张之槐通知我说：给你全队的最高薪金，每月120万元；小孩子每月发4万元，6个孩子共24万元；吃饭，你们就不用管了，由国家管。贺总喜爱体育，我也爱好体育。至少从这一点上说，我们是心心相印的。全国解放后，是贺总看上了我，我才走上了这条道路。"

林绍洲来到"战斗"田径队任教之后，竭尽全部身心，培养了一批具有全国一流水平的运动员。

华西大学医疗系二年级女学生李治初在西南区运动会上成绩突出，在女子200米预赛中打破了全国纪录。贺龙对林绍洲说："把她调来，加加工。"

林绍洲说："她个子高，腿长，有培养前途。"

但是，很快就要在名牌大学毕业行医的李治初，对辍学搞体育很是犹豫。贺龙知道后，对她说："医学院毕业生，今后全国有的是。破200米纪录的，就只有你一个。你应该来嘛！"李治初听了贺龙的话，参军到了"战斗队"。林绍洲根据她腿长的特点，建议她改攻跨栏。经林绍洲的指点，她进步极快，在1953年的全国田径选拔赛上，以13秒92的成绩平了80米低栏的全国纪录。同年8月，她在莫斯科训练时，以12秒9打破中国纪录。在 1954 年的全国大学生运动会上，又将这一成绩提高到 12 秒 5。

贵州的一名当会计的姑娘叫李雪祖，喜欢蹦蹦跳跳，打球唱歌。她试试垒球掷远，居然名列贵州省第一名。于是，她便放下军区后勤部的算盘，到贵州军区体工队报到。没多久，被贺龙发现，调来"战斗队"，让她拜师林绍洲。林"教头"让她试了试田径的几个项目，觉得她掷标枪的前途大些。李雪祖便和林"教头"学起标枪来。1954 年，在青岛举行全国纺织运动会，贺龙也派"战斗队"去比试比试。李雪祖奋力一掷，竟然打破了全国纪录！从那以后，她便进了国家田径队。

在"战斗队"里有位跳高运动员叫李大培，江西萍乡人。1948 年就读于中央大学体育系，1949 年参加了第二野行军，曾作为西南军政大学篮球队员参加过多次比赛。他的弹跳力是全队最好的。贺龙对他说："你打篮球，个子矮了些，但是你的弹跳力好，1.78 米的个头儿，练跳高就很合适。怎么样？改行练跳高去吧，准备参加明年的全军八一运动会。"

李大培尽管已有 24 岁，还是听从贺龙的话，高高兴兴地改了行，在李代铭教练的指导下，打下了很好的基础，并取得了八一运动会跳高第三名的成绩。林绍洲来到"战斗队"后，又指点他采用"剪式"。他作为运动员来说，年龄已大，但他极能吃苦，成绩稳步上升。恰在这段时间，邓小平来西南军区开会。贺龙告诉他"战斗队"请来了"高栏王"，他当然也想看看这位曾经拉过架子车的教练。一天，贺龙和邓小平在会议休息时，信步来到军区操场，看林"教头"怎样训练。他们看到李大培每次碰掉横杆，都要自己架上，很耽误时间，便对他说："你只管跳，我们帮你架杆。"于是，两人分立两侧，一个叼着雪茄，一个抽着卷烟，兴趣十足地看着李大培的剪式跳高。看到这个阵势，李大培紧张起来，几次试跳一个新高度，都碰掉了横杆。邓小平一边和贺龙架杆，一边鼓励李大培说："别紧张，别紧张。"

李大培试了几次，也就不紧张了。但这副跳高架子是老式的，顶端只有 1.8 米，也被李大培越过。邓小平和贺龙兴致越来越高，很想看看他能跳多高，就找了几块砖头，把架子垫了起来。这时，张之槐走了过来。贺龙便说："张之槐，你看，这跳高架子这么矮，怎么练？马上做副新的。"

看到两位首长在太阳下晒着，师徒两人备受鼓舞。李大培几次奋力冲刺，又越过了垫起了两块砖头的架子。林绍洲量了量，高度是 1.87 米。

这是一个不平凡的数字：解放前由吴必显创造的全国最高纪录也是1.87米。当林绍洲讲了这个数字的含义时，贺龙和邓小平还不满足，笑着说，下次我们再来看你超过这个高度。

此后不久，贺龙便把李大培调到了八一队和国家田径队。1954年8月，在匈牙利布达佩斯第十二届大学生运动会上，他以剪式越过1.88米的横杆，正式打破了全国最高纪录。1956年9月，他在莫斯科、基辅等地，又分别以1.92米、1.93米和1.95米的成绩多次打破全国纪录。其中在基辅举行的中苏田径赛上，他以1.95米的成绩获得第一名（这一成绩相当于1952年赫尔辛基奥运会的第五名）。他以剪式曾越过2.03米，并在中国率先由剪式改为滚式。

此外，著名短跑运动员陈家全，中长跑运动员陈正绣，铁饼运动员石宝珠，三级跳远运动员李潜德等，都曾受过林绍洲的指点。他们都曾多次获得过全国第一名。

（谢武申）

"一定要爱惜党和人民给你们的荣誉"

贺龙同志和蔼可亲，平易近人，我们都亲切地称他"贺老总"。

我第一次见到贺老总是在20多年前。

1955年9月的青岛，天气凉爽宜人。运动场上龙腾虎跃，我们都在进行紧张的训练。一天，贺老总和其他领导同志突然出现在运动场上，来看望运动员，运动场上一下子沸腾起来啦！

贺老总笑容可掬，和大家一一握手。当有人向贺老总介绍我时，我又兴奋，又紧张，一时激动得说不出话来。

"石宝珠！"贺老总亲切地叫了我一声，"来，来比赛。"

"我不行！"我乍一听愣了，不知比什么、和谁比？脱口说出了这一句。

行！怎么不行？贺老总大约看到我腼腆不安的样子，朗声笑了起来，鼓励我说："来，小将和大将比比。"他一边说，一边向在身旁的萧劲光同志笑笑。

行！怎么不行！萧劲光同志从运动员手里接过手榴弹，掂了掂分量，直朝我笑。

我怎么能和首长比赛呢？但领导同志是那样的和蔼、亲切，我的紧张情绪顿时消失了。在贺老总和同志们的鼓励下，我深深地吸了一口气，猛地一个助跑，使劲地把手榴弹扔了出去。

萧劲光同志也迈出了步子，一挥臂，手榴弹像离弦的箭，在空中飞了很长的时间，"咚"的一声，在很远的地方落了下来。萧劲光同志当时已年近花甲，仍有那么一股虎劲，大伙感到十分敬佩，场上爆发出一阵掌声。

"比赛"结果，相差无几。贺老总听说我投弹稍远一点，连连点头微笑。

萧劲光同志也鼓励我说："好，很好！"

我的脸红了。

"小将赢了大将"这句话凝结着老一辈无产阶级革命家对年青一代多少殷切的期望啊！

1959年11月，我们在北京体育学院训练。一天上午，贺老总到北京体院视察工作，要和我们见见面。

这消息像长了翅膀，很快传遍了整个体院，运动员个个兴高采烈，喜冲冲地涌向体操房，挨个儿坐在地板上。我因为坐在后面，又夹在人群当中，看不清贺老总，但是我多么想见见贺老总呵！

贺老总开始讲话了，场上响起了一阵热烈的掌声。

石宝珠、郑凤荣来了没有？贺老总大声地问着，要我们坐到前面去。贺老总多么了解我们心里想的是什么啊！

贺老总像谈家常一样，亲切地和我们谈了许多革命道理，指示我们要努力学习马列著作和毛主席著作，要正确地对待荣誉。他问我们：荣誉是哪里来的？你们想过没有？要经常想想这个问题。是啊，荣誉是从哪里来的呢？你们年纪都还小，对革命没作过多大贡献，但有了一点进步，报纸上就表扬你们。伟大领袖和导师毛主席、敬爱的周总理经常地接见你们，亲切地教育你们，这样巨大的幸福和荣誉究竟是从哪里来的？贺老总加重语气，强调说："是党给的！党给你们这么大的荣誉，这主要是革命的需要，个人有什么了不起呀！你们年纪还很轻，一定要爱惜党和人民给你们的荣誉，不要辜负毛主席、党中央对你们的期望！"当时我们运动员中有个别同志早婚，影响学习，影响训练，很不好。对这个问题贺老总再三嘱咐我们要牢牢记住：党和人民为培养你们花费了多少心血！付出了多少代价！贺老总启发我们对肩上所负的革命重担作深刻理解，努力为革命多做贡献。

那天，贺老总对我们讲了很多革命的道理，如今回忆起来，我还记得他讲话时的神态呢。每当我想起他对我们的教诲，总感到充满了力量。这是革命前辈对我们年青一代的深切关怀和严肃要求，语重心长，感人至深。

中午贺老总到我们运动员食堂和我们同桌吃饭，我拣了一块肉放在贺老总碗里。

"我血压高，大夫不让吃肉，还是你吃，吃了多长劲，为社会主义祖国争光。"说着，他又把这块肉拣回到我的碗里。

在饭桌上，贺老总问我在训练中受过伤没有，我说两个膝盖受过伤。他又关切地问我治疗的经过情况，还建议我去看中医。贺老总特别叮嘱我们说："晚上睡觉，要注意把脚保护好；盖被子时不要只顾头，不顾脚，脚露在外面受寒，要得病的。"

那天他和我们谈了很久。贺老总关心我们的政治学习，关心我们的体育训练，关心我们的日常生活，甚至连盖被子这样细小的事情都关心到了，我们几个同志听了，异常激动，久久说不出话来。

这些虽然都是很多年前的事了，但一回想起当时聆听贺老总的教导，党的亲切关怀，仍止不住心潮翻滚，激动不已！

（石宝珠）

"一个革命战士，就是要服从革命工作的需要"

1951年，我刚参军，当时，我们部队驻在重庆。一天下午，在一个傍山靠坡很简陋的土球场上，部队进行一场篮球友谊赛。在记分牌旁边，一位首长坐在小板凳上。他头戴宽边草帽，留着短须，聚精会神地看比赛，还时时带头为运动员的精彩表演鼓掌。老同志一眼就认出了这是贺老总。这是我们第一次见到贺龙同志。

从这以后，在简陋的球场边，我们就经常看到贺龙同志拿着一张小板凳，随随便便一放，就坐在那儿专心致志地看我们打球、跑步、做操。早上我们出操，往往看到他早就坐在操场边的大石头上。有一次我们来晚了，他边看表边说："你们是几点钟出操呀？"我们从这次挨了批评以后，就不再迟到了。也就是在这操场旁边，贺龙同志一次又一次地叮嘱我们，冬练三九，夏练三伏，要为革命刻苦训练。

转眼就是1年。有一次，西南军区正进行篮球选拔赛。贺龙同志从各省军区临时组成一个篮球联队，让我们和西南军区田径队进行篮球比赛。开始，田径队的同志不肯打。贺龙同志就把我们田径队女同志召集在一起，对我们说，你们不要怕，我来当教练，你们按我的办法打，两名短跑打前锋，跳高的打后卫抓篮板球，投掷的打中锋，后卫拿到球传给中锋、中锋给前锋上篮。这次比赛结果，我们女子田径队打赢了。赛后，贺龙同志把两个队召集在一起，风趣地对联队的同志说，你们怎么打得赢？跑没人家快、跳没人家高，人家一跑你们撵也撵不上。说得两个队的同志哈哈大笑。从此以后，在多年的体育工作中，我每每记起这次别开生面的球赛，记起贺龙同志的讲话，我体会到：贺龙同志那时就十分强调运动员的身体素质和基本功的训练了。

1953年年底，我到八一体操队后，和队里许多同志一起到北京体育学院学习。因为工作需要，1955年春天，组织决定把我们10位同志转业到北京体院，当时我们都舍不得离开部队，不愿脱下军装。于是我们就想了个办法，联名向中国人民解放军总政治部和国家体委的领导分别写了一份报告，坚决要求回部队工作，谁知这两份报告都转到贺龙同志手里。那是个春天的下午，风沙很大，贺龙同志到北京体院来视察工作。当他兴致勃勃来到我们龙腾虎跃的体操场时，看到我的第一句话就说："小鬼，你这两年进步得很快嘛，已经学会签名、盖章、打报告了！"说着又回过头去告诉陪他一起来的钟师统院长到底是怎么一回事，然后又语重心长地教育我说："你是老同志，队里的老大姐了，怎么能带头签名、打报告呢？"接着，贺龙同志就耐心细致地做我的思想工作，和围拢来的同志讲国内外形势的发展，谈我们的社会主义革命和社会主义建设，谈体育工作的重要性。他说："中国人民解放军要支援国家的社会主义建设，遵照毛主席的教导，要精兵简政，由于革命形势发展的需要，今后将有许多同志要转业到地方工作。"他还笑呵呵地指着钟师统院长说："你们看，你们的院长不也是脱了军装吗？我也和你们一样，现在不要我做司令员，要我做副总理，管体育，我也要服从分配、脱下军装，对不对？"

那时我还年轻，听了他的话，我笑着脱口而出，说："你是首长，什么时候高兴穿军装都行，我们可不行啊！"贺老总听了我这调皮话，一点也不生气，还笑嘻嘻地说："那也要看需要，当革命需要的时候，你们也可以再穿上军装嘛！"这话说得我们口服心服。贺龙同志趁热打铁地问我们："你们大家意见怎么样，该怎么来处理这两份报告呢？"当时我们大家都愉快地表示，收回这两份报告，有的同志还不好意思地说："还给我们吧！"贺龙同志听了很高兴地说："那很好！"边说边从口袋里拿出那两份报告，交还给我们。他看着我们这群小鬼的窘态，呵呵地笑了起来，我们也都笑了。

随后，贺龙同志看了我们的训练，他看得很仔细认真，还提出许多关于训练方面的问题和意见。临离开时，他和我们一一握手告别，鼓励大家好好训练，为国争光。当他和我握手告别时，微笑着对我说："小鬼，刚才我批评你了，你生气吗？有意见吗？"他停了一下又接着说，"一个革命战士，就是要服从革命工作的需要、要服从党的安排和调动嘛！"他一遍又一遍地叮嘱我们，我们听了愉快地点着头。

1958年，这事情发生后的第3年，许多中央首长在中南海接见参加全国青年社会主义建设积极分子代表大会的代表，和我们一起拍照。当时有300多人，虽然我人矮，但贺龙同志还是很快就认出我来了。他走近我，用力地和我握手说："你来了，很好，说明你最近有进步了，真的有进步了！"短短的一句话，说得我心里热烘烘的，同时，我也觉得十分惭愧，因为我还做得不够，贺龙同志的话是对我的鼓舞和鞭策啊！

20多年过去了，但贺龙同志对我们的谆谆教导，他那和蔼可亲的音容笑貌，一直萦回在我的脑中。

（温小铁）

"这样的同志应当吸收到党内来"
——贺龙和傅其芳

贺龙对傅其芳的重用和关怀，在体育界传为美谈，对中国乒乓球运动的发展也起到了很大作用。

傅其芳在香港打乒乓球，曾击败了世界冠军英国的李奇和伯格曼，名声大振。但这些，仍然没有改变他失业的困境，动荡的生活，使他感到前途渺茫。有一次，他代表香港到新加坡参加国际比赛，和队友们一起打败了实力强大的日本队，夺得冠军。发奖以后，一位华侨女教师从人丛中匆匆走来，紧紧握住傅其芳的手，又把一包水果塞给他说："祝贺你啊，我太高兴了！"可是她忽然收敛了笑容，语重心长地说："你们如果代表我们的祖国，那就更好了。"

这位华侨的话，重重地锤击着傅其芳的心弦，"祖国"二字具有多么巨大的感召力呀！他向往能代表新中国打球，并向有关方面表示了这个愿望。但他又有些疑虑，因为他在香港欠了一笔债，还担心回大陆后生活水平会降低。

以贺龙为首的国家体委领导同志很快就得到了这个信息。他们经过慎重的研究，认为我们的乒乓球事业正需要人，毅然决定欢迎傅其芳回来，他欠的债可以替他还清，还特别批准他的月薪为200万元（旧币）。这个数目比当时体委的一些领导干部都高。事实证明，这是一个具有远见卓识的决策。要是不采取这个果断的措施，一位难得的乒坛奇才也许就永远被埋没了。

1953年春天，30岁的傅其芳风尘仆仆地投入了共和国的怀抱。在开头的几年里，他当运动员宝刀不老，1954年参加布达佩斯世界大学生运动会的乒乓球比赛，获得男子单打第三名，为中国争得了荣誉。

贺龙对他十分关心。1956年年初，亲自找他谈话，询问学习、工作、生活情况，鼓励他提高思想觉悟，努力钻研技术，为发展我国乒乓球运动做出更大贡献。傅其芳受到莫大的鼓舞。

1958年后，傅其芳开始当教练，探索和开创出一条近台快攻的新路子，培养出了一批世界名将，为中国乒乓球队在第二十六、二十七、二十八届世界乒乓球锦标赛中荣获男子团体和男子单打"三连冠"立下了汗马功劳。

1963年，贺龙就向乒乓球队党支部建议，考虑傅其芳的入党问题。尽管傅其芳多次向党组织提出申请，但直到1965年参加第二十八届世界锦标赛胜利归来，又荣立了特等功，还是迟迟入不了党。原因是有的同志说他历史复杂。

贺龙知道这个情况后，很不满意。他在体委的一次会上批评道："你们对一个同志的政治生命不够关心。看人不能看死，要看发展嘛！说他的历史复杂，难道还能比我复杂？旧社会过来的人，历史总是复杂一点，主要看现实表现。他接受党的培养教育十几年了，多次立功受奖，决心献身于祖国的社会主义事业，这样的同志应当吸收到党内来。"因为很生气，他越说越激动，最后提高了嗓门："你们不介绍，我和荣高棠介绍！"

从体委回到家里，他还在念叨这件事，对薛明说："如果还不行，我亲自找傅其芳谈话。就像当年介绍程砚秋入党一样，到报子胡同亲自登门谈话。"

在贺龙的关怀下，傅其芳终于实现了他加入中国共产党的夙愿。

（谢武申）

"希望你们再打败国家队"

记得1962年世界排球锦标赛前夕,上海男女排双双到北京参加集训。一天上午,突然通知我们说,贺龙元帅要来看我们,大家听了无不喜出望外。过了10来分钟,体格健壮的贺老总已经踏进了我们的房间。

操着浓重湖北口音的贺老总,一面仔细地观察我们的住宿情况,一面同我们亲切地聊起来。我们围坐在贺老总周围,倍感亲切。谈话中,贺老总还特地提到我的出身和家世。他老人家要我有空去看看"曹家楼",并说:"多了解一点,对你会有帮助的……"临走,他还风趣地对我们说:"上海男女排是支优秀的队伍,曾经双双打败国家队,这次来北京集训,希望你们再打败国家队。什么时候赢了,打个电话告诉我,我请你们吃烤鸭。"集训后,我被光荣地选入国家队。一天,我们在北京体育馆进行表演比赛,贺老总和朱德、陈毅元帅也都来观看。比赛结束,贺老总特意把我叫上主席台,将我介绍给朱老总和陈老总:"她就是演电影《女篮五号》里的小5号,是曹汝霖的孙女,可现在是我们国家队队员。"他这一番话,顿时使我心里感到热乎乎的。

又过了几天,有人通知我到国家体委荣高棠副主任办公室去,我不知什么事,心里有点忐忑不安。可一进荣副主任办公室,他就高兴地对我说:"贺老总给你写了封信,要我转交给你。"我接过信忙打开一看,贺老总满满写了两页纸。他在信里希望我戒骄戒躁,继续为祖国多做贡献,并叫我不要背上家庭出身问题的包袱,靠拢组织,争取入团。信的最后还要求我写份自传交给他。看完信,我不禁热泪盈眶。荣副主任语重心长地对我说:"曹其纬同志,贺老总亲自给运动员写信,这还是第一次。这是一份非常珍贵的礼物……"这封信多少年来一直珍藏在我的日记本里,督促和鼓励我进步。想不到十年浩劫中,贺老总竟不幸遭受迫害,含冤致死。而我保存的那封亲笔信,也没能逃脱抄家之祸,被毁之一炬。

如今，我虽已定居香港，但我的心还时时惦记着昔日的战友；特别关心着中国女排的成长。当中国女排扬威世界，中国体育健儿在奥运会和其他世界大赛里赢得声誉的时候，我们可千万不要忘记贺老总在开拓、发展新中国体育事业中所花的心血、所建立的功勋啊！

（曹其纬）

武当拜师
——贺龙和徐本善

"伟人东来气尽紫，樵歌西去云腾霄"。这是贺龙同志1932年书赠武当山道总徐本善的一副对联。当年，贺老总结交徐道总的故事，至今还在武当山一带广为流传。

1931年春，贺龙同志率领红三军进入武当山区，开辟新的革命根据地。红军纪律严明，受到道人和群众的欢迎，徐道总不仅亲自迎出东天门外，腾出"西宫道院"为红三军后方医院，而且安排道人奉为最圣洁的"父母大殿"西耳房为司令部兼贺龙同志的卧室，并指派弟子水合一、罗教培、王教化等协助护理红军伤病员。

贺老总平易近人，气度不凡，深得道总和道士的敬重。

徐本善，河南杞县人，为清末襄阳道尹熊斌亲点武当山道总。他为人刚正，清廉克俭，除精通道经、医理外，还深得武当山武术上乘功夫，气功、轻功均臻于炉火纯青的地步，被称为"徐大侠"、"徐武侠"，威望很高，在武林中也颇有名气。贺龙同志很敬重他，愿结忘年之好。

是年农历5月，徐道总带弟子数名，以武功配合红军夜劫了敌军三船枪弹，贺老总深表谢意，并愿拜徐道总为师，习练武当拳法。道总见其诚恳，不好推辞，告诉贺龙道："武当拳极讲内功，非短时可以练出。它主要用来防身延年，不肯轻露，师传很严。将军执意要学，贫道只好向你献丑。"贺龙欲行拜师礼，道总只是不受。

自此，静夜和黎明，贺老总便跟着徐道总学练拳脚，跳、腾、窜、跃……现任中国道教协会副会长、83岁的紫霄宫道长王教化回忆道："贺将军跟我师爷徐本善老当家的学过武当拳，早晚在父母殿或紫霄大殿前比画，动作很慢，没有声响，可惜我没学过拳，不懂这中间的神妙。"

红军撤离时，贺老总为表谢意，将从豪绅家所抄黄金36两面赠道总，以资武当山宫观修复之用，并书赠对联一副，其赞誉留恋之情跃然纸上。

徐道总对贺龙所赠黄金和对联，视为奇珍。1933年秋，均州民团匪徒强令交出黄金，道总正颜厉色，字字掷地有声地说："黄金是有，就是不给！"匪徒欲下毒手，已逾古稀的道总见状，并不答话，飞起一脚，踢倒石栏，随即将100余斤的望柱操起，向前一送，竟出手好远。众匪面如土色，仓皇逃窜。

几日后，匪首马老七派8人暗暗埋伏。那天，道总一人下山，适登上万松亭，二匪猛然蹿出，举枪就射，只见道总飞身上前，伸手抓住枪管，"叭、叭"两声，手弹射空，道总反手提起双匪，正欲扔下山去，不料背后暗枪齐发，击中要害。徐道总踉跄几步，倒在了血泊之中。

解放后，贺龙同志十分关心武当山道人的生活和武当拳术的挖掘整理工作，曾于1953年5月发出800多字的加急电报询问道人生活；1964年又托湖北省体委前去探问。湖北省统战部根据贺龙同志的指示，对还活着的罗教培、王教化等人均在政治和生活上给予多方关照。

（王泉声）

切磋武艺

1958年9月初，贺龙同志的夫人薛明同志因长期工作劳累致病，领导让我到贺龙同志家去和薛明同志一起练太极拳。9、10月间正是北京最好的季节，这次到贺龙同志家做客也是我一生中难忘的日子。在那里，我得到贺龙同志关于武术工作的许多深刻教诲。贺龙同志十分精通武术，真是百闻不如一见。

那是个初秋凉爽的晚上,我第一次上贺龙同志家。我一进客厅,贺龙同志正从楼梯下来,他老远就向我伸出手来,和我亲切握手,热情招呼我坐下。在我们边谈边练近两个小时里,贺龙同志始终认真听、仔细看。临走时,他还十分关心地问起我下次来的交通问题,吃饭问题,提出要用车子接送我,是那样关怀体贴,那样和蔼可亲。在那一个月里,我8次到贺龙同志家,贺龙同志有7次在场,他总是和我促膝谈心,对武术总是那样的关心、了解和熟悉。

第二天上午,我在做太极拳动作时,因为运动,腹中"咕咕"作响。待到我做完动作,贺龙同志就风趣地对我说:"练太极拳时腹中能讲话,练气功拳不仅腹中讲话,还要吐气发声。"我说:"陈式太极拳是有发劲动作和吐气发声的。"说着,我就练了几下陈式拳的发劲动作。贺龙同志看后很内行地说:"这也是属于气功拳一类。我家祖上几代都会武术,练的是气功拳,一个人对付八九个人不成问题,连老太婆都欺侮不得,可有真本事。"贺龙同志接着又说,"武术要为工农兵服务,要为生产和国防服务,要有搏斗的本领。武术是宝贵的文化遗产,要认真地批判继承下来,要批判江湖的一套、武术上的糟粕;技术一定要继承下来,不要降低技术水平。"贺龙同志的一席话说得我连连点头,打从心眼里钦佩贺龙同志的真知灼见。

我们坐在会客厅的长沙发上,兴致勃勃地谈着。在贺龙同志面前,我觉得没有什么拘束的。记得贺龙同志还对我说:"我年轻时练拳很猛,后来搞军队工作,受了伤,现在膝关节有病,转动时站不稳,腰转不过来,要转身就得蹦起来大翻身。"说着,他就从沙发上站起来,摆成高架子骑马势,双足一蹦,做了一个原地纵跳的转身动作,由面南变成面北的姿势。贺龙同志体格很魁梧健壮,这一蹦起势猛快,落地沉着有劲,显出他有武术老功夫的底子。当他坐下时,又对我说,"我现在打网球、乒乓球,腰腿有病,不能练拳,只练太极拳的云手一势。"

每当休息时,贺龙同志都是这样平易近人地和我谈着,就像拉家常一样。至今回忆起来,还历历如在眼前。

有一次,我在贺龙同志面前提到病人练习技击性强、动作和呼吸能结合的杨式太极拳,我还补充一句:"中国武术技击性强的拳种太多,国家体委武术科要提倡这类武术也伤脑筋。"贺龙同志听了就说:"疗病的一套能不能和技术性强的一套统一起来,可以研究。"他又接着说,"过去老师傅们教病号仍旧强调武术规格,身体练好了,技术也会了。古为今用,推陈出新,都要经过群众实践的考验。新的套路,要不断修订,使之完美。体育上要发掘民族的东西,发扬民族的东西。体委不是在搞中国体育史参考资料吗?中国体育史如果没有民族武术贯串起来,一部体育史就干巴巴的了。武术上提倡什么,反对什么,旗帜要鲜明。武术要注意武术化,不要化武术,可以参考舞蹈、体操、技巧,使动作优美,但如果化成舞蹈、体操、技巧,就不是武术了,挂羊头卖狗肉是不行的。"

这样一次又一次的亲切交谈,都是对我深刻的教育。

国庆过后,秋高气爽。这天上午,我最后一次来到贺龙同志家做客,贺龙同志和以往一样,聚精会神地看我们练习。练习完毕,稍事休息,我就向贺龙同志告别。贺龙同志热情地和我握手告别,虽然我再三要他留步,但他还是笑容满面地一直送我到门口,还几次三番地对我说:"辛苦了,再见!辛苦了,再见!"

"再见吧,贺龙同志!"

我万万没有想到,这是我最后一次见到他慈祥的面容和聆听他亲切的教导。每当我回忆起贺龙同志对武术工作的指示、关怀和重视,我就格外缅怀这位"两把菜刀闹革命"的老英雄。

(顾留馨)

"要把他培养成为共产党员"
——贺龙和龚昌荣

1933年到1934年间,在川鄂边和黔江县境内有一支威震川东的红军游击大队。这支游击队原是龚昌荣领导的"联英会",后来经过贺龙同志的教育、改造,成长为一支革命队伍。

1927年,黔江县苛捐杂税达到历史顶峰,有国税、地方税、正税、附加税和各种捐款,等等,名目多达80多种。高租高利尤为惊人。无论是包租或分租，一般均是主六佃四，高利贷常常是百分之百的"驴打滚"。国民党军阀与地方政府、土豪劣绅狼狈为奸，对群众敲诈勒索，许多农民家被洗劫一空。黔江后坝乡苗族农民龚昌荣，因交不起苛捐杂税，曾几次被抓进监狱，被整得家破人亡。

黔江县人民充满了对反动统治者的愤恨和对新生活的渴望。1927年，龚昌荣从湖北请来"神兵"首领乾善统，首先在后坝、西泡、石会等地立起"降魔坛"，组织"神兵"。接着，他又联合各地"神兵"组成"联英会"，灭款、灭捐、打官兵，企图依靠"神权"来解救自己的苦难。几年之间，"联英会"发展到数千人，足迹遍及黔江、彭水几十个乡镇，并于1931年秋攻占了黔江县城，一时声威大震。

1932年春，四川军阀刘湘调集忠、丰、石"清乡"司令周化成部和独立一旅石兆翼团"进剿"。周化成奉行蒋介石的"清剿政策"，以杀光、抢光、烧光的残酷手段镇压"联英会"。起义农民惨遭杀害，房屋被烧光，家产被抢劫一空。

龚昌荣眼睁睁看到"联英会"遭受镇压的悲惨情景，悲愤交集，但他对"神兵"失败大惑不解，不知怎样才能找到出路。他含恨带着妻儿老小隐居在川鄂边的鸡公山洞里暗度天日。

1933年8月的一天，龚昌荣获悉贺老总率红三军游击队到宣恩开辟革命根据地的消息，内心十分向往。但他又怀疑红军能不能为自己撑腰。为了寻找一条出路，他决心到宣恩去探听一下情况。龚昌荣到宣恩后，在师弟黄丁山（宣恩"神兵"首领）的帮助下，加深了对红军的认识。于是，他决心找贺军长支持他们的斗争。8月的一天，贺老总接见了龚昌荣。龚昌荣见到了贺军长，感动得热泪盈眶。他含着泪花向贺老总诉说了黔江"联英会"起义经过和遭受镇压的情况，要求贺军长为他指明出路，以便重整旗鼓，为死难的"联英会"成员报仇。

贺老总听完龚昌荣的汇报，首先赞扬了黔江"联英会"的斗争精神，同时对"联英会"的失败也表示同情。然后，他坦率指出："与敌人作斗争，没有一个正确的指导思想，靠'神权'和'念咒语'是对付不了真枪实弹的敌人的。你要有出路，只有跟着共产党干革命，彻底推翻国民党反动统治，打倒土豪劣绅。别的出路是没有的。"

龚昌荣听了贺老总的话，受到极大的鼓舞和启发，当即表示回去后组织黔江"联英会"参加红军，跟着共产党走。贺老总也表示欢迎。龚昌荣拜谢贺龙返回黔江，连夜召集王贵林、费俊良、侯汉清、周绍荣、张道林、赵美碧、龚武臣、王炳轩、王二狗等"联英会"骨干，传达了贺军长的重要讲话。大家听后感到有了希望，决定重整旗鼓，参加红军。从此，他们开始走上了光明道路。

在贺老总的鼓励和教育下，黔江"联英会"蹶而复振，以新的姿态举起了武装斗争的旗帜。不久，龚昌荣带着"联英会"，来到湖北沙溪，加入红三军。贺老总派副官给"联英会"安排了住处。

当时，黔江的"联英会"很不像一支部队。他们穿长衫衫，包白帕子，腰上还拴着一根帕子，武器全是梭镖、大刀。有的人抽大烟，还带有鸦片烟枪。他们打仗靠冲闯，不懂得怎样攻、怎样守，有的连枪也不会打，缺乏组织纪律。过了一段时间，贺老总把龚昌荣带来的"联英会"队伍和黄丁山领导的"神兵"约一千多人，合编为红三军第二特科大队，编成三个中队，由龚昌荣任大队长，黄丁山任副大队长，并派红军一个团的干部，冯义发任政委（冯后任鄂川边工委书记），还配发了枪弹，换了服装。在贺老总的关怀下，特科二大队经过一段时间的教育、训练、改造，成为一支有组织、有纪律，能征善战的红军队伍。

龚昌荣、黄丁山对党忠诚，对贺龙很崇敬。他们参加红军后，更加勇敢顽强，屡立战功。

一次，鄂敌徐源泉在湖北白果坝截击红三军辎重队，抢去不少骡马和枪支弹药。贺老总命令部队回击敌人，把劫去的东西夺回来。龚昌荣听到贺老总的号召，挺身而出："这个任务我去完成。"贺老总一见是龚昌荣，便说："久闻你龚昌荣有几下子。好！这个任务让你去完成。"于是，命令龚昌荣率特科二大队出击。龚昌荣夜袭白果坝守敌，把失去的骡马和枪弹全部夺了回来。后来，贺龙还在大会上表扬了他们。

又一次，贺总率部从宣恩转移，徐源泉部尾追不放。贺总在七里槽设伏兵，命令特科二大队扮装成农民，分散到两山苞谷地"薅锣鼓草"（土家族农民敲起锣鼓鼓劲薅苞谷草的风俗）。诱敌深入七里槽后，贺总一声令下：打！两山薅苞谷草的红军，丢下薅锄，端着枪，居高临下，冲向敌军，打得敌人晕头转向。

1933年12月，湘鄂西中央分局湖北大村会议后，贺龙在咸丰活龙坪召开了团以上干部会议。会上，贺总宣布："经研究决定，我们要去四川，首先攻克黔江，然后以黔江为中心，在酉、秀、黔、彭一带建立新的革命根据地。我们入川这一仗一定要打好。"他命令龚昌荣率特科二大队配合红三军第七师第二十一团担任前卫。龚昌荣愉快地接受了这个光荣的任务，连夜和士兵一起，擦枪磨刀，整装待发。

12月22日凌晨，特科二大队同红二十一团从活龙坪出发，浩浩荡荡奔袭黔江县城。天刚亮，首战攻克大路坝，接着攻占了中坝，然后分路前进。特科二大队从观音岩直插县城。红二十一团从仰头山攻打县城。这天行军一百二十里，三战三捷，顺利占领了黔江县城。

第二天，贺总命令龚昌荣率特科二大队在县城搜捕残敌。龚昌荣搜查到南门，发现血债累累的大土豪庞继凡化装潜伏在南门面馆里正吃面条。他立即把这个大土豪抓捕，后报经贺总批准枪毙。

次日，贺龙命令龚昌荣率队到册山、两会、香山寺等地追歼溃逃之敌。特科二大队在香山寺打开国民党政府的粮仓，将10000余斤粮食分给当地贫苦农民。

29日，龚昌荣率队随红三军撤离黔江县城，游击于利川、石柱等地，后又迁回进入湖南龙山、大庸、桑植、慈利等县境内。由于当时外受国民党军的"围剿"，内遭"左"倾路线摧残，我军不断减员。江垭战斗中，第七师遭到敌人包围，伤亡很大。贺总命令第七师撤下来，但卢师长坚持不撤，他说："不战胜敌人，剩下我一个人也不撤。"在这危急时刻，贺总命令龚昌荣率特科二大队前往增援。龚昌荣接受命令，大喝一声："冲呀！"他带着队伍泼水般地冲了过去。特科二大队战士挥舞着大刀，与包围之敌展开了一场惊心动魄的肉搏战，歼敌百余人，打退了敌人的猖狂进攻，并把敌人驱赶出数十里。战斗结束，贺老总在全军表扬了特科二大队英勇顽强的战斗精神，并派人将打土豪没收的酒、肉、油等送到特科二大队慰问。卢师长也代表第七师感谢他们。

江垭作战后，在贺老总的提议下，湘鄂西中央分局继续实施"大村会议"决议，挥师入川，创建新的根据地；决定成立"湘鄂川黔革命军事委员会"，作为创建湘鄂川黔革命根据地的领导机构。这时，红军特科二大队又回到了川东南。

经过贺老总的培养教育，龚昌荣思想上有了很大进步。他作战非常勇敢，打了许多胜仗，但当时党组织停止了活动，没有发展他为党员。

1934年4月，"十字路会议"后，贺老总决定将特科二大队改编为黔江红军游击大队，由龚昌荣任大队长，隶属鄂川边工委领导，分布于两会、西泡、册山、白合等地，一面牵制黔江敌军，策应主力红军打彭水；一面在黔江西部开辟革命根据地，为配合主力红军开创西、秀、黔、彭新苏区奠定基础。行前，贺龙授予龚昌荣一面"黔江红军游击大队"战旗，并对冯义发说："龚昌荣是个好同志，今后要把他培养成为共产党员。"

在那白色恐怖笼罩大地，烽烟弥漫的年代，龚昌荣的一家妻儿老小，长年累月躲在鸡公山洞内，饥寒交迫，不敢露面。但是，龚昌荣为了完成贺老总交给他的任务，路过家门而不入，只派妻弟王贵林回去报了一个信。他带着全体游击队员直奔两会、西泡、册山等地，发动群众，组织游击队，扩大武装力量，阻击黔江敌人增援彭水，胜利地完成了策应主力攻占彭水的任务。

贺老总率领红三军上南腰界后，十分关心黔江红军游击队，他经常派人联系，加强领导。黔江红军游击队从贺龙同志的教育和亲身经历中深深认识到：国民党反动派是人民的死敌，共产党是人民意志和利益的唯一代表。要使自己翻身解放，只有彻底推翻国民党反动派，建立自己的政权。因而革命积极性空前高涨，他们认真贯彻共产党的政策，执行红军的任务和纪律，发动群众创建革命根据地，革命火焰开始形成燎原之势。

黔江革命斗争的蓬勃发展，成了蒋介石反动王朝黔江爪牙的极大威胁，国民党军阀刘湘对黔江红军游击队视为"畿辅之患"，看成不共戴天之敌。1934年夏，刘湘急令周化成保安团和川军黄子裳团联合"围剿"。龚昌荣率游击队奋力反抗，打退敌人一次又一次的猖狂进攻。

8月上旬，敌军集中优势兵力，步步为营，搜索前进。龚昌荣率游击队退守脉东山，利用有利地形打击敌人。第二天，龚昌荣把游击队战旗插上脉东山高峰诱惑敌人，然后，率游击队包抄到敌人背后烧"背火"。敌人冲上脉东山扑了个空，将游击队战旗抢走。游击队突然从敌人背后杀出，敌军首尾难顾，乱成一团，死伤甚多。敌人不甘心失败，第三天集中优势兵力，再次进攻脉东山。由于敌军势大，龚昌荣决定游击队退守黄泥垭。但在转移途中，龚昌荣身负重伤。游击队员见大队长被敌人打伤，义愤填膺，准备与敌人决一死战。龚昌荣为了保护游击队实力，忍受最大的痛苦，强令游击队撤退，叫大家不要管他，但是，一些游击队员仍坚持把龚昌荣护送转移到鸡公山他家住的岩洞里养伤。由于当时生活困难，医药缺乏，龚昌荣的伤口发炎、溃烂。但他想到党和人民的利益，想到贺军长对他的培养、教育，在病中仍坚持斗争。

贺老总在南腿界得知龚昌荣受伤，隐蔽在八百山洞里的消息，非常担心。他立即派警卫员李家富带了一床印花被盖和一些银圆，专程前往黔江八面山一带探望龚昌荣。

国民党反动派为了消灭红军游击队，对龚昌荣一面派人诱降，许以高官厚禄；一面悬赏捉拿。同时，组织川军和民团1000人搜山。龚昌荣身陷绝境，而志如钢。他对家人和身边的游击队员说："希望你们迅速转移，不要管我。我若被敌人打死了，为革命而死，虽死犹荣；如被敌人捉住了，宁愿杀头，也不叛变革命。"他以身许国，视死如归。但是游击队员坚决护送龚昌荣转移到鸡胞寨，以躲避敌人的搜查。不幸被原"联英会"叛徒郭焕章出卖，龚昌荣被捕牺牲。就义前，他正气凛然，高呼口号："打倒国民党反动派！""中国工农红军万岁！"表现了一个革命战士在敌人面前宁为玉碎、不为瓦全的高尚情操。

贺老总得知龚昌荣牺牲的噩耗，连声叹息："太可惜了！太可惜了！"并派人通知刘汉卿掩护龚昌荣的遗孤。后来把黔江红军游击队合并到了鄂川边独立团。

（杨德轩）

"让天下穷人都过上好日子"
——贺龙和陈良玉

1934年6月，贺龙带领红三军来到酉阳南腰界。红军到南腰界后，一面惩办土豪劣绅，一面组织发动群众，开辟和建设革命根据地。当时，我们参加了陈良玉领导的自发农民武装，在南腰界一带深山密林中同国民党反动派地方武装周旋。

陈良玉出生在南腰界大坪盖一个农民家庭。他为人正直，性格刚强，不畏强暴，敢同土豪劣绅对着干，远乡近邻都很敬重他，并称他"玉成大号"（即太平天国将领陈玉成的意思）。1928年，当地恶霸、总镇冉瑞廷，保长冉崇元、冉崇芳，反动营长欧松廷，互相勾结，极力扩充自己的实力。他们借口维持地方秩序，强迫老百姓出钱给这帮反动家伙买枪。陈良玉对此十分愤恨，召集大家商量对策。他说："与其给他们买枪欺压百姓，不如我们自己买枪自卫保家。"大家都很赞成他的主张。于是，他同他的两个哥哥和弟弟商量，卖尽家中的几亩薄地，换了几支毛瑟枪。在陈良玉的率领下，他们抗拒国民党政府的苛捐杂税，与地方封建势力、土豪劣绅展开斗争，斗得保长冉崇元3年不敢到大坪盖来派粮派款。

为了除恶扶贫，1931年，陈良玉在一个姓陈的人的帮助下，在大坪盖组织了一支有二十多人参加的农民队伍。我们也被吸收进了这支队伍。这支农民队伍，农忙种田，农闲操练武术。遇有地主恶霸欺压百姓的不平之事，陈良玉就率领大家开展斗争。因此，当地反动势力和地主豪绅对我们这支队伍极为恐惧和仇恨，随时都想把我们吃掉。1933年6月18日晚，团总冉瑞廷纠集保长冉崇元、冉崇芳等带了120人，突然包围了我们大坪盖整个寨子，企图把我们一网打尽。在这紧急时刻，陈良玉指挥队伍，跟敌人激战了一个晚上，打死打伤敌人20多名，粉碎了敌人的阴谋和袭击。但陈良玉的两个哥哥和幺叔不幸在战斗中牺牲了。为了防止敌人的报复，陈良玉带领大家住进了深山老林。

1934年6月，贺龙军长带领红三军来到了南腰界。由于我们久居深山，消息闭塞，不了解红军是什么军队，以为又是国民党军队来"剿匪"，不敢贸然下山。后来经过打听，群众都赞扬红军纪律严明，不拿老百姓一针一线，专打土豪劣绅。乡亲们也不断给我们传信，说红军准备捉反动团总冉瑞廷。听说贺龙也是穷人出身，因生活所迫，才拉起队伍走南闯北，打富济贫的。这次他来南腰界，还准备请我们下山，去商量打冉瑞廷的事。

陈良玉几经斗争磨炼，凡事都不肯轻信。红军好不好？贺龙究竟怎样？他决定亲自下山探听虚实。他戴了一顶大斗笠，把脸半遮着，假装在南腰界周围寻亲访友，随后又到南腰界街上转了几圈。他看了满街是红军写下的"打土豪，分田地"、"穷人不还富人钱"、"消灭冉匪武装，武装工农自己"等标语，和场口土地庙墙上写的《共产党十大政纲》；又亲眼见到红军买卖公平，同群众亲如一家的情景，对红军、对贺龙不再怀疑了。这样，他把斗笠一揭，径直走进驻在余家桶子的红三军司令部，向警卫员通报了姓名，说要见贺军长。警卫员把他带到了贺龙军长的办公室。贺军长一听"玉成大号"来了，连忙起身让座、倒茶。寒暄之后，贺军长向他讲述了红军的性质和任务。他说，红军是共产党领导的队伍，是专为穷人打天下的。穷人要翻身，要解放，就要跟着共产党、跟着红军一起打倒封建统治阶级。贺军长告诉陈良玉，这次红军来南腰界，要创建苏维埃政府，要把南腰界土豪劣绅统统打倒。陈良玉听了贺军长的谈话，心情十分激动。他说："你们打冉瑞廷，我一定下山接应。这个坏蛋，打死了我的两个哥哥和幺叔。此仇不报，我誓不为人。"贺军长说："冉瑞廷、冉崇元要打，其他土豪劣绅也要打。但是，只打倒他们这些恶人，穷人还是翻不了身。穿衣提领，擒贼擒王嘛。这些恶人的总头目就是蒋介石，我们最终还要推翻国民党政府的统治，打倒蒋介石，让天下穷人都过上好日子。"最后，贺军长还讲了要为普天下穷人闹翻身、求解放的道理。整整一个晚上的长谈，使陈良玉顿觉心胸开阔，眼睛明亮，浑身增添了新的力量。

第二天，贺军长带陈良玉在红军中看了看，让他找红军战士交谈。第三天，陈良玉再也待不住了，吃过早饭就告辞贺军长，回到了山里。他回到山里后，向大家讲述了会见贺军长的情形。大家听后，都有说不出的高兴，都希望自己能早日见到贺军长。不几天，贺军长派红军连长李世清来到大坪盖，帮助组织了大坪盖游击大队，陈良玉任大队长。不久，我们这支游击大队即由原来20多人发展到40多人，战斗力有了很大加强。1934年7月，我们大坪盖和南腰界、唐家溪、龙池4个游击大队一起，编入了红三军黔东独立师黔边独立团，成了红军的一个组成部分。从此，我们在独立团覃世安团长的率领下，跟着红三军转战川黔边。

(陈洪开　陈良海　伍永光)

"你要用这把大刀保卫红旗"

1934年夏初,我在南腰界街口余新德家(余家桶子)帮长工。一天,我在山上砍柴,突然看见一支队伍从贵州小井方向朝南腰界开来。我心想,这回又拐了(倒霉的意思),碰上这些背时的军队。为了不被拉夫,我躲进一个岩洞里,想等部队开过去后再出来。哪知部队开到南腰界后就住下了。方圆几里路的村子上都住满了部队。

我在岩洞躲了一天一夜,实在饿得不行了,准备下山找点吃的。刚出洞,就碰上我同房的一个大伯。他说:"隆昌啊,你躲干啥!昨天来的军队,是人们常摆谈的那个贺龙率领的红军。听说他们同国民党军队不一样,是专门打富济贫的。红军司令部就设在你干活的那家余家桶子哩!"

我听大伯这一说,悬着的心放下了。我跑回余家桶子一看,门前站着岗。我说我是这家的长工,站岗的就放我进去了。一进院子,就见一个蓄着浓密"一字胡"的魁梧大汉,在院里劈柴。他见我进来,忙放下手中的斧头,问我:"老乡,你是这里的主人吗?昨天让你们受惊了,对不起。"我连忙鞠了一躬,说:"我叫冉隆昌,是这家的长工。"大汉一听,拍着我的肩膀说:"你叫龙(隆)昌,我叫贺龙,都是一个龙字。来,来,来!是兄弟嘛。"他一边说,一边拿了一条板凳让我坐下,并叫厨房的同志端来饭菜给我吃。吃完饭临走时,贺龙对我说:"老弟,你回去把躲出去的群众喊回来,生产的照常生产,教书的照常教书,做生意嘛,照常做生意。我们红军保护一切从事正当劳动的人。"

不久,很多躲出去的群众相继回来了。我同陈显朝、池宽成、刘登元、伍永孝等30多人,在"忠烈祠"参加了贺龙、谷志标等红军首长主持召开的群众积极分子会议。会议主要研究如何发动群众,建立苏维埃政权,组织游击队和打土豪的事。会后,大家根据贺龙讲的,分别回到自己住的村子去发动群众。红军干部覃世安、张素清、江绍之等同志也分别深入到各寨发动群众。经过一个多月宣传发动，南腰界各地游击队和苏维埃政权，都先后建立起来了。当时，我参加的是南腰界游击大队。成立游击大队那天，我们30多个游击队员成两列横队站在南腰界街口的土地庙前，面对土地庙墙上写的《共产党十大政纲》，以它为誓词，举手宣誓。宣誓以后，贺龙来到队列前，把一把闪闪发亮、柄上刻有"将革命进行到底"的大刀和一面绣有镰刀斧头的红旗，交给了我。并对我说："隆昌啊，红旗是革命的象征，大刀是革命的武器，你要用这把大刀保卫红旗，将革命进行到底，用它砍出一个新世界来！"说到这里，贺龙问我："隆昌，你有信心吗？"我立刻举起右手答道："有信心，誓死保住红旗和大刀，将革命进行到底！"

从那以后，我们游击大队编入了川黔边独立团。在覃世安团长的率领下，跟红军战斗在川黔边一带。我举起红旗，拿着大刀，参加了木黄、洪滩和攻打大坝祠堂等10多次战斗，还参加打了10多家土豪。

记得1934年10月的一天，我们南腰界游击大队和唐家溪游击大队在伍家寨打游击时，又碰到贺龙。他高兴地对我们说："同志们，告诉你们一个好消息，井冈山的红军来和我们会师来了。你们马上去小溪河架浮桥，迎接井冈山的红军。"我们听后，都非常高兴。我把红旗缠在腰上，拿着大刀和刘应学等30多人到小溪架了一座浮桥。不几天，井冈山的红军，在任弼时、萧克、王震等同志的率领下，真的来了。

10月27日，贺龙领导的红军和井冈山来的红军在南腰界会师了。第二天，贺龙、萧克等同志率领部队，离开了南腰界，开始了新的征程。

（冉隆昌）

"见到你的烟杆，我就会想到你"

我家住在南腰界的街口上，祖孙三代都靠做小银器为生，人们都叫我刘银匠。

1934年6月，贺龙军长领导的红三军从湘鄂西革命根据地来到南腰界，创建了以南腰界为中心的川黔边革命根据地。红三军司令部就设在余新德家桶子屋。经过冉懋溶先生的介绍，我和贺龙军长、谷志标参谋下了几次棋。有一天，在下棋的时候，贺老总对我说："刘银匠，照顾你一笔生意，好不好？"我说："老总，有什么生意，尽管吩咐，我能办的一定办到。"贺老总又说："你的本行嘛！你给我们加工300只口哨，并把我们的几支军号修一下，我自有用处。"我说："可以。什么时候要？"贺老总说："越快越好。"于是我当晚就开始加工，5天后，300只口哨和几支军号都加工好了，交给了红军司令部。

不几天，贺老总满脸笑容地来到我家。他说："老刘啊！这回你可帮了我们大忙。我们去沿河淇滩消灭杨畅时的队伍，军号和口哨发挥了很大作用。"原来，杨畅时很狂妄，扬言要攻打南腰界，活捉贺龙。贺龙连夜派队伍包围了淇滩，占领了山头。第二天早上，又派一支小分队，带着口哨，化装成做生意的商人，到淇滩赶场。突然，山上的部队吹起了军号和口哨，假装赶场的小分队干掉敌哨兵，直插敌军的指挥所，同时吹起军号和口哨，以迷惑敌人。敌人不知虚实，被搞得晕头转向，慌忙窜到乌江边，夺船渡江逃命。哪知乌江两岸也同时响起了军号和口哨声。敌人吓得惊慌失措，争相抢渡，有的翻倒在江中，成了"落汤鸡"。

1934年10月，贺龙的部队和萧克的部队在南腰界会师了，贺龙又一次来到我家。他手里拿着一根乌木烟杆，一进屋就说："我这烟杆不通了，你给我修理修理好吗？"我接过烟杆，几下就修好了。我修理烟杆时，贺老总把我那铜包头短竹烟杆拿在手上吸烟，并说："老刘，为了革命的需要，我们暂时要离开南腰界，咱俩把烟杆换了，留个纪念好不好？"我看自己的烟杆不如贺军长的好，有些犹豫。贺军长见我不讲话，接着说："你这烟杆留给我，见到你的烟杆，我就会想到你，也会想到南腰界。"经他这么一讲，我连声说："好！好！"就这样，我和贺龙同志换了烟杆。这烟杆我保存了20多年，直到1957年，贵州省革命文物征集组来南腰界征集文物，才把我这心爱的宝贝拿去了。我一直怀念着贺军长送我的那根烟杆哩！

（刘兴阳）

"贺军长真是天下的好人啊"

  我男人被财主杀害后,家里又被抢劫一空,无法养活三个孩子,只好忍痛把两个最小的送给别人,自己带着大儿子从蓬东逃到五里青龙湾余家当长工过日子。

  1934年春,贺龙军长带领红军在马喇湖抓了罪大恶极的大财主莫二老爷,远近的财主怕得要死,穷人们却高兴地说:"没想到财主也有人收拾。"

  我听说贺龙领导的红军是为穷人打天下的,心里非常高兴。我日盼夜盼,渴望着贺军长的队伍到来,替我死去的男人报仇。

  1934年初春的一天,村子里突然沸腾开了。人们奔走相告:"贺龙的队伍从湖北开过来了,要从我们这里过路。"我高兴极了,一心想去会会贺军长,倾诉埋在心里的苦情。我心想,贺军长一定行军辛苦,口干舌燥,于是急忙烧了一罐开水,带着儿子同村里的男女老少到路边欢迎红军。

  红军队伍真的来了,他们扛着武器,背着斗笠,脚穿草鞋,雄赳赳地从我们面前走过,一些战士还笑逐颜开地同我们搭话。

  一个战士向我问道:"大嫂,你在这儿卖茶吗?"

  我说:"我这茶不卖,是专门给贺军长准备的。"

  红军一队一队地过去了,我不认得哪一位是贺龙军长,心里很着急,忙向一个战士打听:"好兄弟,贺军长来了吗?"

  "我们军长在后面哩!"战士回答我。

  过了一会儿,我又问另一个红军战士:"大兄弟,哪位是贺军长?"

  这个战士打量着我,说:"你找军长有什么事?"

  我恳求地说:"我有天大的冤仇要给他说。请你给我指一下吧!"

  这时,队伍中间出现一个骑马的人,战士指着对我说:"那就是军长。"

"这就是贺军长！"我又惊又喜，连忙走过去。

"干什么的？"走在马前的战士问我。

我说："我有要事找贺军长。"

贺军长骑在马上看了看我，跳下马来，把马缰绳递给旁边一个战士，和善地问我："大嫂，你找我有什么事？"

我见了贺军长，心里很激动，一时竟忘了答话。

"你有什么事呀？"贺军长又问我。

"我男人被财主杀害了，请你们给我报仇吧！"我含着泪花激动地说。

贺军长听了，很同情。他安慰我说："大嫂，不要伤心，我们一定记住你的话，给你报仇。你回去吧，天这么冷，怕把这小兄弟冻病了。"

我说："贺军长，你们打仗受苦受累，喝口水吧。"

贺军长接过茶水说："好！穷人的水是甜的，我喝。"

他爽快地喝完水，回到战马身边。回头见我们母子还呆呆地看着他，又走过来，从身上掏出一个小布包，把里面的三块洋钱拿出来，递给我说："大嫂，拿回去给小兄弟做件衣服吧！"

我没有接钱，贺军长就拉着我儿子的手说："小乖乖，把这钱拿去给妈妈，让她给你缝件衣服穿。天这么冷，跟妈妈回家吧！"

听着贺军长的话，我心里热乎乎的，两眼泪水盈眶，心想："贺军长真是天下的好人啊！"

贺军长跨上战马，同部队向马喇湖方向开去。我看着贺军长远去的背影，心情万分激动，眼里滚出了晶莹的泪花。

（陈桂弟）

"我不是三反分子，咱们还会再见面的"

1967年1月19日，为了避开林彪、"四人帮"的迫害，保证贺龙同志的安全，我遵照周总理的命令，送贺龙同志和薛明同志到玉泉山某地，暂时隐蔽起来，与外界隔绝联系。在分别的时候，贺老总握着我的手说："大老杨，你回去吧，我不是'三反'分子，咱们还会再见面的。"从那次分手之后，尽管发生了很多重大的变化，但是我从来没有忘记老总最后对我讲的这句话。我也一直在盼望着总有那么一天，再到玉泉山接贺老总出山。万万没有想到，老总一去就再也没有回来。

我被派到贺老总处担任警卫工作，是1964年春节前后。开始，我不知道该怎么和老总相处，心里很紧张，工作也没底，所以平时说话也很少。

记得有一次贺老总让我陪他一起去散步，他先问我是哪里人，家在什么地方，家里有几口人，等等。话一拉开，我紧张而又拘束的心情就没有了。贺老总是那么平易近人，谈笑风生间就能把人吸引到他身边，完全不像我原来想象的那样：一定是个非常严肃的人。实际上，贺老总非常活跃，讲话随便，一点架子也没有。

贺老总边走边问我警卫工作是怎么做的？随后他给我讲了许多以前在老根据地、在抗日战争时期保卫工作的方法。贺老总先强调毛主席对保卫工作的指示，接着又谈了他自己对保卫工作的看法。他说：警卫工作，主要是保卫党中央、保卫毛主席。警卫工作必须做到三条：第一，党怎么规定的，就怎么做。警卫工作离开党的领导是不行的；第二，一定要提高警惕，必须责任心强；第三，警卫工作不能脱离群众。他赞扬做警卫工作的同志是无名英雄，是不穿军装的军人。我静静地听着，这些教诲使我终身难忘。

1964年的春节，我是跟随贺老总在广州度过的。记得当时有这么一件事，朱委员长、陈老总、贺老总要看花市。晚上，我们布置了一些同志去花市打前站，首长们不一会儿就到了。看完花，陈老总忽然提议要在附近吃点汤圆。朱老总说："怕是不行吧。"陈老总说："怎么不行？"贺老总当时兴趣也很浓，他笑着说："咱们去尝尝。"我们马上到小吃店去买好，让首长们坐在那儿吃。他们边吃边和服务员谈天，问他们多大年纪了？家里有什么人？这样一来，服务员们和小吃店的顾客们很快发现了这几个"客人"。不一会儿，一传十，十传百，周围的人越围越多。我们出于责任感的考虑，就劝老总们离开，几个老总就往外走，我也扶着贺老总穿过人群上了车。贺老总上车以后对我说:"老杨,给你们惹出祸来了。"我马上回答说:"不要紧,我们做了布置了。"我这一说不要紧,贺老总听后却很不满意。"布置什么?你们怕什么?怕群众?"批评得我简直无言对答。当时,我一点也不理解首长们的心情,光是从警卫安全角度出发。我没有考虑到,老总们生活在人民群众当中,是他们的愉快;群众能见到老总们,也是大家的幸福。而我们做警卫工作的,反倒把老总和群众给"分开"了。

那时候我经常陪贺老总一起外出视察。我发现他老是穿一套衣服,戴一顶帽子,便说:"你这顶帽子太旧了,给你买个新的吧!"贺老总说:"过去我们一顶帽子要戴几年。你看它不好,我看还蛮好哩!"我特意拿出一套新衣服让他穿。贺老总批评我说:"你这个人,心好办坏事。你老让我穿新的干什么?穿着它并不舒服嘛!"

1964年贺老总去天津看炮兵演习。中午,我们同桌吃饭。我考虑到他年纪大了,牙又不好,事先通知伙房给他单独煮了一点软饭,另外做了一个牛奶烧白菜,还有一碗鸡汤,吃饭的时候,贺老总一看这些东西就对我说:"老杨,不能这么搞嘛!"我赶紧说:"这是招待所搞的。"贺老总马上说:"你不去讲,人家能这么做?咱们出来吃饭,不要给人家增加麻烦。你不要忘记过去受的苦,不要把好的优良传统给丢掉了。"

从此以后,每到一个地方,贺老总就问我:"老杨,你又搞什么鬼名堂没有?"我对他说:"你别管了,这是我的事。""你的事?这可是关系影响问题,要注意啊!"

从天津回来,贺老总和董老同车。他特意叫我去看看董老。事后他问我:"你看见董老穿什么衣服了?"我说:"就是一般衣服。"贺老总又说:"咱们可不能讲阔气。你们这些人总跟我想的不一样,就是总想让我吃点喝点穿点,还要坐这个公务车搞特殊。"我向他解释:"你是革命老前辈,是有功之人。"贺老总听了不高兴地说:"我有个屁功,主席、总理才是真正有功的人。你要好好学习毛主席、周总理,他们生活多么简单,总理那儿你看到没有?"我说:"看到了。"贺老总又说:"看到了就好,不能忘本。"我听着贺老总的话,心里觉得热乎乎的。

平时,贺老总去北京饭店理发,每次理完出来他总要问我:"给钱了吗?"我说给了,他才放心。去人民大会堂开会,每次都是我给他带茶叶去。有一次，由于我的疏忽，忘记带了。我赶紧向招待员同志解释了一下，请他们用大会堂的茶叶给贺老总泡了一杯茶送去。贺老总一看茶叶变了品种，就知道是大会堂的茶叶。回来的路上，他问我："喝茶，给钱了吗？"我知道他要问，一听这话就笑了。我说："放心好了，给钱了。"贺老总听了，这才嗯了一声。

贺老总对自己严格要求，但是对同志，对他身边工作的人员却非常关怀和爱护。他钓到的鱼，经常让我送到大伙房去给同志们吃。他还亲自去伙房检查伙食办得怎么样。一次，警卫排一个战士病倒了，贺老总让我去看看，问问那个战士吃过药了没有？想吃什么饭？需要什么东西？我把贺老总的话告诉了那个战士和警卫排的同志们，大家听了感到无比的高兴和温暖。

贺老总对待工作非常认真。每天要看的文件很多，他亲自批审，处理完了以后由秘书马上转送或上报，从不积压。贺老总对我们要求也非常严格，丝毫不马虎。记得有一次他让我去余秋里同志那儿送信。走之前，他亲自给我交代送到那里，要亲手交给本人。任务完成以后见到贺老总，他问我："大老杨，信交给他本人了吗？"我说："首长放心好了，信已经交给余秋里同志了。"

我们和贺老总外出，每到一处，总是告诫我们不要向当地主人要东西，如果实在需要，一定要照价付款。有一次从广州到上海，我把在广州吃剩的紫菜苔带到上海，想给老总再吃几顿，我知道他特别喜欢吃这种菜。老总发现以后问我："这是谁带的？"我说："是我带的。"他严厉地批评我："你连吃带拿，像个什么样子，没给钱吧？要把钱给人家捎去，今后不准这么干。"当时，跟我们一起来的一位广州同志再三替我解释，已经给过钱了，这才替我解了围。通过这件事，使我受到深刻的教育，贺老总就是这样处处严格要求我们。至今，每当我回忆起这件事情的时候，又好像看见贺老总站在我身旁，永远叫人不能忘怀。

贺老总是党和国家的领导人，在党的民主生活上，他也以身作则，处处给我们做出榜样。在党的小组会上，他经常做自我批评，不做特殊党员。他鼓励我们要学习毛主席著作。他讲："我这么大年纪了，每天还要坚持学习1小时，你们年轻，应该抓紧时间学习。大老杨你要好好组织大家学习。"他要求我们对他有什么意见，都给他提出来。我们就是这样在老总身边处处受到党的优良传统和作风的教育、培养。

随着林彪、"四人帮"对贺龙同志迫害活动的加紧，情况也越来越严重。周总理再三叮嘱我："一定要把贺老总的保卫工作做好，这是你的一项重大政治任务，千万不能马虎。"

不久，在坏人的煽动下，一些不明真相的群众在体委召开批斗荣高棠同志的大会。他们名义上请贺老总参加，实际上是想围攻贺老总，甚至想用非法手段，把贺老总抢去，给周总理施加压力。周总理也参加了这次大会，我们把了解到的情况立即报告了他。这时，人群已经把车围住，大门不能出去，车道上全有人阻挡。在这紧急关头，周总理找来群众组织头头，个别给他们做工作。周总理说："贺老总是体委主任，国务院副总理，又是政治局委员，你们要留他，就留我好了，让贺老总回去。他有病，出了问题你们负不了责任，连我也不好向主席交代。"周总理命令我："人不能让他们抢走了，行车路线改走东门，进宣武门，你一定要保证贺老总的安全。"周总理回过头来对贺老总说："不要紧，你走吧，有我在，他们不敢留你。"贺老总同样为周总理的安全担心，他说："总理，我怎么能先走，还是你先走吧！"结果，周总理和贺老总一起出来。周总理到家以后，马上叫人打电话来问贺龙同志到家没有？有没有出什么问题？知道没有发生意外情况以后，周总理才放心。

以后，受林彪、"四人帮"唆使，到贺老总住地门口来闹事的情况不断发生。周总理了解到这一情况后说："不能叫贺老总去见他们，也不能叫他们冲进去。有事让他们来找我，我在大会堂接见他们。"

最后，情况发展到无法在家办公和休息的程度，周总理就把贺老总接到他家里，叫工作人员准备休息的地方。周总理和邓大姐非常关心贺龙同志，有关生活的种种细节，都一一作了安排。为了确保贺老总的安全，周总理特别告诉工作人员，要绝对保守秘密，不得把贺龙同志的情况泄露出去。在周总理家住的那十几天里，周总理和邓大姐外出回来，总要问我们贺老总和薛明同志的情况。周总理告诉我，让贺老总暂时住几天，再找个安静的地方去休息。

1967年1月19日凌晨2点半钟，我接到周总理的指示，叫送贺老总和薛明同志去玉泉山，然后我就回来。我们坐车穿过市区，向郊外开去，那时天还没有亮，我的心情非常不平静。我和贺老总同车走过多少地方，贺老总的音容笑貌,言谈举止,所有的一切已经很自然地成为我生活里的一部分。我把他当作老一辈无产阶级革命家,也把他看成我们自己的一位同志。

当我和贺老总分手的时候,他握着我的手坚定地说:"大老杨,你回去吧!我们还会再见面的。"当时我已经眼泪汪汪,说不出话来了,只好点点头往回走。走出几步,我又扭过头来看贺老总,他和薛明同志还站在门口看着我们。贺老总又对我摆了摆手,一直望着我们上了车,开走……

这么多年来,我一直在等着,盼望有那么一天,再去把贺老总接回来。可等到的却是不幸的消息,贺老总已经被林彪、"四人帮"害死了。

我永远不会忘记和贺老总最后分手时他对我说的话。我一定牢记贺龙同志的教导,努力工作,在实现祖国的四个现代化中贡献力量。

(杨青成)

"我支持你去"

1975年6月9日,我怀着极其沉痛的心情,参加了贺龙同志的骨灰安放仪式。

党旗低垂,哀乐沉沉,悼念仪式庄严肃穆。敬爱的周总理代表毛主席和党中央为贺龙同志平反,恢复名誉。

周总理深情地说道,"贺龙同志是一个好同志","在毛主席、党中央领导下,几十年来为党、为人民的革命事业曾做出重大的贡献……"

听着周总理的悼词,我抬起泪眼,久久凝望着贺龙同志的遗像。多少朝夕相处的日子,多少难忘的情景,历历展现在眼前……

一

　　20多年前，领导上找我谈话，派我去给贺龙同志做保健医生，当时，我还是一个刚离开大学没几年的年轻人。接受了任务，我内心既是兴奋，又觉得紧张。对于贺龙同志我当然是久已闻名了。单单是有关他的传奇式故事，就听到过不少。早就知道他是一位几十年跟随毛主席南征北战，使敌人闻风丧胆的革命英雄。现在，我就要和这样一位高级领导同志接触，甚至要和他朝夕相处了，怎样才能做好自己的工作呢？我仔细研究他的健康状况，拟出了一套我认为最符合医疗卫生原则的措施。于是我满怀信心地走上了这个工作岗位。

　　不料，我的设想却基本上行不通。开始，贺龙同志自觉很健康，很少找我。我到家去看他，他也总是说他没有什么了不起的病，身体很好。相反，贺龙同志倒是经常关切地询问其他老同志的健康状况，一再叮嘱我们要努力把他们的身体保护好。日子长了，我慢慢地觉得贺龙同志好像全然不关心自己；有时，我甚至觉得医生对他来说，似乎是不必要的累赘。

　　有一年，贺龙同志患着病，但他仍记挂工作，坚持去外地视察。领导上决定要我跟他出去，并指示我对他要照顾得周到些、细致些。这时我想：我那套医疗保健措施应该更严格地执行了。我们每到一处，当地的负责同志出于对贺龙同志的尊敬和爱护，常向我征询应如何注意他的身体。我总是滔滔不绝地讲一套饮食上、生活上、工作上各方面必须注意哪些问题，要求照办。我也抓住各种机会提醒贺龙同志注意保养自己的身体。可是，每次他都是不在乎的样子。有天晚上，贺龙同志召集干部开会，直到半夜还没有完，我觉得他休息得太晚了，会影响身体健康，便走进会场劝他休息。当时贺龙同志默默地瞪我一眼，示意让我出去。接着又继续和同志们研究工作。我在会场外面等了很久，他们才散会。当天夜里，他批评我说："嗯，你可能是个好医生，可是你还没学会给共产党人当医生呵！"

　　说实在的，那时候，我根本没有理解贺龙同志说这句话的含义。我仍旧按那一套自以为高明的保健方法去干，于是，他对我的意见慢慢地也多起来了。有一次，我随贺龙同志外出到一个地方刚住下，他就走到厨房，和炊事员同志坐在一块儿聊天。临走时，他看了我一眼，突然对炊事员说："我给你们说，医生的话可不能全听呵，你们该怎么做就怎么做吧。"说完就放声大笑着走了。这段时期，我觉得工作很不好做。说实话，我对贺龙同志爽朗豪放的性格已经有体会了。我不止一次地亲眼看见他对群众既严肃又是那么平易近人，和蔼可亲；我亲眼看见他在调查情况时那种耐心地倾听和谦虚地提问的科学态度；我亲眼看见他在处理复杂问题时有条不紊、充满信心的神情，甚至在和下级干部发生争论时也始终保持着平等待人的民主作风。可是唯独对我却有点特别哩！有一次，贺龙同志竟当我面对一位领导同志说："医生的话，你可不能多听，都听他们的，你就没法工作啦。他们就知道叫你休息啊，营养啊……真是乱弹琴！"说得我非常难堪。有一天，贺龙同志直截了当地对我说："你干吗老想管我?!"我心想：组织交给我的任务就是这样嘛，秘书、警卫员应该听您的，而我得按医疗原则办呀！他好像猜透了我的心，说："你觉得我应该听你的，是吧？不对！我们大家都要听党的，听毛主席的。"他看了我一眼，觉得我并没有接受批评，过了一会儿，说："你这个人太成问题，回北京我要告你，叫卫生部给你整整风。"

  回到北京，我怀着委屈和沉重的心情向领导作了汇报。我说："首长对我很不满意，看样子，这工作我再干下去不行了，还是换别人到他那儿去吧。"领导见我说得很认真，就去找贺龙同志征求意见，提出准备换一个人。谁知贺龙同志却说："这个医生很好嘛！工作很负责任，是个好同志呀！"后来，领导向我传达了贺龙同志的话，要我安心工作下去。至于"整风"，当然更是没有下文啦。

  这事引起了我的深思。贺龙同志为什么当面这么严厉地批评我，而在我的领导面前却是那么夸奖呢？我反复检查了自己的工作，终于认识到，根本在于我在实际工作中并不真正懂得医疗为政治服务的道理。我把医疗原则看成高于一切的原则，认为一切工作都应服从他身体健康的需要。而在贺龙同志看来，恰恰相反，自己的一切都应服从革命工作的需要。我们想的是两码事，当然就说不到一起去了。别的同志都在为首长的工作提供保证条件，而我却处处限制他的工作，要求给他特殊的待遇，这就是他对我最不满意的地方。我虽是个党员医生，可是我的工作方法却有点和资本主义的"人寿保险公司"相似呵！这时，我又一次想到了贺龙同志那句语重心长的话："你还没学会给共产党人当医生啊。"这句话，体现着贺龙同志对党的事业的无限忠诚，也是他对我的工作提出的很高的要求。这时，我也才真正理解到：我和秘书、警卫员分工不同，但目的却都是一样，我的根本职责应该是从医疗预防的角度保证首长更好地为党工作。

贺龙同志很快就察觉了我的转变和进步，我的工作也就顺利起来了。

二

通过多年的工作，我从贺龙同志身上越来越多地体会到了老一辈无产阶级革命家的优秀品质。

贺龙同志胸襟开阔，性格豪爽。在保持健康的问题上，他始终认为锻炼比保护更重要。平常，除了因有病而必须使用的几种药外，根本不要什么贵重的滋补药品。有段时间，因膝关节有病，他主动提出要用散步的方法来治疗。从此他每天坚持散步，刮风下雨也不间断；而且越走越多，越走越起劲。散步不仅是一种防病治病的积极方法，而且也成了秘书向他汇报情况和他给我们讲革命传统的一个好机会。

大约是1962年。有一天，贺龙同志对我说："毛主席一贯提倡勤俭节约，反对铺张浪费，不许搞个人宴会和专场文艺演出。我们必须坚决照办。今后，凡是有这类事，都要绝对制止。你也应该知道这个精神。"就在那年夏天，贺龙同志去某地视察工作，当地军分区和地委负责同志向他报告说，准备请他晚上和干部们一起吃饭，饭后有个晚会。贺龙同志当即表示不同意。邀请的同志一再要求，贺龙同志仍然坚持不参加，说："现在国家比较困难，干部更应该和群众同甘苦。"那个同志又说："同志们很想有这个机会见见您。"贺龙同志说："要见见面还不容易？今晚各人在家吃饭，饭后都到这个院子里来乘凉。你们多准备点开水和茶杯。你们要宣传：这是按毛主席指示精神办。"晚饭后，军队和地方许多干部陆续来了。贺龙同志和他们亲切见面，大家不拘形式地分散坐在椅子上、矮凳上和台阶上，谈笑风生，非常活跃。直到天黑了，大家在一起看了场露天电影，高高兴兴地各自回家。

在回北京的路上，贺龙同志和我谈起了这件事。我说："我听到接待的同志们议论，都说老总保持着党的优良作风。"他严肃地说："你应该跟他们说，这是毛主席叫这样做的。"

贺龙同志关心干部、关心群众，他不愿意医生老在他身边转，经常要我去为别人治病。在广州，他曾几次派我去看望一位重病在家休养的干部。在四川农村他看见一位老乡脸色不好，就叫我去给他查查有什么病。我当即询问了老乡的病情，查了一下身体，给了一些我随身携带的药，又开了一张处方交给公社干部，请他去县医院取药交给病人。打这以后，我才注意到关心干部和群众是贺龙同志的心愿和习惯，也是他对我的一项要求。我应该在不妨碍主要任务的情况下多做些工作，不管在田头、路上或车间里，我都要准备随时为群众治病。有一次，住在招待所里，贺龙同志看见我正在为一个服务员看病，立时投来了赞许的目光，并倚在门边看了好久。后来对我说："你这样做，就对头了。"

三

1964年，贺龙同志在广东视察一个海岛公社，对他们围海造田和大量营造防风潮林带很是赞赏，认为很有介绍推广的意义，当场把我们叫到面前，要我写一篇通讯报道。陪同参观的同志中能人不少，还有专业记者。叫我来写，分明是要我学习和接受锻炼。随同参观之后，我立即找有关同志开了调查会，又请了几位同志一起研究。好不容易把这篇通讯写了出来，虽然并不好，但贺龙同志看后却鼓励说："行！你这个医生现在算是有两下子了。"我体会他的意思，就是要我摆好这个关系：要经常意识到自己首先是个共产党员，做党所需要的工作，然后才是个医生；作为医生，首先应是个为广大群众服务的医生，最后才是他的保健医生。

医院里一些和我很熟悉的同志说我在贺总身边这些年，连性格都变了，思想也开朗了。和我一起在贺龙同志身边工作的同志也说："你看大夫，跟老总谈起话来，口音就变调，尽是老总的乡音。"的确，我和贺龙同志之间不知不觉地产生了深厚的感情。按说，他比我大30多岁，比我父亲的年纪还大；他一生戎马征战，叱咤风云，是党和国家的高级领导干部，我不过是一名普通的医生。差别自然是很多的。其实，和我一起在他身边工作的同志也是那样，在工作的时候，大家各有自己的任务，纪律严格，态度严肃，一丝不苟。但是，一旦休息下来，你看吧，贺龙同志和我们之间就很少有多大差别了。大家议论起什么事情来，常常你一言，我一语，甚至争论不休，各不相让。有一次，我和贺龙同志都想看一本有名的小说，当时，贺龙同志完全不因为他是首长而要求先看。他主动提出，放在一个固定的地方，谁有时间谁看。由于我们两人看的进度差不多，那段时间，讨论这本书竟成了我们散步时有趣的话题之一。

当然，我们之间也不是没有矛盾。有时为一个问题甚至争论得脸红脖子粗，但到头来，总是谁对听谁的。贺龙同志绝不以首长身份压人，要别人非听他的不可。我也不是不再受批评了，有时贺龙同志照样批评我，但是从他严肃的批评里，使人感觉到了真正的关怀和爱护，心里很舒服，有时我简直露出了笑容。他说："批评你，还笑！"我说："做错了事，您一批评就懂了。"于是他也爽朗地笑了。

从贺龙同志身上，我更加体会到了革命队伍中的同志关系，更加懂得了我党我军上下级之间、官兵之间的平等关系和民主作风，更加理解到什么叫同志情谊的温暖和政治上的关怀。

我的工作职责要求我定期看望贺龙同志，以便及时了解他的健康状况和采取必要的措施。但是几年下来，已经不单是任务要求我这样做了，从感情的深处，他已经成了我所热爱和尊敬的革命长辈之一，隔了一段时间不去看看，就想念，就记挂，就感到不放心。一位领导同志对我说："贺龙同志对你真好呵，我看你就下决心照顾他一辈子吧！"我毫不犹豫地接下了这个当初曾经坚持不愿久干的任务。

四

毛主席发出"把医疗卫生工作的重点放到农村去"的光辉指示后，医院组织农村医疗队，我报名参加。领导上考虑到贺龙同志年纪渐高，怕离不开，虽然当时那个医疗队去的地方离北京不远，也没让我去。没过多久，贺龙同志问起了这事。我对他说了领导的考虑。他马上说："我支持你去！这是执行毛主席的指示啊，哪能怕这怕那的。"我知道他过几天又要到外地去开会，就说："那我等您走后就上医疗队去，好吗？"贺龙同志同意了，并且亲切地对我说："你到农村去要注意几条：第一，下去后要不怕苦，努力改造世界观；第二，好好工作，要把毛主席的关怀带给贫下中农；第三，可不许自以为是大医院的大大夫，又管过大首长，下去摆架子啊!"

送走了贺龙同志,我就去了医疗队。他怕我冷,借给我一件军棉大衣。刮风下雪,半夜出诊,我都穿着那件大衣,感到十分温暖。

有一天我出去巡回医疗,中午回到点上。同志们匆忙地告诉我说,县里派人来紧急通知,要我必须在当晚6点以前赶回北京。我一惊,心想准是贺龙同志有情况。我简单地交代了自己的工作,抓起两个馒头就走,一口气赶到卫生部。值班同志告诉我说:"贺龙同志在外地生病了,部领导要你明天清早乘飞机赶去,票子都准备好了。"第二天午后,当我见到贺龙同志时,他说:"你怎么来啦?"我连忙解释说是领导派我来的。通过询问了解,我感到贺龙同志的病情有点严重。我要求给他彻底地检查一下身体,他见我神色有些不安,反而尽说宽心话。他风趣地说:"一辈子在枪林弹雨里闯,哪个时候不和死打交道啊,想也没有想过能活到今天嘛!你有什么好紧张的。"后来,贺龙同志又对我说:"有几件事,好久就挂在心上,说不定真的干不了啦!"我问他哪几件事。他说:"第一是想去韶山看看毛主席的旧居;第二是想回延安去一趟;第三是想回桑植县去看望当年的老战友和乡亲们;第四……"他讲了一项毛主席十分关心的重要工程。我听说过,毛主席曾嘱咐贺龙同志去看看。一年前他就打算去的,因故没有去成。

经过一段时期的治疗和顽强的积极锻炼,贺龙同志的健康逐渐恢复了。他决定动身去视察那项重要工程。当时,有的同志认为他病刚好,不宜到那个地方去,他没有同意。我们知道,到那里的路途是艰险的。贺龙同志坚持要到那里视察,是他忠诚执行毛主席指示,也是当时工作任务的需要。我的责任不是去阻挡他,而是千方百计地保证他顺利完成视察工程的任务。

1966年3月,贺龙同志带着我们奔向一望无际的崇山峻岭和人迹稀少的原始森林。当汽车在海拔几千米的盘山公路上蜿蜒前进的时候,我看着路边陡立的高峰和悬崖下奔腾咆哮的激流,担心着贺龙同志的安全和健康。我几次劝他吸点氧气,他根本不搭理。只见他目光炯炯,神采飞扬;他的心已经飞到那项工程的工地去了。几天后,当越过崇山峻岭、目的地终于在望的时候,年近70岁的贺龙同志竟情不自禁地放声唱起了《东方红》。下车后,他视察着那规模宏伟的建设工地,精神矍铄,似乎人也年轻了。他到处与工人和战士们亲切交谈,兴致勃勃地和他们一起吃大锅饭,从头至尾地看他们的业余演出。他不仅到尘土飞扬的工地仔细观看,而且不顾同志们的阻拦,迈步走进正在施工的隧道深处向工人和战士们问候。正是这几天,他还有些发烧,可是他再三嘱咐,不许告诉任何人。有一天我趁他有空的时间给他做了次心电图。当我告诉他情况还不错时,他说:"所以我说,不要紧张嘛。人就是这样,投入了革命工作,身体也就更好啦!"

回来时,贺龙同志心情十分愉快,对我说:"那里的同志们不怕苦,努力工作,这种革命精神很了不起啊!我们去看看,向他们学习,对他们也是一点鼓励。这可是一项关系重大的工程哩。"他还说:"毛主席说的,没有调查就没有发言权。所以,这个地方我一定得亲自看看。这下,回去就能有些发言权了。"

我跟随贺龙同志多年,思想上的收获毕生难忘。我从贺龙同志那里学到了许多宝贵的东西,他的革命品质、高尚风格和坚强的毅力,深深地印在我的心中。

(曾昭耆)

"要革命就得学习"

"要革命就得学习"

1945年9月,组织上通知我去一二〇师政治部重新分配工作。在招待所等了10多天,除一位干事来问了问我的经历、家庭情况外,并没有给我安排具体工作,心里急得慌。一天,我被叫到锄奸部(即保卫部),一位副部长同志微笑着对我说:"小鬼,调你去给贺老总做警卫工作,怎么样?"他一边说着,一边用征询的目光看着我。

一听说给贺老总做警卫工作，我脑子里立即闪现出贺龙同志那高大的形象，耳边响起了他那爽朗的笑声和生动、有趣，富有感召力的讲话，想起了在部队里流传着的许多关于贺老总传奇式的英雄故事。现在让我到久已敬仰的贺龙同志身边工作，内心感到有说不出的喜悦，但又不知为什么心情有点紧张。我不由自主地说："怕搞不好。"

我的话音刚落，副部长就说："不要有什么顾虑，贺老总的事情好办。今天下午，你就去司令部找陈秘书报到吧！"

太阳快要落山了，警卫排长韦少坤同志领我到了贺龙同志住的窑洞里。我进了窑洞，向贺老总敬了个举手礼。贺老总放下正在阅读的文件，微笑着走到我的身边，用手亲切地按了按我的肩膀，示意要我坐下，和蔼地问我叫什么名字，什么地方的人，上过学没有。

"上过3年学。"我回答说。

这时，贺老总那握着大烟斗的左手向高处一扬，风趣地说道："噢，那你是有文化的人啊！"说罢，他递过一支铅笔让我把名字写给他看。我刚把名字写完，贺老总又操着浓重的湖北口音说："好呀！小鬼，你比我强，我小时候连一本《三字经》都没读完。"

他一边说着，一边大笑起来。这时，我刚进门的那种紧张心情也跟着贺老总的笑声飞到九霄云外去了。

一会儿，贺老总又温和而严肃地说："要革命就得学习。你在工作中还得抽时间学政治，学军事，学文化。工作嘛，慢慢就熟悉了。"接着，他转向韦少坤同志说："你们要注意多帮助他。"

当时，贺老总是八路军一二〇师师长，兼晋绥军区司令员。尽管他的工作十分繁忙，但对我们的学习总是非常关心，抓得很紧。只要一有时间，他就给我们讲打仗，传授军事知识。有时他还和我们谈时局的发展，讲革命的道理，给了大家深刻的教育。

贺老总对部队的学习更为重视，想方设法提高干部的指挥艺术和政治思想水平。当时虽然战斗频繁，环境艰难，但他积极组建各种学校。贺老总还亲自兼任晋绥边区军干校的校长，经常去给学员们授课和检查指导工作。

当时，我很想进学校学习，但把话埋在心里一直没有说。记得是1946年冬天，我随贺老总到军干校去。路上，他问我："小鬼，你看现在时局怎么样？"

我说："日本人都给打败了，蒋介石也没有什么了不起。"

"说得对，蒋介石是没有什么了不起。不过，我们要彻底打垮他们，还要经过艰苦曲折的斗争。有许多东西需要我们去研究，去学习。"

"我很想去学校学习！"我向贺老总道出了自己的内心话。他高兴地对我说："那很好嘛。"

就这样，我在贺老总的关怀下，于1947年3月到军事干校学习。4个月后，我们快毕业的前夕，贺老总来校检查工作，亲自问了我的学习情况。以后他又送我到贺龙中学学习了一段文化。

这两次的学习时间虽然都不长，但为我以后的工作打下了良好基础。1948年10月，当时我在三纵队司令部作战科当参谋，贺老总来部队，见面时又问起我的工作和学习情况。他鼓励我说："你进步很快嘛！"接着，又强调说："我们的革命快要在全国胜利了，我们要做的事情就更多了，学习的内容也就更丰富了。学习，对我们革命者来说，永远是一件大事。"

长期以来，我念念不忘贺龙同志"要革命就得学习"的教导，它始终激励着我勤奋学习，努力工作。

军人就要讲究军容风纪

贺龙同志对部队的军容风纪要求十分严格，他自己处处以身作则，更是名传全军。不论是酷暑还是严冬，不论是出外还是在家，贺老总的衣着从不马虎。平时，他总是扎着一条宽宽的皮带，每次出门前，都要习惯地正正军帽，把衣服整得平平正正。在贺老总的要求、影响下，晋绥部队尽管异常艰苦，但军容风纪是毫不逊色的。他对于我们警卫员的要求就更加严格了，经常教育我们："你们是警卫员，各方面都要做出好样子，军人就要讲究军容风纪！"

我由于年纪小，除了爱和别人打闹外，还经常钻到厨房去，想跟大师傅学点"拿手好戏"。所以，我的衣服总比别人脏得快，破得早，但我又想把自己收拾得尽量利索一点。单衣好办，为难的是棉衣，自己不会拆洗，脏了实在没法，我不得不用冬天晚穿棉衣、春天早穿单衣这个"窍门"来解决我的难题。1946年冬天，晋绥军区司令部驻在山西省兴县蔡家崖。天气已经很冷了，我总想多坚持几天，晚点穿棉衣。有一天，突然天气变得更冷了，尖啸的西北风吹了一夜，天亮了也没停下来。起床不久，我去贺老总的家里，他见我还穿着单衣，就关切地问："怎么还不穿棉衣？"

"不冷。"

"还不冷啊！脸都冻成紫茄子啦，是舍不得穿新棉衣吧？"说着，他转身从提包里顺手取出一套单衣，对我说："用这套单衣把你的棉衣罩起来，穿脏了就脱下来洗洗，免得早早就把棉衣穿破了。"

"不用了，你的衣服也不多。"我说。

贺老总见我不肯要，就把衣服往我手里一塞，并亲切而严肃地说："拿去，赶快把棉衣穿起来，不然要冻病的。"

我双手捧着贺龙司令员给我的衣服，心里十分激动，想说什么，可又什么也说不出来……

当我穿好衣服来到贺老总身边时，他满意地笑着对我说："这就好。你穿衣服太费，以后要注意爱护衣服，军人就要讲究军容风纪。穿衣服，也要穿出八路军的威风来。你们当警卫员的更要做榜样！"

事事要想到群众

晋绥的严冬特别冷。一天夜晚轮到我值班，刺骨的寒风没完没了地吹，鹅毛大雪没完没了地下。我把贺老总家里的火烧了又烧，室内温度还是上不去。心想，到了半夜火要是熄掉，首长就休息不好。想到这里，我就猛劲往炉里加煤，有几块煤还蹿出了炉口。谁知道这点小事也让贺老总发现了。

"小鬼！你怎么搞的，煤可不能这样烧。"

"今晚太冷了，煤少了火要灭的。"我争辩着。

"要注意节约嘛！快把炉口的煤块收起来。"

我一边收一边嘟哝着："这么冷的天，多烧几块煤算得了什么？"

这时，贺老总往我跟前走了两步，对着我说："同志啊！说得太简单了。你就不想想，我们晋绥边区是个穷地方。这煤是哪里来的？是群众给我们的。群众无时不在支援我们，我们事事都要想到群众，能为群众省几块煤也是好事嘛!"

贺老总从普普通通的小事,说出了一个极其深刻的道理。我想了许久许久……

这是贺老总拿来的

我们警卫排住一间平房,睡的是用几块木板搭起来的通铺。在那战争年代里,大家的行李都极少,我的行李就更为简单,只有一条薄薄的小棉被,没有什么铺垫。寒冬一到,晚上睡觉,总觉得床底下有一股冷风吹着。

有一天,我外出回来,刚进门,一眼就看到我和刘武成同志睡的铺位上放着好大一张老虎皮,厚厚的绒毛间有黑色的斑纹,多好的虎皮啊!我还是头一回见到这样高级的东西呢。

"这是哪儿来的?"我惊奇地问道。

当我知道是部队送来的战利品时,就马上抱起来说:"快给司令员送去,叫他高兴高兴。"我刚要跨进门,同志们却呵呵地笑开了,说:"这是贺老总拿来的,要我们铺在床上。"

"那怎么行呢?"我不同意地说。

"首长的脾气你又不是不知道,你送去还不得照样拿回来!"

晚上,我睡在这张老虎皮上,暖呼呼的,再也感觉不到床底下有冷风了,但我却翻来覆去睡不着,想了很久,想得很远。贺老总铺得也不多,他为什么不留给自己用呢?"先天下之忧而忧,后天下之乐而乐"的道德观念,我在书上看到过,可是今天,在中国共产党和毛主席领导的人民军队中,将帅和士兵,军队和人民之间,才真正体现了这种高尚的道德。这种崇高的思想情感,我在贺龙同志身上体会最深,它一直教育着我,鼓舞着我。

(刘永杰)

"你的这条命是贺军长从草地里捡回来的呀"
——贺龙和陈伢子

一、钢铁意志

隆冬时节，红二、六军团正在湘黔间的山区行军。凛冽的寒风裹着雪花，向战士们袭来。山又高又陡，路又窄又滑，人马行动十分困难，每天都有冻伤和摔伤的人。

一天，部队正向一个陡峭的山口缓缓地行进。刚当军部勤务员不久的陈伢子抬头一看，贺老总拄着拐棍，一步一拐艰难地行走着。小陈走近警卫员身边，低声问道："喂，老总的脚负伤了吗？"

"没负伤。"警卫员小声说，"贺老总的脚有个毛病，一到冬天，脚底就裂口，厉害的时候都流血。你看，他现在疼成这样，一点也不在乎，真是条硬汉子啊！"

小陈紧紧地盯着贺老总的身影，眼里不由自主地涌出了泪花。

宿营地到了，小陈马上烧了一盆热水，端去让贺老总烫烫脚。他放下水盆，转身要走的时候，贺老总叫住了他："陈伢子，莫忙走，给我帮个忙吧。"他指着自己的挎包说："那里面有个小盒，盒里有凡士林，你给我找出来，我要治治这双不争气的脚。"

小陈把挎包里的小盒找出来，递给贺老总，只见他扳起自己的脚，用手挖了一点凡士林，抹在脚底的裂口里。这双脚真吓人啊！脚底板上的裂口足有一寸多长，露着鲜红的嫩肉，稍一触动，就往外冒血水。小陈心里一哆嗦，赶紧把脸扭到一边，再也不敢看下去。

贺老总却像没事似的，一边和小陈闲聊，一边把凡士林一点一点抹进裂口里。接着，摸出一盒火柴，递给小陈说："来，帮个忙。你划着火往这儿烧。"他指了指脚上的裂口说："把凡士林烧干，伤口烧平，就不会流血了。"

陈伢子倒吸了一口冷气，心想：用火烧露在外面的嫩肉，岂不疼死人吗？我怎么能下得了手去烧总指挥的脚呢？小陈一下子愣住了。

可是，贺老总却一个劲地催促说："陈伢子，快烧！这个办法最顶事了。"

小陈的手颤抖起来，接连划了几根火柴，都没划着。这时，贺老总一把抓过小陈手中的火柴，"嚓"的一声划着了，忙递给小陈说："快！别害怕，靠近裂口，烧！"

小陈接过燃烧的火柴，哆哆嗦嗦地移近贺老总的脚板。涂了凡士林的伤口，一碰到火苗，马上发出咻咻的响声。小陈把手一缩，火灭了。紧接着，贺老总又把划着的第二根火柴递过来……直到伤口周围的嫩肉烧得发焦了，他才拍拍小陈的肩膀，满意地说："行了，满可以对付一阵子啦。"

小陈喘了一口粗气，直起身来，抬头一看，只见贺老总满头大汗，豆大的汗珠不断地顺着下巴往下流。贺老总忍受了多么大的痛苦啊！

后来，每过一段时间，小陈就要帮贺老总烧伤口。小盒里的凡士林用光了，就抹点猪油，有时连猪油也找不到，只好干烧。每烧一次，贺老总都顽强地硬挺着，从来没哼过一声。

二、五百大洋

1936年4月，红二、六军团在贵州境内打了个漂亮仗，缴获了许多物资。后勤部分给总指挥部500块大洋，作为长征途中的经费。

勤务员陈伢子拿到这些大洋后，仔细地缝了两个小布袋，把大洋装了进去。这两袋钱，足有30斤重，开始时小陈还不觉得怎么重。可是白天黑夜的行军，越走就越觉得重了。

一天，部队宿营了。筋疲力尽的小陈一到驻地，就解下钱袋，扔在桌子上，急忙出去打水、烧水、做饭。可是，等小陈回来后，桌子上的钱袋却不见了。

丢钱袋的消息，很快被贺老总知道了，他十分着急，发起火来："陈伢子，你这是怎么搞的，这么粗心大意，给我关两天禁闭！"

小陈见贺老总发了那么大的火，抽抽搭搭地哭起来。他后悔自己粗心，恨不得打自己几拳，禁闭情愿去蹲，可这笔钱到哪里去寻找呢？

这时，任弼时、萧克等首长都来了，他们把发火的贺老总拉了出去，又返回头来安慰小陈，并通知警卫部队，查清钱的下落。

总指挥部的人都出去查找这笔丢失的钱，唯独小陈一个人在屋里闷头坐着，等候处理。晚饭开了，他也没出去吃。正当小陈独自难过的时候，贺老总推门进来了。他脚步走得那样轻，脸上的怒气也消失了，手里还端着热气腾腾的一碗饭。贺老总走到小陈的身边，拉拉他的胳膊，轻声地说："陈伢子，莫哭了。刚才我不该发火，我不对。你快吃饭吧！"

贺老总的话，使小陈感到又惭愧又难过，眼泪"啪嗒，啪嗒"流下来。他赶忙接过贺老总递过来的饭碗，哽咽着说："首长，我不饿……是我不对，我犯了严重错误，组织上处分我吧……"

"知道错了就好，"贺老总一边吸烟，一边踱着步说，"你晓得这500块钱的分量吗？它是我们指挥部全体人员的生命钱啊！前面就要爬雪山、过草地了，征途曲折艰难，咱们就靠这些钱来维持生命呀！"

停了一下，贺老总又接着说："要是我个人的东西，丢了就丢了，可这是党的经费，是大家的钱呀！小鬼，你快吃饭吧，饭都要凉了。"

过了一会儿，司务长兴冲冲地跑来了，肩上扛着两条口袋，后面还跟着一伙人，他边跑边高声大喊："找到了！找到了！一块大洋也没少！"

小陈一听，忙扔下碗筷，一头冲出去，紧紧抱住钱袋，仿佛怕它再飞了似的。司务长慢条斯理地给贺老总和大伙儿讲述起找钱的经过。原来，小陈出门后，屋里一个人也没有。正好七师的粮秣员来指挥部找人，人没找到，却看见桌子上放着两袋大洋，就顺手牵羊扛回师部去了。粮秣员正同师首长议论怎样处理这笔钱时，恰巧四处找钱的司务长赶到了。师首长一听说是总指挥部的伙食费，立即交还给司务长。

贺老总听了这段经过，哈哈大笑起来："原来闹了一场虚惊啊！"

大家都笑了起来，小陈的脸上也露出了笑容。

贺老总走到小陈的面前，从嘴里拿下烟斗，点点他的额角说："小鬼，这可是个教训啊！今后千万不能马马虎虎啦！快吃饭去吧！"

贺老总说完就走了。小陈注视着首长的背影沉思着：虽然闹了场虚惊，但贺老总却给我上了一堂有意义的政治课。想到这里，小陈感到十分痛快，回屋端起贺老总送来的饭，大口大口地全部吃光了。

三、五匹驮子

进入草地不久，小陈就病倒了，又发烧，又拉肚子，没几天就变得面黄肌瘦，走不动路了。贺老总对他很关心，每天都来看望好几次，并把军部的马拨给小陈骑。

贺老总有个叔叔也随军部一起行军。这位老人很关心同志，大家都亲切地称他"贺老太爷"。贺老太爷不仅心眼儿好，还懂点中医，常给伤病员采药治病。贺老总见小陈病得厉害，便亲手把小陈交给叔叔，说："陈伢子病得很严重，您老人家多操点心，好好照顾他，搞点草药帮他治治病吧。我们搞到药马上就给您送来。"

就这样，贺老太爷把小陈当作自己的亲生儿子，天天陪着他。行军时，贺老太爷先扶小陈上马，帮助他收拾东西，还常常询问病情；宿营时，先让小陈休息，然后四处去采集草药，亲自熬药给小陈喝。

每当这时，小陈心里就过意不去。他想，这么大年纪的老人，整天跟着部队行军，就够苦的了，还要为我操那么多心，真对不住老人家啊！每当想起这些，小陈就端着药汤喝不下去。有一次，贺老总见小陈光发呆，不喝药，以为小陈怕药苦，便劝说道："陈伢子，害病吃苦药噢！吃了药，病才会好起来。"

小陈听到贺老总这关切的话，热泪簌簌地直往下落，端起一大碗药汤，一扬头就喝下去了。贺老总一看，高兴地说："就要这样！革命战士嘛，要不怕死，不怕苦，不怕病，不怕吃药……"

听到这里，小陈赶紧低下了头。

越往前走，条件就越艰苦了。一望无际的草地，前不见村庄，后不见人烟，没有医药，连能治病的草药也挖不到了。粮食也光了，同志们都挖草根充饥。

小陈的病越来越重，人瘦得皮包骨头，一丝气力也没有了，整天昏昏沉沉地伏在马背上。照顾小陈的贺老太爷也累得爬不动了。这时，驮小陈的第1匹战马倒下了，贺老总又拨来第2匹。不到1个月的时间，就换了3匹。当第4匹战马倒下的时候，小陈一时眩晕，也歪倒在地。当他苏醒过来时，禁不住抱着死去的战马痛哭起来。

当时，军部的牲口，有的累死了，有的当粮食吃了，整个军部就只剩下几匹驮文件包的马了。许多首长都和战士们一起艰难地步行。

小陈正哭着，贺老总走到他的身边，亲切地说："陈伢子，怎么又哭起来了呢？"

小陈难过地指指死马，正要张嘴时，贺老太爷用微弱的声音说话了："第4匹马又死了，陈伢子的病还是那么严重，这可怎么办呢？"

"怎么办，"贺龙略一考虑，果断地一挥手，对小陈说，"不管条件多么艰苦，只要有一口气，就一块走。马虽然死了，但还有人，可以背、抬，反正不能把你扔下不管！"

小陈心里一热，忙对贺老总说："军长，老太爷，你们走吧！我已经给大家添了很多麻烦，我是个包袱啊，不能再拖累大家啦……"

贺老总打断了小陈的话，严肃地说："陈伢子，莫要哭了，有我们在，就有你在！"

贺老总说完，立即对身边的一位同志小声说了几句话。这位同志离开时，贺老总又嘱咐说："多想想点子，一定搞匹马来！"

不多一会儿，那位同志牵来了一匹战马。贺老总又把小陈扶上马背，继续前进。后来，小陈经过多次打听，才知道这第5匹马原来是用来驮机要文件的。为了驮小陈，文件只好分给大伙用肩扛着。

就这样，在贺老总的亲切关怀下，第5匹战马终于把小陈驮出了草地。贺老太爷的草药汤和精心照料，也终于给小陈治好了疾病。走出草地不远，小陈就恢复了健康。

小陈又活蹦乱跳地回到贺老总身边工作了。有的同志风趣地说："陈伢子，你的这条命是贺军长从草地里捡回来的呀！"

贺老总却笑着说："陈伢子还没有完成革命任务，马克思那里还没有批准他去报到哇！"

一句话，逗得大伙哈哈大笑起来。

（何　玮）

"要为下面着想"

"叫我贺胡子"

"不要喊官名！"这是贺龙同志给每一个新到他身边工作的人的必然嘱咐。

记得，我第一次接近贺龙同志是在1931年的秋天。当时，段德昌师长派我去给贺军长当警卫员。在军直政治部经过几天训练以后，我拿着介绍信，一路飞跑向军司令部奔去，心里可高兴啦！

我正跑得起劲的时候，突然有个人迎面喊道："脑袋碰到树上了，小鬼！"

我抬头一看，愣住了："哎呀，是贺军长！"

贺军长笑嘻嘻地站在我面前，八字黑胡上挂着一滴滴汗珠。看样子是刚刚赶路回来，正站在门口树下乘凉呢！

"喔，到军司令部了！"我自言自语着，不禁喜上眉梢，赶紧敬礼报告，递上了介绍信。他看完介绍信以后，高兴地对我说："知道了，小鬼！洪湖来的吧？"

"嗯！"我点点头，显得有些紧张拘束。

"随便一点嘛。那么紧张干啥？我们都是红军战士嘛！"说完，他取出手帕，亲手给我擦汗。"不用了，军长，我自己来！"说着，我抬起手臂，胡乱用袖子擦脸上的汗水，眼泪却像泉水般地涌了出来。军长啊，军长！我这个参军以前吃猪狗食、干牛马活的奴隶，从小起，挨的只是地主老财的皮鞭，国民党匪军的棍棒，哪里受过人间的温暖啊！如今，领受到了……

我含着热泪，大声请求道："军长，请分配任务吧！"

贺军长伸过手来，一会儿摸摸我的头，一会儿帮我整整衣服，说：

"别口口声声军长军长的,不要喊官名。那样喊会把我们的关系搞生疏了。从今儿起,当了我的警卫员,就喊我贺胡子得了,或者像老百姓那样,叫我贺老总,随便一点,懂吗?"

我顺从地点了点头。从这时起,我真的称他贺老总了。

"我要作检讨"

贺老总对旁人很宽容,但对他自己要求得很严格。有一次,他还向我作了检讨呢!

那是在我入了党,还当了贺老总所在党小组的组长以后的一天。我们跟敌人打上了遭遇仗,贺老总亲自上前线指挥。他站在一棵树下,顾不得嗖嗖飞来的子弹,拿着望远镜在细心地观察敌情。他大概看到了我方战士英勇杀敌的战斗情景,高兴地喊道:"好,打得好!"

可是过了好一会儿,他忽然大声地喊道:"敌人反扑了。哎呀,那个高个子战士,注意背后!"

这时,我看到头顶有架敌人的飞机正在盘旋,并且听到了"嘶嘶"的呼啸声。我喊声"不好!"便一个箭步冲了上去,猛地将贺老总拦腰一抱,顺势一倒,两个人一起滚落到旁边的小土沟里。

在滚落中,贺老总一边习惯地喊着"警卫员",一边迅速翻身,挥起拳头,"嗵嗵"给了我两拳。当他又要打第三下的时候,那只举起的大手猝然在我头边停住了。

"噫,是你,小鬼!我还以为是敌人偷袭呢!"贺老总很抱歉地对我说,"你干啥抱我?受伤了没有?"

"没受伤。"我摇摇头说,语言里带有几分委屈。当时,我确实经受不住贺军长那沉重的两拳,身上还在火辣辣地发烧。于是,我噘着嘴巴说:"干啥?因为我是你的警卫员!"

话音未落,突然一阵震天动地的响声,就在我们刚刚站过的树下响起,接着一股巨大的泥浪高高地冲上天空。

"啊,炸弹!"贺军长抬头看看飞机,满意地对我说:"你判断得准确,有眼力!"随后他组织部队利用地面火力进行对空射击,把敌人的飞机赶跑了。

我们在前进的路上，贺老总忽然发现我左手被弹片划破了，便掏出手帕给我包扎，一边包扎一边心疼地说："为了保护我，你受了伤，还挨了我的打，真不该。我错了，打完仗得好好向你作检讨！"

"作检讨？"我摇摇头说："这是小事嘛，军长怎么能向士兵作检讨？！"

"军长？军长也是红军的一员，官兵一致嘛！谁犯了纪律，谁就得作检讨。今天我打了你，可不是小事噢！"贺老总向旁边的另一个警卫员小龚招招手说，"我打了人，你要带头批评我哪！"

"这有什么呢！"小龚说，"误会嘛，也不是存心要打的。而且，我们都是你的孩子。在家，有时父母还要打我们呢！骂是喜欢打是爱，没啥！"

"你们这对小哥俩呀，是一个鼻孔出气。"贺老总说，"误会也不能原谅。三大纪律八项注意对谁都是一样的。小唐同志，你是党小组长，打完仗，今晚就开个组织生活会，决不能拖到明天，听到了吗？"

我说："打胜仗以后要开庆祝会才对。至于这次，那是误会，你为了指挥打仗，精神高度集中，我突然把你弄倒，你以为是敌人偷袭，当然要自卫嘛。我看，军长警惕性高，还应该表扬呢？"

但不管我怎么说，贺老总还是高低不让步。打完仗，部队转移到安全地带，已是当天晚上10来点钟了，他亲自把军直政治部主任李贞同志找来，主持了一次党员会。会上，贺老总作了认真的检讨，使我既感到难受，又觉得受到了深刻的教育……

"要为下面着想"

敬爱的贺老总严于责己、宽于待人的精神还表现在他从不搞特殊化上。

有一次，我们长征到湖南溆浦，在一个地主兼反动资本家的仓库里发现有许多钟表。我从后勤部听到这个消息以后，想到贺老总已是整个红二、六军团的总指挥了，还没有一块手表，行军打仗很不方便，便到仓库去挑了一块给贺老总。

贺老总接过表，第一句话就问："经过没收委员会没有？"没收委员会是我们部队中专门处理战利品的机构。

我告诉他："我是跟后勤部的一位同志一道去的，他答应马上去没收委员会登记！"

贺老总一听，马上说："这么说，没有经过没收委员会批准？赶快送回去！"

"他们会同意的！"我说，"总指挥用块表，他们还能不同意吗？"

"总指挥？总指挥就能凌驾于组织之上？就能不遵守党纪军法？唐云清同志，一切缴获要归公，这是纪律。归公的财物由没收委员会统一分配，这是手续，也是财经制度，谁也不能违犯。小唐，我们一老一小都是党员，党员能搞特殊吗？"

我自知理亏，一句话也不敢讲，低着头，慢慢地走开，随后就飞跑起来，直向没收委员会奔去。

当我高高兴兴地拿着没收委员会的批准单，带着表，再向贺老总跑去的时候，心里踏实多了。想到："这回你该满意了吧？！"

但是，出乎意料，贺老总见到手表以后却还是问："没收委员会的钟表，就数这块最好？"

"嗯，这是金表！其他的又大又难看！"我回答道。

"大的？多大？"没想到，贺老总唯独对这个"大"字却那么感兴趣。

我却不以为然地说："一般的也有银圆那么大，还有饭碗那么大，大脸盆那么大的。"说话间，我还用手比画着。

"啊，那是钟！"他问，"有闹钟没有？丁零零，会响的？"

我告诉他"有"以后，他接着说："那么就要一个闹钟。把手表送回去！"

"这是为什么呀？"我不理解，也不愿意，嘴巴翘得像个猪八戒，不高兴地嘟囔着："你要钟，我通过没收委员会再要一个。表，我不退！"

"不行！"他说，"批准一个就一个嘛，怎么又搞特殊化？！快去，换过钟来！"

命令，我得服从；思想，我却不通。我一面向外走，一面不服气地说："为什么非要钟不要表？真怪！"

大概贺老总听到我的怨言，便将我喊住。他走到我的身边，手搭在我的肩上，跟我一边走一边说着："小鬼，闹情绪了？我向你作检讨好不好？党小组长同志！刚才我只是单纯命令你怎样去做，而没有告诉你为什么要这样做，把思想工作简单化了。"

接着他启发式地问我:"你说说,没收委员会的表多不多?"

"不少!"我回答。

"分配给六个师够不够?"他又问。

"不够。下面各部队都想要表。"我说。

"这就对了。如果叫前方指挥员背个大钟打仗,方便吗?"他望着我,和蔼地问道。

"那当然不方便。连、营首长背一个大闹钟,怎么带头冲锋呀!"说着,我好像看见真有其事那样,不知不觉地笑了起来。

"正因为这样,我们不能要手表。要让给更需要的同志,懂吗?"贺老总继续说,"一个指挥员,如果一事当先只为自己打算,而不替第一线的同志考虑周密,那是要付出血的代价的啊!"

这后一句话,贺老总说得非常深沉。虽然语调不高,近乎是自言自语,但却使我受到很大震动。

我说:"我懂了,老总!"

"不一定。你还得听我讲。"他继续深沉地说道,"我们正处在万里长征的艰苦岁月中,白天晚上都要行军打仗。夜战尤其多。打起仗来,一看大钟就知道时间,有好处,懂吗?不过,你得累一点,背起来是不方便的!"

"报告老总,为了长征胜利,我不怕累,愿意找这个不方便!"我激动地说。

"那么,你快去,换一个大闹钟来。到时候丁零零一响,可以当我们的小司号员!"说到这里,他才放心地叫我走,并且叮嘱说:"叫司务长给你做个布袋子,把钟装上,背起来方便一些!"

"是!"我一个立正,接着转身跑了出去,耳旁好像时刻响着促人奋发的铃声……

"我们和马都更爱革命"

在长征艰难的日子里。有一天,我们行军到一个叫东布子、西布子的地方。受到敌人的偷袭,为了迎接战斗,让同志们稍稍饱吃一顿已成为当务之急。但野菜已无法引起大家的食欲了。杀马吧,当时团以下干部的马都已杀得差不多了，只剩下少数军、师以上干部有马。而这些首长的马，都是从枪林弹雨中南征北战过的，跟人有深厚的感情。大家都情愿饿着肚子打仗，谁也不愿动手杀。怎么办呢？贺老总说："要关心战士。目前，吃饱才能顶得住来势汹汹的敌人。叫司务长把我的马杀掉！"

杀贺老总的枣红马？我和司务长都不敢相信这是真话。因为我们知道，贺老总是非常爱他那匹枣红马的。他过去曾经多次谈过："这马，确实对革命做出了很大的贡献。乌江边救过我的命。在这之前，一次过湘江时，遇到洪水泛滥，敌人又追了上来，要不是它战风踏浪驮我过河，我也早就到马克思那里报到去了！记得吧，过大雪山时，因空气稀薄，许多病号喘着气，走不动了，很想坐下地去。可是一坐下去就会永远起不来。我这马，救了好多同志啊！奄奄一息的人在马背上趴着，脖子上挂着，尾巴上揪着，同志们跟着马走了一段路以后，缓过气来就好了……"

司务长怎么能动手杀这样的马呢？以致使贺老总下了第5次命令也无济于事。

但是到那天吃中饭的时候，司务长脸色很难看，递给我一碗野菜汤。

"马尾骨？"我惊叫了起来。一种不祥的预兆顿时涌上心头。我提心吊胆，撒腿就跑。心里猜着：莫非——莫非真的是贺老总亲手杀了马？

"马？马？贺老总的马？！贺老总的枣红马？！呜呜呜——"由于找不到枣红马，跑着跑着，我放声哭了起来："马，贺老总不能没有马啊！军长，我们老军长要指挥打仗呀，呜呜呜——"

我伤心地哭着哭着，心都快要碎了。

在哭泣中，我听到贺老总温和地说："小鬼，别哭。贺老总没有马一样长征。我们爱马，马也爱我们。可是，我们和马都更爱革命。我们不是常说，当革命需要的时候，我们要不惜牺牲自己的生命，那么，现在，为了战争的胜利，为了革命的前途，难道我们还舍不得一匹马吗？小唐，唐云清同志！我们的枣红马，死得光荣，死得其所，它会永远奔驰在我们身边的。好啦，小唐！现在敌人向我们扑来了，赶快准备打仗去，让这匹为革命做出了贡献的马，继续鼓舞我们斗争吧！"

在贺老总的鼓舞下，我跟在他的后边向进行着激烈战斗的山头指挥所跑去，就像骑着马，跟着贺老总去迎接一次更大的胜利！

（唐云清）

两救警卫员

——贺龙和张昌华

1931年4月11日，贺龙同志率领的红三军路经湖北兴山时，带走了一个年仅十三四岁的男孩。他，就是后来的警卫员张昌华。

张昌华出生在书香门第，知书达理，聪慧过人，颇为贺龙喜爱。红三军回到洪湖后，张昌华便成了贺龙的得意警卫。

1932年，由于"左"倾机会主义的危害，贺龙被迫率红军撤离以洪湖为中心的湘鄂西根据地，转战川黔边境。1934年10月，任弼时率红六军团在贵州印江与贺龙率领的红二军团会师，合编为中国工农红军第二方面军。1935年11月，贺龙率领红二方面军从桑植刘家坪出发，开始长征。

为了摆脱敌人的重兵追剿，红二方面军离开湘鄂川黔苏区后，并未取道川陕北上，而是直下湘中，绕道长江天险。部队夜以继日地急行军，鞋子烂了，光着赤脚走；肚子饿了，勒勒腰带；不少战士脚底板磨起了大泡小泡。为了使部队得到短暂休息，部队到达芷江的竹平铺后，贺龙命令部队就地驻扎，欢度春节。

除夕之夜，北风呼啸，寒气袭人。当地的群众纷纷送来猪肉、鸭子、鸡蛋等土特产慰问红军。饥饿而又疲劳的红军战士们如鱼得水，饱餐了一顿。入夜，战士们分散到老百姓家宿营，贺龙和警卫连住进了刚攻下的一座地主庄园。警卫员张昌华忙个不停，收拾房间，生火烧水、整理床铺……一切都忙停当后，贺龙才查哨归来。

"老总，您该洗个澡了吧？"张昌华说着，将一盆热水端到了贺龙的床前，贺龙看着这盆直冒热气的洗澡水，满意地笑了。

"小鬼，今天你也该好好睡一觉了，快去吧！"贺老总再三督促，张昌华才勉强离去。

贺老总洗罢澡，躺在床上看了一会儿书，实在太困了，才熄灯睡觉。

"呼呼"，半夜时分，一阵急促的枪声把贺龙从梦中惊醒。贺龙一骨碌从床上下来,提起双枪直奔楼下。这时,警卫员已与敌交火,敌人的火力直压楼口,贺龙当即判断出这是敌人的先遣部队与地方反动势力进行勾结进攻。

"一班压住敌人火力,其余跟我撤!"贺龙边还击,边指挥撤退,很快就摆脱了敌人猛烈的火力封锁。当撤至后院后,贺龙听见前院枪声仍然密集,这才想起睡在楼上的张昌华还没撤出。

"二排,跟我返回前院迎救张昌华,快!"贺龙说完,带头冲向前院,背着墙角一看,张昌华被敌人火力死死压在楼门口不能动弹。

"快,引开敌人火力。"贺龙一声令下,警卫二排立即向左运动,敌人火力很快跟踪过去。趁此机会,贺龙冲进楼门,一把挟住了张昌华,刚一离开,"嗖嗖",一梭子子弹在贺龙身后直窜。

在贺龙的沉着指挥下,警卫连终于从后院冲出了包围,会合主力连夜撤出竹平铺,甩脱了敌人的追击。

途中,张昌华一直耷拉着脑袋,他知道自己严重失职,差点连累了贺老总,心里十分难过。部队休息时,张昌华快快地走到贺龙身旁说:"老总,昨晚都怪我睡得太死,险些让您……"张昌华说着说着哭起来了。贺老总拍了拍他的肩膀,笑笑说:"小鬼,红军可是不兴哭鼻子哟!你上次救我,我可是没有哭哦!"一席话,说得张昌华破涕为笑。

1936年9月,贺龙率领的红二方面军进入了草地。初秋的草地,冷风阵阵,烟雾沉沉。广袤无垠的原野,野草杂生,望不见山,也望不见树,大地一片凄凉。

开进草地不久,红军携带的粮食吃完了、皮带吃光了,就连树皮野草有时也难以吃上。部队战斗力大大减弱,行军速度明显慢了。有的战士渴了,见水就喝。草原上的水大都有毒,喝了就得痢疾,有的还全身浮肿,不少同志走着走着就躺下了。贺龙和战士们一样,几天没吃东西了,身体一天不如一天。警卫员张昌华看在眼里,急在心头。

这天晚上,张昌华乘贺龙入睡后,悄悄牵着那匹枣红马消失在夜幕中。他想去打几只野羊给老总补补身子。然而,他骑着马在草地上找啊找,直到后半夜,也没见到野羊的影子。走着,走着,张昌华那握着缰绳的手松了,一头栽下马背,昏倒在地上。

清晨,贺龙起床后,不见了张昌华,正在猜疑,突然听到了马叫声。

贺龙赶快走出帐篷，只见与张昌华朝夕相处的枣红马从远处奔驰而来，立即意识到张昌华出事了。贺龙迅速提枪，翻身上马。不一会儿，枣红马驮着贺龙来到张昌华昏倒的地方。贺老总跳下马一摸，张昌华还有微弱的呼吸，遂立即将张昌华抱上马鞍，策鞭返回营地。经过卫生员及时抢救，张昌华终于脱离了危险。

红军在草地上艰难地行进着，部队的粮食缺乏已成了致命的问题。为了使部队胜利越过草地，一天夜晚，贺龙命令炊事班杀掉了自己心爱的枣红马，给每人分了一斤烧马肉。张昌华吃着香喷喷的烧马肉时，心里觉得很奇怪。第二天，张昌华找不见那匹枣红马了，这才明白是怎么回事，便伤心地哭了起来。贺龙走到张昌华身旁安慰说："小鬼，别难过！到了陕北，再弄一匹更好的马。"张昌华擦了擦眼泪，默默地点了点头，跟着贺老总又开始了一天的新征程。

（田云兵）

军长背我蹚河

1931年，贺龙同志在房县建立了革命根据地。土豪劣绅剜心疼痛，国民党反动派恐慌万状，他们纠集了均县、郧县、谷城、保康等地的守敌，杀气腾腾地向房县压过来，妄图把红军和根据地一口吃掉。

8月1日，国民党匪军头子马大脚和牛腿（张连山），在离县城15里地的连山坡摆开了战场。连山坡是县城以北最后一道屏障，失掉了连山坡，房县就非常危险。因为地理位置重要，所以战斗一开始，双方争夺异常激烈。坚守了两昼夜后，第3天早晨，我军开始边打边撤。

这时，贺龙同志正在河西岸，举着望远镜观察战斗，一看情况危急，就喊："张明才，快去告诉贾团长，就说总指挥命令，全团反攻，一定要把阵地夺回来！"

我急忙上山来到贾鸣钟团长跟前，向他传送了命令，他说了句："坚决执行！"就指挥全团反击上去。

这时，贺军长拿着勃朗宁手枪，帽檐掀得老高，脖子上挂着望远镜，衣服敞开着，大步奔上山来。我一见军长来了，心里一急："总指挥，你怎么上来啦！"

"我上来看看嘛！"他若无其事，继续边走边观察。

"看什么呀？你自己上来，要我们当通讯员的干吗？"

"哈哈！你这川老鼠子，只准你上来，就不准我上来啦？"子弹嗖嗖地从他头上飞过，他好像没听见，跟我开起玩笑来了。

我又担心又着急："总指挥，这里太危险呀！"

"噢，你们不怕死，我怕么死啊？"他又学着四川口音逗我。正在这时，敌人又反扑过来了。

贺军长威风凛凛地站在原地，观察战斗的进展。战斗越打越激烈，子弹不断地从总指挥身边飞过。情况危急！不行，一定要总指挥下去。我再次到军长跟前说："总指挥，拿老百姓的话说，你是一家之主，你要是挂了花，会影响部队的情绪，影响指挥，影响作战啰。"

"嗨，红军里能干的人多得很哪，哈哈……"

"我是通讯员，保护你是我的责任，我牺牲了不要紧，你可不能牺牲，快走，快走啊！"

"噢，小川老鼠子，还蛮有道理呢！听你的，走！"

贺军长在前面走，我在后边掩护，边打边退。突然一阵排子枪打来，我的双腿猛地闪了一下，两个膝盖被打穿了，扑通一声跌倒在地上。我扭头一看，贺老总已下山了，我便放下心来。这时，身后忽然传来敌人的叫喊声："缴枪！缴枪！"我回头一看，原来爬上来3个敌人，离我只有十几米了，我忍着痛，沉住气，假装缴枪，当敌人靠近时趁其不备，扣动枪机"叭！"撂倒了一个，"叭！"又打滚了一个，剩下的那个掉头就逃，我又打了一枪，那家伙受伤后丢下枪，连滚带爬地逃走了。这时，我们全线反攻，迫使敌人又退下山去。我吃力地爬过去，捡了3支枪背在肩上，艰难地往回爬。

贺军长回到指挥所，一见我没跟上，就问："张明才下来没有？"别的通讯员说："没见他下来。"军长立即叫他们上山找我，一个小时以后，他们把我抬下山来。军长看到我受伤了，心里非常难过，把我安排到指挥所上药包扎。

就在这时，天色大变，狂风呼啸，电闪雷鸣，暴雨倾盆而下。我军主力八师的一个团从东线飞速赶到连山坡背后，冒雨向敌人发起了攻击，敌人前后受到了夹击，进退两难，死伤很多。这天，救护队把伤员从山上转运下来，准备送到后方医院。由于河水猛涨，军部同志和100多名伤员全部被隔在高枧河东岸。

军长顶着暴雨，走过来查看伤员，他摸摸这个，又问问那个，然后对军部的同志们说："会水的赶紧背伤员过河。"他把外衣、长裤一脱，丢给警卫员说："我水性好，先背！"我当时也被抬到河边，贺军长边说边向我走来。"老鼠子，上次我听了你的，这次你得听我的啦！"说完他蹲下身，看了看我伤口，轻轻地抬起我的双腿说："来，坐到我的肩膀上。"

我一听急了。"不行！不行！你是总指挥，你不能……"我结结巴巴地说。

"噢，当总指挥就不能背人啦！"

"我怎么能让总指挥背呢？我会泅水，让我自己过吧。"我边说边往河边爬。

军长按住我说："你的两腿都受了伤，怎么能泅水？这么大的洪水，冲也把你冲跑了！"我说："总指挥，让你背我，太不像话了。"

"什么不像话，来吧！"贺军长让我骑在他的脖子上，把我受伤的双腿按在他的胸膛前面，探着路，向对岸蹚去。

我颤声地说："总指挥，你背上我不就行了，还让我骑在你脖子上。"贺军长说："那有什么要紧，你双腿都打坏了，如果沾了水，伤口就会感染化脓，发展到把腿锯掉，就不好办了！"

哦，军长是怕我伤口浸水呀，我再也抑制不住激动的感情，泪水和雨水一起，一滴一滴地落在军长的头上、身上。

我这个受尽地主老财欺凌的放牛娃，一个普通的通讯员，能得到军长这样温暖的照顾，是做梦也想不到的。我看着军长被水淋湿的军帽，看他身下滔滔的河水，我的眼睛模糊了，他哪里是军长，分明是慈祥的父亲。

过了河，贺军长的白布衬衣上，沾了不少血迹，我说："总指挥，看把你的衬衣弄脏了。"

他低头一看笑着说："噢，这是伤员的血，是光荣的血嘛，你们身上打了枪眼子都不怕,血淋到我身上有什么关系呢?"接着他又要去背别的伤员。

我说:"军长,你歇一会儿吧。"

"歇什么,你们流血我还怕流汗?"他说完,又跳进滚滚的激流中。

过河以后,我被送进了红军第一野战医院。

野战医院设在离县城30里地的马栏街上。这里是个小集镇,依山傍水,景色秀丽,一座平顶的小山,把集镇托起,它东往青峰,西通县城,是房县的交通要道。这里药草遍地,气候又好,是个养伤的好地方。

贺军长非常关怀住院的伤病员,经常步行到医院看望养伤的战士。就在我住院的第5天,连山坡战斗刚刚结束,他就和政委邓中夏同志一起来到医院看望我们。

我一看见贺军长走进房门,就忘了伤痛,急着要跳下床,贺军长一把按住我说:"别动弹,注意伤口!"然后,他和邓政委坐在我的床头,亲切地问道:"好些了吗?"

"好多了,等不了几天,我就能送信了。"

"哎!不能麻痹呀,要认真养伤,在医院要像在战场一样听指挥,要听医生护士的指挥,伤才好得快。"

"我一定听医生的话,尽快养好伤。"

贺军长点了点头,接着又问我:"你们四川人最爱吃辣椒是吗?"

我笑着点点头。贺军长关切地说:"可要忌口哇,辣椒刺激性大,吃了伤口疼痛,好得也慢。"

我看着贺军长慈父一般的容颜,心里一阵激动:"多好的军长啊!"禁不住泪花在眼眶里滚动。

这时,贺军长摸着我的头对邓政委说:"他叫张明才,别看他调皮,送信可快。"一席话又把我逗乐了。

贺军长和邓政委站起来,拉了拉我的手,嘱咐我:"好好养伤,争取早日归队。"我望着军长和政委魁梧的身躯,恋恋不舍地看着他们走了出去。

又过了几天,贺军长让许光达同志来看我,还特意给我带来5块银洋,让我买点营养品补养身体。这5块钱,我一直舍不得用,在以后南征北战中,总是紧紧贴在身上,每次摸到它,就感到一阵温暖。

在马栏养伤的几个月里,贺军长3次到医院来看望我们,在军长亲切关怀下,我的伤很快就痊愈了。

我出院那天,贺军长又来到了医院。

清晨,我正准备行装,忽听一阵马蹄声。我向窗外一看,是军长,这么早就来了。我连忙走出病房,喊了一声:"军长!"他一见我高兴地说:"老鼠子,好利索了吗?"我蹦蹦腿说:"你看,这不是已经全好了嘛,只是留了两个伤疤。"

军长说:"好了就好,看来你这川老鼠子又能到处遛啰!"说完哈哈地笑了起来。

军长走进病房,又问了问战士。我在门外看到他和战士们交谈的热乎劲和发出阵阵无拘无束的笑声,心想,这样的军长才是我们的好军长,只有共产党领导下的红军,才能真正做到官兵平等。

(张明才)

贺老总使我两次重新获得生命

我是在贺龙同志的引导下走向革命的,也是在贺龙同志的保护下免遭王明"左"倾路线杀害的幸存者。往事记忆犹新,贺老总的关怀我永远不会忘却。

一

1928年春天,贺老总带着党中央的指示,从上海经武汉回到桑植县,重整旗鼓,成立了工农革命军,贺龙同志任军长,我父亲王炳南同志任第一路指挥。

我父亲早年就和贺龙同志是好友,贺龙同志树旗起义后,一直是他部队里的一员战将。北伐时随他一起夺五关、斩六将,一直打到河南开封;

南昌起义时在他领导下向国民党反动派打响了第一枪；广东失败后，我父亲先回家乡组织了一支革命队伍，等贺龙同志一回来，又将队伍带到他那里，成为工农革命军的主要力量之一。

初建的工农革命军在湖南的桑植、石门、澧县等地活动了一段时间，由于几次受挫，参谋长黄鳌、师长贺锦斋先后阵亡，被迫向湖北鹤峰一带转移。

工农革命军转移后，土豪劣绅、国民党反动派和地主武装又卷土重来，疯狂搜捕共产党员和红军家属。贺龙同志的胞妹贺满姑就是这时被敌人抓去杀害的。我们东躲西藏，无法安身。一天，我对爷爷说："我们找爸爸去，找贺老总去！"

我爷爷当时年过六十，身架还结实。他望了我一阵，说："你都17岁了，可以拿刀拿枪和敌人拼！"爷爷是个老实农民，一辈子没有出过远门，找红军路径不熟，便把舅舅朱绍祥找来商量。我舅舅过去做过牛生意，在外面跑得多，也有社会经验。他说："在家里免不了遭毒手，不如找贺龙去，那是一条生路。我熟悉路，带你们去。"于是，我们化装成小商贩，悄悄离开家乡，直奔湖北。

我们好容易绕过层层岗哨，走出桑植县境，到了湖北鹤峰县的三合街，听说前面又有国民党反动派的部队阻拦，我们便抄小路走。可是，刚走到红土坪，又碰上了湘西土皇帝陈渠珍的一个团长姜文舟的人。他们不容分辩，抓住我们就拷打，说我们是红军的探子。我们一口咬定是做买卖的。后来有人告密，说我们是王炳南的家属。这下敌人可高兴了，把我们当作重要人物，连夜押往桑植，关进囚牢。

我们在囚牢里吃尽了苦头。爷爷的身子骨原先是很结实的，经过遭受酷刑垮了下去。但是，我们始终没吐出敌人想得到的东西。到了这年底，驻防桑植的姜文舟和本县的团防头目陈策勋、张东轩等人闹矛盾，地方团防联合起来，把姜文舟杀死在永顺县的水土坡。敌人内部钩心斗角，相互残杀，放松了对我们的看管。3个月后，在乡亲们的帮助下，我们出了囚牢。

我们出狱后，爷爷眼含热泪叫着我的乳名，说："茂生，我这把老骨头不行了。你和营生赶快找红军去！"那时，我弟弟王营生刚满15岁。舅舅朱绍祥为使我们弟兄俩逃出敌人的魔掌，不顾路途艰险，冒着三九严寒，又带着我们去投奔红军。我们这次专走深山老林的毛毛路，饿了吃把干粮，渴了喝口泉水，走了一个星期，来到了湖北的鹤峰县。

原在桑植听说红军在鹤峰，可是我们到了鹤峰，又看不见红军的影子。我们不敢公开声张，只能转弯抹角地暗暗探听。我们沿着红军在乡村写的标语找了几天，终于在县城附近一个村子里找到了红军。红军战士听说我们是王炳南的家属，都十分亲热。弟弟营生迫不及待地问："贺老总呢？贾爸爸呢？"战士们回答说："他们到河里'闹鱼'去了！"

我们在一位红军战士的带领下，高高兴兴地向河边走去。湘鄂边界的岩河里鱼很多，又好吃，将茶枯粉子或石灰水洒在河里，把鱼毒死，叫"闹鱼"。我们走到河边一看，贺老总、我爸爸王炳南，还有卢冬生、陈协平、谷志标等叔叔伯伯们都在和老百姓一起捉鱼。他们和老百姓说说笑笑，亲密无间，就像一家人。

贺老总和我爸爸见了我们弟兄，亲热极了，高兴地说："你们弟兄来得好，今天捉鱼好好招待你们。"

红军官兵一致，开饭的时候大家都在一起吃。鱼是自己捉来的，用清油煎，放了不少辣椒，吃得特别有味。贺老总叫我们弟兄多吃鱼，并且开玩笑地对我爸爸说："你有两个儿子，我一个也没有，你应当给我'共产'一个！"

贺老总的话把大家都逗笑了。

我爸爸也笑着说："孩子们虎口逃生，如今找到了红军，就都是党的儿子了，两个儿你挑吧！"

贺老总一边吃饭，一边眯着眼睛对我们看了一阵，最后用筷子敲着我的脑壳说："我要这个小家伙！"

我爸爸微微一笑，向我瞟了一眼，点头道："行。茂生，你以后就留在贺老总身边。"

贺老总又向我问了许多情况，当我说起我和爷爷受的酷刑时，他十分关切地说："把大家都连累苦了！"按照湘西风俗，借给别人做儿子得另改名字。我的本名叫王承茂，乳名茂生，贺老总略为思考了一下，说："茂生，必然成为茂盛的树林，以后就叫王盛林吧！"从此，我改名王盛林。贺老总借我做儿子虽然是开玩笑，但给他当随从警卫员（当时叫从兵）倒是我爸爸交代过的，说这是组织的决定，一定要机动灵活，提高警惕，注意首长的安全。

二

我当了贺老总的警卫员后，他白天走到哪里，我们警卫班就跟到哪里；晚上他睡觉，我们警卫员就轮流站岗。贺老总对我们警卫员十分关心，他经常给我们上课，讲革命道理，启发我们的阶级觉悟；空隙时间和我们一起下棋，摆龙门阵，亲密无间；晚上睡觉时，他总是要起来几次，给大家盖被子；他有一件大衣，晚上叫大家轮流穿着站岗；谁的衣服脏了，他就动员大家脱下洗，有时还帮助补一补；谁若病了，他就千方百计找人治疗，或叫炊事班搞点好的吃。

我入伍前，红军处于受挫时期。据说贺龙同志化名"王胡子"、"王副官"，公开不讲话，不理事，要我父亲王炳南同志作为指挥官理事。他们采用长途奔袭的战术，攻打利川、建始，从敌人手里夺来不少武器，装备了自己。到了1929年春，我军解放了鹤峰县城，建起了苏维埃政权，红军也发展到两千多人。这时，贺龙同志以公开身份出现，常常带着我们深入农村发动群众，有时到几千人的大会上作报告。解放鹤峰后，我们部队进行整顿，建立了政治部，恽代英当政委（未到职）。团、营都有了党组织。共产党是干什么的，那时我不很清楚。贺老总当时任前委书记，常常给我们讲解党的知识，启发我们的阶级觉悟，要我们创造条件，争取加入中国共产党。不久，我成了中国共产党的一名党员。

1929年5月，我们解放了桑植。首先把地方团防陈策勋打跑了，建立了苏维埃、赤卫队、儿童团、妇女会等群众组织，打土豪，分田地，闹得轰轰烈烈。7月，赤溪河大捷，红军威震四方。这期间，贺老总特别忙，不是作报告，就是找干部、战士谈话，很少有休息时间。

为了培养干部，红军在桑植办起了学生队（军官学校前身）。一天，贺老总把我叫到他身边说："你明天到学生队学习去！"我实在舍不得离开贺老总，说："我就留在你身边学习吧！"贺老总谦逊地说："我读兵书都要别人念，你在身边学习什么？"我说："你会带兵，会打仗！"他手一挥，说："别啰唆，准备一下，明天到学生队去报名。"我只好服从组织决定，去学生队学习。贺老总十分重视培养年轻干部，他几乎每天要到学生队来一次，给大家讲话，鼓励同志们学政治、学军事。他的讲话深入浅出，往往讲一些他亲自经历的战例，使人听了很受教育。他有时从讲台上下来碰到我，嘱咐我遵守学生队的纪律，决不能搞特殊化。有次下操，我的脚步走得不好，被教官叫出来训了几句。我心里不服，当场和教官顶嘴。教官知道我是王炳南的儿子，又是贺老总的警卫员，以后要求不严了。这事不知被谁反映到贺老总那里，他把我叫去训了一顿，又找那个教官谈话，要他坚持原则，决不能放松对我的教育。以后，我自觉遵守学生队的各项规章制度，刻苦学习，认真锻炼，终于以优异的成绩结业了。

我从学生队出来，分配在手枪队当了队长（相当连长），依然在贺老总身边工作。

三

1931年召开了党的六届四中全会，开始了王明的第三次"左"倾机会主义路线在全党的统治，给党造成了极大的危害。他们到处派遣"钦差"大臣，专横跋扈，指挥一切。他们推行一条彻头彻尾的军事冒险主义路线，一再鼓吹要把游击战、运动战"转变为大规模阵地战、城市战，为夺取中心城市而斗争"，致使红军穷于应付，处境十分艰难。他们排斥贺龙同志对红军的领导，到处抓"改组派"，大搞肃反扩大化，从内部大大削弱了红军的战斗力。

1932年秋，洪湖根据地丢失后，我在贺炳炎同志的独立团当第一营营长。团政委是一个很好的同志，但不知犯了什么罪，夏曦递来一个条子就被抓走了。我下面的一个连，先后有七任连长，都是以"改组派"的罪名被抓走的。地方上的县、区干部被杀更多。夏曦放肆抓人杀人，弄得当时草木皆兵，人人自危。我父亲王炳南原是独立师的师长，这时因独立师撤散了，调到第九师当参谋长。在一次行军路上，他偶然碰到我，说："现在说话要谨慎一些！"我点点头，表示记在心上了。

当时捕人杀人，只凭王明"左"倾路线的代理人夏曦的一个条子，贺老总根本无权过问。在行军途中，我从独立团调出来，给贺老总当随行副官。这时我发现贺老总眉头打结，心情十分郁闷。原来贺老总觉察到夏曦也企图暗害他，记得有一次宿营下来，夏曦要贺老总交代问题，说他在国民党有声望，"改组派"会利用他的声望进行活动。贺老总一下发火了，问夏曦有证据没有，夏曦当然拿不出来。贺老总吼道："你杀了这么多人，是什么共产党员？"夏曦结结巴巴地说不出话来，关向应同志出来劝解，这才把风波平息下来。以前夏曦都是和贺老总一起开饭的，闹了这次风波后，他们分开吃饭了。还有一次是在竹林关。夏曦把贺老总的警卫员的枪都下了，还逮捕了两个警卫员。贺老总见迹象不对，眉头紧皱，脸色铁青，气呼呼地走近夏曦，把自己身上的一支勃朗宁手枪掏出来，叭的一声扔在桌上，说："你不是要收缴人们的枪支吗？好，我这里还有一支！你要不要？你要也不给，这是我的。我当营长时就带着它了。"在贺老总的严厉训斥下，夏曦才把枪还给了警卫员，逮捕的那两个警卫员也放了。以后，贺老总和夏曦不仅不在一起吃饭，走路时也互相不说话，都把眼睛瞪着。夏曦多次企图加害贺老总，只是慑于他的声威，才没敢动手。

尽管贺老总受到排斥，处境困难，但凭着他对党的无限忠诚，对下属干部的了解和爱护，同机会主义者杀害干部的罪恶行径进行了不断的斗争，保护了一大批干部。仅一次，他就赶到出事现场营救了30多名即将遭受杀害的战友。我也是在贺老总的一再营救下脱险的。

我们军部管理科的科长，被抓了一个又一个，后来几乎没有人敢去接任。一天，贺老总要我去当科长。我实在不愿离开贺老总。一来我担心贺老总的安全，二来离开了贺老总，我自己也怕出问题。但组织作了决定，我还是得去。我是第八任科长，前七个都是被杀掉或者被关押了。

我到管理科不久，就生事了。一天早上，我起床后正在卷被子，突然窜进两个人来，把枪口对准我的胸口，不问青红皂白，便把我捆住了。我质问说："你们为什么要捆人？"他们回答："我们是奉命执行任务，你去问上司好了！"我只好跟着他们走。后来，我才知道，还是我在贺炳炎独立团当营长时，因和那个被抓的团政委一起开过几次会，就凭这个"嫌疑"把我抓了。我被押在保卫队，白天被人用绳子捆着行军，晚上受刑罚，他们逼问我加入"改组派"没有，我说没有，他们就用香火熏我，熏得我头昏脑涨，眼泪直流。无论怎么动用酷刑，我都不承认，他们又用麻绳把我的两个大拇指捆在一根木桩上，再塞一楔子，一锤一锤敲打，疼得我眼睛冒火星，心肝都快破裂。

我就这样晚上受酷刑，白天被押着行军。我时时刻刻都在盼望贺老总。心里想，要是见到贺老总该多好啊！就是被活活整死，我也该向贺老总说一声。我是清清白白死的。被押着走了四五天，部队进入湖北巴东附近了，只听得老远传来亲切的声音：

"那不是王盛林吗？"

我抬头一看，贺老总从马上跳下来，向我们被绑着的一串"改组派"走来。他指着我问保卫人员："他犯的什么罪？"保卫人员说："谁知道？听说他和独立团的政委有联系，政委处决了，死口无对，他的案情也就没有结果。"贺老总一听，气愤地说："乱弹琴，赶快放了，有问题找我。"

贺老总给我亲自松了绑，我这才获得自由。以后，我随医务所一起行军，一边治伤口，一边干杂活。

肃反扩大化，闹得人心惶惶，部队战斗力大为削弱。1931年1月，部队进入老苏区鹤峰县。从洪湖突围时有30000多人，这时只有10000多人了。我的伤口治好后，首长分配我去伤兵连当连长。可是我还没当几天，保卫队又把我抓了。我问他们为什么要抓我。他们说我克扣了伤兵的伙食费。我当连长才几天，连账也没过目，怎么会克扣伙食费？我真想不通。他们把我关进仓里，我横下心来，大叫大闹："你们要杀就杀吧，为什么平白无故老抓我？"我想，我爷爷王世杰为把我们弟兄送出来，曾落入虎口，被国民党反动派抓住活活杀害。我叔父王朝礼，替红军买武器，被国民党反动派抓住活活杀害。我父亲王炳南从年轻时就与贺老总在一起，他手掌上有几条纹路，贺老总也清楚。我和弟弟王营生都当红军，没有党，我们还有什么依靠？有一天，我听到贺老总在外面讲话，我更加大吵大闹："我王家父子都是好汉，你们为什么要关我？"我边闹边用拳头打仓门。这下真灵，贺老总听到了，在外面问道："里边可是王盛林？你们为什么要把他关住？"保卫队的人回答不出个名堂，贺老总又吩咐人把我放了出来。

贺老总使我第二次获得生命，我多么感激他啊！要不是他救我，我的坟堆上早长了青草。

3月的一天，我们部队往麻水开去。保卫队押着一队"犯人"，其中一人用滑竿抬着，身上蒙着被子，看不清面容，大家暗暗猜想，那一定是个大干部。后来有人悄悄地告诉我，那是我父亲王炳南。他多次受酷刑，无法走路，这才找人抬着。我一听，几乎昏倒。听说我弟弟王营生前几天被抓，在乌阳关遇难，如今父亲又被抓住，这怎么得了？我得赶紧去找贺老总，要他想办法营救。

我赶到麻水，可是贺老总往石灰岩执行任务去了。听说我父亲被捕，贺老总非常关切，曾多次要求释放，可是夏曦一意孤行，非下毒手不可。他们趁贺老总外出执行任务的机会，把我父亲杀害了。不久，夏曦又在金果坪杀害了军长段德昌同志。多少好干部被害啊！我父亲被杀后，尸体扔进老百姓的红薯洞，连坟堆也没留下一个。

我两次被捕，父亲和弟弟惨遭杀害，这对我精神上的打击太重了。我们父子参加革命后出生入死，英勇战斗，在敌人面前不愧是英雄好汉，可是在"左"倾错误路线下却成了牺牲品。从此，我脑子里昏昏糊糊，精神几乎失常。

贺老总从石灰岩执行任务回来，在一丘田坎上碰到我，用他的大手抚着我的肩膀，泪水从他刚毅的脸上簌簌地滚了下来。好一阵，他才对我说："盛林，你父亲是个好同志，可是被他们杀害了……"我伏在贺老总身上，像小孩似的痛哭。

1934年1月，部队开到桑植县，贺老总要我回家看一下，我问他："好久赶到部队？"贺老总蹙眉不展，没有说话。后来别人告诉我，他暗示我就地坚持斗争。从此，我离开了敬爱的贺龙同志。我走了好远，回过头来，只见贺老总还在望着我……

（王盛林）

"这一笔钱一定要记在我贺龙的欠账上"

贺老总一生克勤克俭，艰苦朴素，对个人衣食吃穿问题从不讲究。要说生活上有什么爱好的话，那就是喜欢抽烟，而且不爱抽纸烟，爱抽旱烟叶。然而，在我与贺老总相处的日子里，曾经为一把烟叶的事，把贺老总"折腾"得苦了许多日子。至今回忆起这件事，我心里也是十分难受的。

1937年春,党中央在延安召开会议,对张国焘的分裂主义进行批判和处理,贺老总参加了这次会议。我当时担任贺老总的警卫员。记得这次会议开了3个多月。会前,我曾为贺老总准备了一些旱烟叶。但是,贺老总有了烟,不光自己抽,总爱分给其他同志抽。因此,不几天,带上的烟叶眼看就要光了。"没有烟,贺老总实在难熬啊!"我一边着急地自言自语,一边想起了长征途中贺老总断了烟时的"可怜"情景来:

进入荒无人烟的大草地不久,贺老总就断烟了。起初,他把茶叶装上烟斗抽,茶叶抽光了,就找些枯树叶,用手搓碎后装上抽。后来,不知谁给他弄到了一小把烟叶。可是,烟叶一到贺老总手中,不知怎么让十八师师长张政坤同志知道了。他拖着受伤的腿,一瘸一拐地来找贺老总。贺老总以为出了什么事,问他:"张政坤,你来做什么?"张政坤说:"听人说,抽上两口烟,也许能把饿忘了。特来找你要点烟抽!"贺老总一听,哭笑不得,说:"你这个烟鬼,为点烟,一瘸一拐跑这么远的路?"说着,就把那小把烟叶分了一大半给他,并叮嘱说:"拿回去给大家一人分一点抽啰!"

想到这些,一股强烈的责任感触动着我。是呵!无论如何也不能再让贺老总断烟了。于是,我不管贺老总同意不同意,就设法托人叫后勤部买了一把烟叶捎来。晚上,贺老总散会回来,我高兴地迎上前去说:"老总,你不会断烟了!"他一听,说:"是呀?什么烟?"我急忙把那足有一斤半重的烟叶拿出来,递给了他。贺老总接过黄澄澄的烟叶,在鼻子跟前一闻,惊喜地说道:"嗯!还是川烟哩,好烟!"说着,便问我:"哪里来的?""买的!"我应付着,"不是早就没有钱了吗?""我托人叫师后勤部买了捎来的。"我继续应付道。"那么钱又是怎么付出的?"没想到,贺老总一边放下手中的烟叶,一边认真地向我逼问开了。我被问得有口难答,最后只好如实向他汇报说:"我给师后勤部张司务长捎信说,老总断烟了,钱分文没有了,你一定要给老总买点烟叶捎来!"

"这么说,我贺龙犯了挪用公款之罪啰!"贺老总一边沉痛地叹息,一边对我说:"你马上再给张司务长捎一个信,告诉他,这一笔钱一定要记在我贺龙的欠账上,不可用其他经费冲掉。会后如数补还。"说完,他严肃地批评我说:"红军的纪律,财务上的制度,你不是不知道嘛!怎么糊里糊涂,背着我干起这无钱的买卖来了呢?"最后他说:"初犯做个检讨,今后可不得重犯啰!"

贺老总这笔欠账,后来是怎么补还的呢?说来实在令人难过。那时,八路军生活的水平虽然比红军时代强多了,每人每天有3钱油、7钱盐、1斤米16两1斤制的生活费。但是,这是包括其他一切生活费用在内的。贺老总平时抽烟的钱,也是从这点生活费中节省下来的。除此以外,别无来钱之路。为了补还那笔烟叶欠账款,会后,贺老总不得不亲自与张司务长订了一个加倍节省他个人生活开支的"合同":每餐给他减盐、减油、减菜,有时,贺老总坚持一盘菜吃了今天吃明天,有时甚至吃"白饭",不肯吃菜。就这样,贺老总一直坚持了两个多月时间,才将那一斤半烟叶欠款如数还清。

(吴先举)

"在他身上有一种共产党人所必需的精神"
——贺龙和白求恩

1939年4月,齐会战斗的头天晚上,贺师长在联欢会上作完动员回到住处,点亮油灯,拿出地图,伏在昏暗的灯光下,思索着明天的战斗。虽然,他早已经过周密思考,作了明确的部署,但是吉田大队是华北日军精锐,来者不善,马虎不得,刚才下达的命令里有没有漏洞呢?他又在室内踱起步来。

"啪!"门被推开了,一个穿着八路军灰布军装,高鼻梁、蓝眼睛的外国人闯进门来,用带着洋味的汉语喊道:"贺师长,你说,我的位置在哪里?"

贺师长抬头一看,噢,是白求恩大夫。这个国际主义战士,加拿大的著名外科医生,从晋察冀边区来到一二〇师已经一个多月了,贺龙同他朝夕相处,两个人之间情深意切。"白大夫,请坐。什么事呀?"

"我和曾部长吵架了。"

这时,贺师长才发现白求恩面有怒色,正想问个明白,卫生部长曾育生跨进门来。贺师长指着他说:"你这家伙,为什么惹白大夫生气?"

曾育生尴尬地笑了笑说:"师长,白大夫一听说明天有战斗,一定要……"

"曾部长,我自己说。"白求恩甩甩手打断了他的话,"贺师长,你说,打起仗来,一个医生的位置应当在哪里?曾部长说应当和师部在一起,你说应当在哪里?"

"白大夫,到齐会去你的安全没保证,再说,这里离齐会并不远。"曾部长想说服他。

"不,不对,医生要考虑的是伤员的安全。你是卫生部长,你应当懂这一点。"白求恩反驳说。

曾部长脸上微微一红。作为一个医务工作的领导人,怎么能不知道这个道理呢?平时,他也是这样要求医务人员的。可是,白求恩是外国人,不远万里来中国帮助八路军抗战,已属难能可贵了,怎能让他去冒险。何况,3月份,师首长第一次见到白求恩,关政委就嘱咐他:"你要好好照顾白大夫。冀中比不得晋察冀,战斗频繁,天天打仗,安全是头等重要的问题。"贺师长对他说:"白大夫交给你了,你可要负全责。出了差错,不找别人,就找你!"言犹在耳,无论如何不能让他上火线。想到这里他又说:"白大夫,我叫人把伤员都抬到这里来,可以吧?"

白求恩瞪了他一眼,望着贺师长说:"我不说了。贺师长,你是中国有名的将领,打了几十年仗的军人,我的位置应当在哪里,由你指定。"说完,生气地坐了下来,端起了茶杯。

贺师长不禁哈哈大笑,心想,这个洋老头真够倔的。好,我欣赏这种性格。在他身上有一种共产党人所必需的精神。对于这样的同志,我只有一个办法,支持他,不用任何理由去束缚他的这种精神。齐会,是敌人的目标,会被强敌重重包围,当然不能让他去;和师部在一起,他又不愿意,什么地方是适合他这个医生的位置呢?他来回踱了几步,眼睛一亮,哈哈一笑,问白求恩:"白大夫,你为什么非到最前线去呢?"

白求恩回答:"战士们需要我和他们在一起。"

"好!"贺师长抹抹他的胡须,拿起一只饭碗,往桌上一摆说,"你看,这是师部的大朱村。"又从警卫员手上拿过一只瓦罐,放在另一端。"这是齐会,明天战斗最激烈的地方,曾部长不同意你到那儿去。"

白求恩点点头。

贺师长又拿了一双筷子，在齐会的南、北两面摆好，用手在桌上画了一个圈子，对白求恩说："明天，这里都有激战。你的医疗组是只管齐会，还是这些地方都管？"

白求恩耸耸肩说："只要有伤员，我都管。"

"那么，我看，你的位置应当在这里！"贺师长一伸手，从白求恩手中夺过茶杯，放在瓦罐与饭碗之间。

"这是什么地方？"白求恩不解地问。

"一座小庙，可以作你的手术室，这里离明天枪响的地方都近。你去不去？"

白求恩对那只茶杯看了一会儿，高兴地叫了起来："太好了，太好了。我的位置就在这里，谢谢。贺师长，你不愧是真正的军人，懂得战地救护。"他转过身去，对曾部长微微一笑，说："好啦，曾部长，我们之间的争执解决了。我要去准备我的'卢沟桥'了。"说完，头也不回地走了。

曾部长忧愁地说："师长，那座小庙离齐会太近了，万一敌人窜过来，走都走不脱。"

"你要理解一个真正的医生的心，一个共产主义者的心。"贺师长深深地吸了一口烟，语重心长地说，"安全要注意，但不要束缚他的战斗精神。你不用怕，明天把我的警卫排拨给你。"

"那怎么行？师首长的安全……"曾部长有些不安。

"我死不了。你快去安排吧。"贺师长打断了他的话。

曾部长无可奈何地走出门去。他知道，师长决心一下，是很难动摇的。

"等等，白求恩的行动，是很有力的战斗动员。你找一下甘主任，请他把这事传达下去，就说，白求恩大夫在我们身旁，和我们一起战斗。"

（《贺龙传》编写组）

"这'洋鬼子'是来看护我们的伤员的"
——贺龙和琼·尤恩

1988年5月20日,一位外国人的骨灰被隆重安放进河北省唐县军城的晋察冀烈士陵园。这位外国人就是曾被八路军第一二〇师师长贺龙戏称为"洋鬼子"的加拿大护士琼·尤恩女士。她在抗日战争中曾为八路军一二〇师的医疗工作做过贡献,并与贺龙结下了深厚的友谊。

琼·尤恩1911年出生于英国的苏格兰,幼年随家移居加拿大。父亲汤姆·尤恩曾是加共领导人之一。1933年年初,她在护士学校毕业后,以教士的名义来华,在山东省的加拿大开办的诊所工作了4年多,并学会了中国语言。1937年6月回国。同年年底加入"加美援华医疗队"。次年1月初,随白求恩大夫再次来华,支援中国抗战。4月间,与白求恩在延安分手,先到陕西清涧的八路军一二〇师后方医院工作了近1个月,后于6月底来到八路军一二〇师师部驻地山西省岚县。

尤恩一到岚县就首先拜见了一二〇师师长贺龙。贺龙与政委萧克商议了尤恩的安排,决定让她在附近的一个医疗站工作。当医疗站来领人时,贺龙对来人说:"这洋鬼子是来看护我们的伤员的。你把她带走,她需要什么就给她什么。"尤恩对"洋鬼子"的称呼毫不介意,她知道贺龙是一个讲话幽默风趣的人。因此,岚县来了个"洋鬼子"的消息也就迅速传开了。

尤恩所在的医疗站,只有一个小小的门诊所,设在农房里;所有伤病员在门诊部动手术或治疗后,被送往附近的老百姓家中休养;站上的医疗设备极为简陋,西药奇缺,大都以中药、土药替代。尤恩不在乎工作条件的好坏,全力投入了医疗站工作,要医治许多伤病员,拖得很迟才返回驻地。她和其他医生一起拟订了有关操作规程;她教会了司药工作人员配制溶剂,制作蒸馏水,割取生鸦片制作皮下注射溶液以代麻醉药物;她和另3名医生将病员按住地划分为4个片,各管一片,巡回诊疗;在日常工作之余,尤恩还为在医疗站受训的20多名卫生员讲课,传授知识……

尤恩到医疗站之初，无论八路军伤病员还是老百姓都喜欢拿"洋鬼子"跟她开玩笑。但人们在领略了她兢兢业业的工作后，都尊称她为"尤恩大夫"。尤恩却一本正经地对人们说："还是叫我洋鬼子好，只要你们不当我是外人就行。"

尤恩在医疗站工作期间，贺龙对她十分关心。尤恩每天早晚在司令部食堂和大家一同用餐，贺龙指示食堂工作人员给尤恩以适当的照顾，并亲自从战利品中挑了许多咖啡、饼干、巧克力等食品，派人送给尤恩；尤恩每天步行前往离司令部驻地2公里远的医疗站，十分费力。贺龙将自己的马牵到运动场，教尤恩学骑马。当尤恩稳稳当当学会骑马奔驰后，贺龙十分满意，并告诉尤恩说："你是第一个骑我这匹马的女人。"对尤恩出色的工作成绩，贺龙也给予了充分的肯定。他曾指示师战斗剧社根据尤恩的事迹编排一场活报剧。演出时，尤恩前往观看。当见到那位扮演自己的男演员为装扮成白种人的模样，在脸上涂了白粉，在身体凡应隆起的部位都垫上了东西，但垫着的东西又不时下滑，演员不得不在台上当众调整，尤恩忍不住大笑起来。

8月的一个下午，尤恩正在医疗站忙着，贺龙赶到医疗站，说东北方正发生激烈的战斗，不少指战员负伤，滞留在前方，希望尤恩能带些人赶往救护。尤恩为能有这个机会而感到欣慰。当即收拾好急救包，骑上马就出发。数日后，当尤恩等完成任务返回岚县时，师司令部为尤恩举行了一个盛大的欢迎会，并为尤恩庆功。贺龙在大会上讲了话，高度赞扬了尤恩的工作成绩，感谢她为一二〇师所做的一切。当天晚上，贺龙设宴招待了尤恩。席间，尤恩向贺龙汇报了去前方的情况。并告诉贺龙，她这次去前方，在一个叫见马坡的镇上的小教堂里，她亲眼看到了日军暴行的事实：教堂的窗户、用具、书籍、祭服全被打烂或撕破；圣特里萨神像的脖子上吊着那盏装满人的粪便的长明灯；教堂里没有一个活人的影，只是地上横七竖八地躺着许多尸臭很重已发黑的尸体……她十分愤慨地说：没想到日本兵对在华外国人也如此心毒手狠。听着尤恩的话，贺龙说："好啊，洋鬼子，当日本皇军侵略你们的国家时，你认为会发生什么事情了吧！"尤恩说："这个问题真值得人们特别是那些住在中国大城市租界里的白种人想一想，难道他们还认为由于自己的肤色是白的，日本兵就会对他们发慈悲吗？"

在根据地很差的物质生活条件和艰苦的工作中，尤恩消瘦了，以至穿起八路军的制服就像挂在秸秆上似的；维生素的匮乏，又使她患上了严重的脚气病，医治无物。尤恩为解脱病痛的折磨，不得不向贺龙提出："可不可以发给我一张回延安去的通行证？"贺龙笑着说："当然可以！你在这儿也没啥用处吗？老是想要这要那的，可是我们又拿不出来。"从他的语言中似乎可听出尤恩在这里简直成了个负担，但尤恩从与贺龙几个月的交往中，已习惯地把握了贺龙所说的话中的深刻含意。

9月中旬的一天早晨，尤恩打点好行李，向前来看望她的人一一告别后，正要前往贺龙那里辞行，没想到贺龙已来到她的住处。贺龙郑重地告诉尤恩：她来八路军一二〇师使他十分高兴。对她的工作，一二〇师官兵的评价都很高。尤恩不知所措地说："我看不出自己做了多少事，倒是学得了不少东西，并且认识了你。你是我最敬爱的红军司令员之一……"贺龙骑着马陪着尤恩走出岚县的城门。最后对骑着日本大洋马的尤恩说了句"希望你不要跌下马再返回来"的话后，掉转马头回返而去。尤恩也策马向前，开始了她新的征程（尤恩于1938年9月离开晋绥抗日根据地后，经延安、西安、汉口、长沙、上海等地，于1939年年初来到皖南新四军军部，同年年底返回国内，从此没有再来中国。1987年10月31日，尤恩在加拿大维多利亚市病逝。根据她的遗嘱，她的子女将她的骨灰送到中国安葬）

（王庭岳）

"文化、体育来往可以增进两国人民的友谊"
——贺龙和哈姆斯

体育在国际交往中具有特殊作用，被称为"国际共同语言"。不同社会制度、不同意识形态、不同民族和肤色的运动员，都可以汇集在五环旗下，同场竞技，增进了解，交流感情。因之，体育便成为广泛传播友谊的使者。用贺龙的话说，就是"体育腿长，哪里都能走"。

致力于促进中国与各国体育界的交往，增进各国人民的友谊，提高社会主义中国在世界上的威望，是贺龙体育活动中的一个重要组成部分。每有外国体育界朋友来访，贺龙只要在京，均要亲自接见，详尽地介绍年轻的新中国体育运动，诚恳地征询他们的意见。贺龙同外国体育界人士的谈话记录累计数十万言，内容极为丰富。他与哈姆斯对中国体育的畅谈，便是这沧海中的一粟。

人民大会堂福建厅内，1963年5月5日，贺龙接待了卢森堡名誉体育总监哈姆斯。出席作陪的有楚图南、荣高棠和周而复。

贺龙说："我以体委的名义欢迎哈姆斯先生。"

哈姆斯说："我非常荣幸有机会会见体委的负责人。在体育方面，中国起着很大的作用。"

贺：太客气了。我们感谢哈姆斯先生邀请中国乒乓球队访问卢森堡，增进中卢两国人民的友谊。

哈：我希望了解中国在体育医学方面的情况。中国运动员是否经过医检呢？

贺：我们有体育科学研究所，还准备逐渐扩大为体育科学院……

哈：这是指体育运动，同时也指体育医学吗？

贺：是的，也包括群众、少年儿童体育的研究等。

哈：在大学里，你们有体育医学系吗？

贺：大学里没有。体育学院里有体育监督医学系。

哈：你们国家经常参加运动的运动员是否有执照？他们是否经过身体检查？

贺：参加运动的小学、中学的学生都要经过身体检查。如有心脏病、肺病等都不能参加。现在在匈牙利访问的乒乓球运动员李赫男是戴眼镜的。她的体力和技艺都好，关系不大。

哈：我们对体育医学特别注意，对运动员进行检查、分析。如要求运动员在地上躺5分钟，看他的血压、呼吸、心脏的情况，然后看他适合进行什么样的体育活动。

贺：我们也检查。

荣高棠：我们的检查分为两类：一般检查和专门作科学研究的检查……有一所体育科学研究所，目前培养的人还少，经常从事医学研究的人还少,设备还赶不上。因为参加运动的人多。

哈:不知你们是否注意同国际体育医学组织取得联系?参加这个组织的有苏、波、捷、西班牙、英、法、意等国家。如你们愿意参加,我可以转告他们邀请你们参加。

荣:1952年,我们曾参加在芬兰举行的一次会议,我们宣读了论文。

贺:我要向哈姆斯先生说明一个问题。中国在体育运动方面是比较落后的,我们一共才只搞了十几年……我们发展体育,就要把我们从前的"东亚病夫"这个名字去掉。我们开展体育运动是为了六七亿人的健康。除在城市、学校、工厂、机关之外,还要到广大农村开展体育活动。

哈:我在北京访问期间,参观了体育学院,看到了完全近代化的体育教学工作,看到了学校的设备是很好的。你们培养的学生及教师有很高水平。

贺:这几年才搞起来,历史短,水平又不高。

哈:你们过低地估计了你们的成绩,你们实现了大跃进。如1919年至1949年,中国只有400个体育教员,而现在仅那个学校就是400名教员,学生有7000名,这个学院已经有3000名毕业生。在北京,你们有几座学院,在其他城市也有,不能要求那么高。和我们国家比,你们已经超过了。你们和法国、西德的水平差不多。

贺:离国家要求还很远。北京的体育学院,我们在管,比较好些。上海有一个,可以看看。我们还有些办得不好的。二十七届乒乓球比赛,把我们的女队打掉了。乒乓球运动本身有两条腿:男队和女队。现在男队可以,女队不行,只有"一条腿"。

哈:阁下,我想,体育运动不从比赛的结果来看,而要从人的健康来看。当然你们人口很多,但不要过低估计你们的成绩。

贺:这次乒乓球队出国,我向体委副主任交代了几句话:友谊重于比赛,打出风格,打出水平。这是国际方面。在国内方面,主要是为了人民的健康。

我们有太极拳,你看过没有?在城市和农村里,年纪大的多数打太极拳。游泳、田径、摔跤等都比较发展。

哈:在群众里,足球运动如何?中国人体格好,聪明,一定能作出成绩。

贺：不行。

哈：你们可以培养。

贺：培养？右脚踢，左脚不踢。足球运动员应该两条腿练得像两只手一样。这需要再过10年到15年，要有一个过程。

哈：西方踢足球也有困难，也用右脚踢。左脚是可以练的。

贺：慢慢练。这几年把足球放松了。我们的运动员对篮球兴趣高，对足球兴趣低。篮球发展比较普遍，足球发展比较慢。游泳比较好。跑和跳搞起来了，跳好些，跑差些。举重方面，轻量级和次轻量级可以，重量级不行。排球比较差，广东潮汕男女都打排球。广东人身材矮，这是弱点，但弹跳力比较好。他们同亚洲队打可以，同欧洲打不行，因为东欧队个子高。

哈：你们打排球很轻松、灵活。

贺：过去有偏向。东欧人身高平均1.9米到2米以上。于是，我们的球队也找高个子，但训练不出来，老输。以后纠正这一点，不一定要高个子。

哈：有法子弥补，你们速度快，反应快。

贺：反应、速度不一定快。我们应该向欧洲学习。

哈：我对你们如何培养很感兴趣。

贺：你看见过我们训练吗？

哈：在体育学院看见过。训练工作进行得很好，教员水平很高。

贺：我们考虑的是今后怎样向你们学习？怎样来往？文化、体育来往可以增进两国人民的友谊。

（谢武申）

"要用民族方法加上外国方法"
——贺龙和大松博文

一

日本女子排球队在1960年获得世界锦标赛亚军后，于1962年登上冠军宝座。1964年又摘取了奥运会桂冠。她们被称为"东洋魔女"。至于她们是如何快速起飞的，对于中国排球界，一直是个谜。

后来发现，"东洋魔女"的成功秘诀是教练大松博文实行了大运动量的训练方法。这同贺龙关于"训练的难度应该比比赛时大两倍"的观点是相近的。因之，贺龙对大松训练法很关注，便交代李达等，如有机会，可邀日本女排来华作较长时间的访问。1964年夏，正是贺龙和叶剑英、罗瑞卿等领导的人民解放军群众性练兵运动（即"大比武"）普遍展开之际。大松的大运动量训练法和解放军中提倡的"从难、从严、从实战出发"的训练原则，也极其相似。当贺龙陪同毛泽东、刘少奇、周恩来、朱德、邓小平、彭真、陈毅等观看部队大比武表演之际，特意约上李达同往。这样，他们决定邀请日本女排来华，则是应运而生的事。贺龙委托李达向体委全体工作人员和运动员作了《学习解放军过硬本领的报告》，并指示在体育工作者当中展开"解放军练得这样好，我们怎么办？"的讨论。

数月之后，即1964年11月20日至12月2日，大松博文应国家体委之邀，率领世界女子排球锦标赛冠军队——"贝冢"队（即"日纺"队）再度来华。

"贝冢"队队员的身材，最矮的1.60米，最高的也不过1.72米。因此，她们必须以异乎寻常的艰苦训练来弥补身高的不足。

在客队与东道主队进行首场比赛的前一天下午，贺龙来到北京体育馆观看客队训练。一开始，他就被大松博文导演的惊心动魄的场面吸引住了。

大松亲手将球扣给女队员，其力度之大、角度之刁、速度之快、频率之高、次数之多，确是见所未见、闻所未闻。只见姑娘们竭尽全力，不顾伤痛，拼死扑救。有的姑娘精疲力竭，倒地不起。大松竟把球连连向她身上扣去，并大声责骂，直至她挣扎起来接球……

贺龙看罢，大有所触，于11月24日指示李达：召集在京的排球队都来观摩；组织运动员座谈一两次，学习她们的长处，要搞大运动量训练。同时，各队都要研究和保持自己的独特打法，不要学了大松的，又丢掉了自己的。

贺龙还同李达、黄中、李梦华等研究，如大松同意，可以邀请他明年来华指导训练。因为当年中日两国政府尚未恢复邦交，邀大松来华问题必须经过周总理和陈毅外长。贺龙向他们报告了此事，请他们亲自看看训练。周总理于11月25日下午来到北京体育馆，由黄中、李梦华和国家女子排球队教练员阙永伍陪同，观看大松训练。周总理看后亦大为所动。训练结束后，他接见了大松，说："你这次带队来，不能久留。欢迎你以后再来中国访问。"

一国总理亲自看一名排球教练员训练，还要接见他，这对大松来说，是从没有得到过的殊荣。他为中国总理的赏识所感动，动情地表示："我希望明年能再来中国。"

黄中向总理汇报："我们已经邀请他明年来中国了。"

总理点点头："你来访问，我们可以学点东西。'日纺'公司请假容易吗？"

大松回答："'日纺'公司总经理原吉平先生也在这里，和他说一说，可以请假。"

总理："我们也和他说一说。你来访问，我们欢迎，夫人也可以一起来。"

之后，周总理对体委和排球队负责人说："人家练防守，是教练员用力向运动员扣杀。大松打出的球，力量比比赛时的难度大多了。不然，就练不出来。他这个教练员能以身作则，能带着运动员干。参加实践这条很重要。他一个人带一个队就行了。而我们却是一大批，简直是有些浪费人才、精力。"

他问阙永伍："你多大了？"

阙："31岁了。"

"大松博文已经40多岁。你比大松年轻。你应该提高本领，好好干。将来你训练时，我来看。"

"一定按总理的指示，努力干。"

"日本队训练，比打比赛时还累。练习时难度这样大，比赛时就容易了。人家训练的每一手段都有实际意义。训练超过实战需要，比赛时就能过硬。你们的训练呢，第一，不能做到教练员参加实践；第二，不能为队员出难题；第三，技术不过硬。如果解决上述三点，就差不多。但是，我们不能学大松打骂运动员，那是法西斯的一套。但他那种严格的精神，是和我们提出'三从一大'一致的。"

接着，他又谈了日本女排队员的身高、体形和饮食结构，建议国家女排参照日本女排，研究营养科学问题。他说："日本条件不如我们，但训练出了高水平的队。我们这么好的条件，应该比他们好才行。你们个子这么大，应该像人家这样练才对。"

他转而对体委负责人说："机关的工作要革命化，政治要为训练服务。"

这时，贺龙处理完公事，也赶到了体育馆。周总理讲完后，他说："我们以前提的'三不怕'，我看还要加上'两过硬'：思想、技术过硬。日本训练的严格精神应该接受过来。"

按照"贝冢"队预订的访问日程，她们从北京到上海比赛后，即由上海东渡日本。贺龙决定立即借助大松带来的这股冲击波，推动全国的体育训练工作。他请示国务院同意后，交代国家体委趁该队在上海比赛的机会，在沪召开全国训练工作现场会议，规模为300人左右，12月4日开始，15日左右结束。他委派李梦华赴沪主持此次会议，并转达他的意见："大松训练方法有许多是科学的，合乎辩证法，值得我们借鉴。但他打人骂人的作风我们不能学；也决不能丢掉我国'快板'等优良的传统打法。""要用民族方法加上外国方法，以我为主，发展中国的特点。"他还提出：不学大松，就是右倾保守。

这次会议，各省、市、自治区体委均派人参加（包括一名副主任和各主要体育项目的教练员），边观摩边讨论，对照日本队的训练，找各自的差距。在这次会议上，进一步肯定了"三从一大"的训练原则，和在运动队树立"三不怕"、"五过硬"的作风；并强调了基本技术的训练要"全面、熟练、准确、实用"的精神。上海会议的召开，不仅在排球界，而且在整个中国体育界都产生了极其重大而深远的影响。黄中认为，"学大松，是中国体育的一大进步。"

大松博文在华期间，恰逢北京上演大型革命历史歌舞《东方红》。国家体委曾邀他观看。但他认为这是中国的政治宣传，不愿去。后来，他感到盛情难却，只好"礼节性"地到剧场坐一坐。他看着、听着，不知不觉地被节目中所表现的中国共产党和人民大众为争取自由、解放，前仆后继，艰苦卓绝的斗争精神所感染，一直看到剧终。他对周总理和贺龙说：我的训练方法，就是你们中国的《东方红》精神。以后，他经常用《东方红》精神来启发中国运动员。

贺龙说:"日本的松崎、大松教我们的运动员,先跟运动员打了球,找了差距才教。我还没有听说我们有这样的教练。大松训练四川队,有的队员起不来了,大松就问:'你看过《东方红》没有?'他看了一次《东方红》就拿来教育我们的运动员。我们的教练、领队、院长、所长、副主任,拿《东方红》教育运动员没有?"他强调说,"我们要从大松那里真正学点东西。"

贺龙严格要求运动员,也更爱护运动员。薛明回忆说:"大松来了以后,运动员们加大了运动量,他心疼。他怕运动员吃不好,休息不好,常常到运动员灶上看他们吃得怎么样?建议他们多吃些豆制品和蔬菜。他回到家里,也常讲谁这儿伤了,谁那儿伤了,谁滚翻多少次……也常听他说,灶上买的菜和做的菜质量都不好,菠菜里净是沙子……"

(谢武申)

聚众救父
——贺龙和贺士道

贺龙一天天长大了,家境却更加艰难了。有一天,父亲把儿子叫到跟前说:"孩子,你也懂事了,跟着我学裁缝吧,一来学点手艺,二来挣点钱好糊口。"

贺龙一听,满心欢喜地答道:"行,我正想出外见见世面呢。"

于是,贺龙背上褡裢,装上剪子、尺子、线包,随父亲走乡串寨学起了手艺。

这一年,桑植遇上了大旱,到处是逃荒要饭的人,谁还有衣缝?贺龙父子走了一村又一村,好不容易找到点活儿做,可东家只管饭,不肯出工钱。父子俩想着一家人天天靠咽野菜充饥,光自己混个填饱肚皮怎么行?只好再找富裕点的人家做活儿。就这样,爷儿俩饿着肚子走了四五天,什么活计都没找到,只好拖着沉重的脚步往回走……

日子越过越紧巴。这一天，父亲、母亲和几个姐姐正坐在庭院里发愁。突然，贺龙从外面闯进来，气喘吁吁地说："爸爸，咱们明天吃大户去！"

"吃大户"，就是农民结队成伙到财主家去要饭吃。要是财主不答应，就打开他的粮仓，向外背粮食。这天上午，贺龙出门找伙伴们玩，半路上听几个穷汉嚷嚷，说县里有一户姓杜的大财主，因为害怕穷人"吃大户"，便装出一副慈悲的样子，传出话来说，明天拿饭施舍给穷人吃。还说，要是骗人，就听凭穷人吃他的大户。听到这里，贺龙这才兴冲冲地跑回家报信。

听到这个消息，全家人长出了一口气。贺龙望着妈妈说："明天我和爸爸也去讨两碗饭来，妈和姐姐再找点野菜，掺和在一起，一家人就可以吃一顿饱饭啦。"

第二天，贺龙父子同村里的穷人一起往县城走去，男男女女，老老少少，像赶场一样热闹。

桑植县城内有一座与众不同的两层楼木房，门前蹲着两只张牙舞爪的石狮子，旁边还站着四五个凶神恶煞的守门人。不远处有个一米来高的土台子，上面放着一个大木桶，周围挤满了面黄肌瘦的穷百姓，一个个眼巴巴地看着木桶。这里就是杜财主的家。

贺龙父子来到后，也随着人流往台下挤。还没挤到地方。就听旁边的人说桶是空的。气得贺龙骂着："他妈的，鬼财主就是会捉弄穷人。"

一直等到快中午了，才见杜财主大摇大摆出来了。他站在门前的高台上，向吵吵嚷嚷的人群瞟了一眼，声嘶力竭地喊道："都不要吵了，听我说，我杜某一向积善修德，所以在大灾之年，把仅有的一点存粮拿出来施舍给大家……"

杜财主的话还没讲完，便有几个家人挑出几担稀饭，哗哗倒进大木桶里，然后一瓢一瓢舀给穷百姓。等了大半天的人们，早已是饥肠辘辘，一见饭来，谁个不抢？顿时，你推我挤，大人叫小孩哭，一片混乱。

贺龙父子费了好大的劲才挤到桶边。贺龙人矮手短，伸了一会儿没轮着。他爸爸好不容易要了一瓢，却被别人一挤，全泼在地上。贺士道想起一家人还在饿肚子，怎不发急？便又伸手去要，不料被杜财主看见，他一脚踢来，嘴里骂道："你这穷小子，真不知足，要了一次，还想要第二次，快滚开。"

饭没要到,反白白挨了财主一脚,贺士道气得眼里冒火星。这个老实巴交的穷苦人,第一次发怒了。他扬起手中的破碗,用力向杜财主砸去,喊道:"反正是死,老子和你拼了!"

杜财主肩膀上挨了一下,气急败坏地破口大骂。贺龙一看杜财主欺负爸爸,禁不住怒从心头起,不顾一切地冲上去,用尽全身力气,拖住杜财主的腿,猛地一拉,"扑通",杜财主摔了个面朝天。

这一下可闯了大祸!杜财主喝令家丁:"给我狠狠地打!"几个恶奴像疯狗一般直扑贺龙父子。贺龙父子早已摆好架势,拿出浑身的功夫抵挡,一点也不退让。一些血气方刚的青年人,见此情景,也纷纷帮助贺龙父子。

正当双方打得难分难解的时候,杜财主偷偷溜出人群,慌慌张张地跑进衙门,想找他的狐朋狗友朱海珊发兵镇压。

朱海珊是桑植县势力最大的恶霸,掌握着县衙门的实权。他平时与杜财主交情甚厚,所以听了杜财主的撮弄,也不分青红皂白,便吩咐差人,即刻赶到现场,轰散人群,把贺士道五花大绑地抓进了牢房。年小的贺龙在人们的保护下,才没被捉去。

在回家的山路上,穷乡亲个个拖着沉重的脚步,走在后面的贺龙更是心如刀绞,但没有眼泪,也没有叹息。他抬头遥望着山顶上挺立的松柏,耳边回荡着夏夜凉风穿越山谷发出的吼声,心想:"要是众人一条心,准能把衙门砸个稀巴烂,那时,我爸爸就有救了。"

贺龙回到洪家关,一进家门,便强忍着泪水,向亲人诉说了出事的经过。妈妈听了,泪水直流,木呆呆地坐在地上。正直勇敢的大姐贺英出嫁没在家,二姐、三姐只是放声痛哭。这时,邻里乡亲听到不幸的消息后,纷纷来到贺家劝慰。贺姓族里几个有主见的人对贺龙的妈妈说:"光哭没有用,想法子救人要紧。是不是把贺秀才请来,托他往县城跑跑看。"

贺秀才是村里的一个头面人物,在县城也小有名气。他家境贫寒,性格耿直,村里有什么事,常请他出来主持公道。贺龙妈妈听了乡亲们的话,就叫贺龙去请他帮忙。

第二天一早,在衙门的内房里,恶霸地主朱海珊正和小老婆对躺着吸大烟。只见一个听差进屋报告:"洪家关的贺秀才求见老爷。"

朱海珊知道是为贺士道的事来的，沉思了半天，才阴阳怪气地哼了一声"请"。

贺秀才进屋双手一揖，说："贺士道不慎冒犯老爷，贺某特来保释，请老爷贵手高抬。"

朱海珊见贺秀才空手而来，心中甚是不快，待理不理地说："案子难办啊！堂堂的杜老爷竟被讨饭野汉毒打一顿，就是置办桌酒席赔礼，也得出一二百块光洋啊！"

贺秀才一听朱海珊明目张胆地敲诈勒索，感到事情无望，一边往外走，一边说："贺某回去再想办法。"

在回去的路上，贺秀才正苦苦思索着，突然前面传来一阵喧闹声。他抬头一看，全是洪家关的老少爷们，有的拎着木棍，有的扛着铁锨，为首的是贺英、贺龙姐弟俩。贺秀才一时被这阵势弄蒙了。

原来，贺士道被抓的事，很快传到了贺龙的大姐贺英的耳朵里。贺英从小吃苦耐劳，性格豪爽，养成了天不怕、地不怕的脾性。她听说爸爸被抓，一口气跑回娘家，和弟弟商量营救的事。贺龙把请贺秀才进城保释的事说了一遍。贺英一听，急得连声说："财主们的肚子是永远填不满的，哪有那么多钱送他们！现在咱们穷人被逼到这种地步，干脆一不做、二不休，串通一伙穷人，到县衙门大闹一场。如不放人，就冲进去把人抢出来！"大姐的话，一下子说到了贺龙的心里。他马上挨家挨户去串联。一则贺士道平日为人厚道，人缘好；二则又都是一个族内，所以大家二话没说就都聚拢来了。

贺秀才听贺龙姐弟说明来意后，担心把事情闹大，不好收场。但转念一想筹办光洋也是件难事，所以也不好阻拦，只是嘱咐贺龙姐弟："只要把你爸爸救出来就行，千万不要动武。"

不一会儿，洪家关的队伍浩浩荡荡地涌进了县城，把个衙门口围得水泄不通，人群中响起了一片吼叫声："快放贺士道！快放贺士道！"

"不放人，就放火，把衙门烧成灰烬！"

……

守门人一见这阵势，一个个吓得抱头鼠窜，赶紧进去报告朱海珊："老……老爷，不好了，洪家关的穷小子在外面闹事啦！"

朱海珊一听，不由得浑身一颤，没想到穷人如此胆大妄为。可转念又一想，眼下正值灾年荒月，一个火星就会把饿极了的穷小子的怒火点起来。要是把事情闹大了，反倒不好收拾，不如顺水推舟，先解燃眉之急。这时外面又响起阵阵喧嚷声，朱海珊吓得面色如土，顾不得请杜财主来商量，急忙下令："快，快把贺士道放了！"

贺士道刚走出衙门，小贺龙一头扑过去，紧紧地搂着爸爸的脖子，说："爸爸，你受苦了。"然后和姐姐一起扶着爸爸，在乡亲们的簇拥下，挺胸昂首向洪家关走去。

（何 玮）

"要做最坏的准备哟"
——贺龙和薛明

1953年，贺龙从西南调到中央工作，全家由重庆迁往北京，住在东交民巷一座大院里，也就是后来与西哈努克亲王住所毗连的那一座楼房。

1966年，"文化大革命"爆发。12月30日，江青出头露面发出"打倒贺龙"的攻击令。一群"小将"在"大将"的指挥下，疯狂地闯进贺龙元帅的家，打、砸、抄、抓。身经百战的贺龙，无数次击败过穷凶极恶的敌人，而此刻，他很清楚，他面对的是被阴谋煽动起来的不明真相的群众。不久前，他还和毛泽东主席同乘一辆敞篷车检阅过这些佩戴红袖章、热泪盈眶的学生娃娃。他能把这些人怎么样呢？他平生第一次遇到了不能还击的对手。他和薛明悄然离开了这曾经住过13年的元帅之家。从此他再也没有回来过，也再没有见到子女们了，人民共和国的一位堂堂元帅突然消失了。

从离家出走到1969年6月9日贺龙元帅含冤离世，他的家在哪里？这两年零6个月，除了在周恩来总理家中住了10多天外，他和薛明就住在玉泉山卧佛寺象鼻子沟。那是一个戒备森严、人迹罕至之处。既然夫妻同居一处，自然也算是一个"家"了。那是一个什么样的"家"呢?那是一个阴森森的"家"。如果说还有一点温暖,那就只是夫妻间的安慰、照顾和共同的信念。

一

1967年1月19日凌晨3点钟,周恩来亲自派人把贺龙和薛明送进京郊山区的象鼻子沟。贺龙和薛明住在一所建在山腰间的平房院落里,除了担任警卫的战士,就只有他们两人。

薛明和贺龙共同生活了几十年,但这样长时间两个人在一起,还是头一次。战争时期,贺龙戎马倥偬,今日陕甘宁,明日冀中、晋西北,转战在黄河两岸,出没在敌前敌后,然后就是跨越秦岭巴山,进军大西南。少有短暂的相聚,多是长久的离别。1945年日本投降,国民党同我们抢夺胜利果实,贺龙率部队进军丰镇、集宁,车过延安的柳树店薛明和儿子的住处时,如果不是警卫员提醒一声,贺龙也许就疾驰而过了。他只是在卡车上伸出手来和站在路边的保姆抱着的儿子握了握手,说了句:"长大了当兵。打完仗再见!"然后就驱车远去。全国解放后,特别是来北京以后,党和国家给予贺龙的责任日益重大,他日夜忙于繁重的军政工作。平时常常是清晨匆匆离去,夜晚迟迟归来,要不就长时间外出开会、视察。现在贺龙和薛明总算朝夕相处了,然而却是在这样的境遇之中。

初到象鼻子沟时,贺龙很不适应。一连几天,他不是在屋里踱步,就是倚在窗前沉思,食量减少,睡眠也差了,有时突如其来地说:"要回去,能帮助主席、总理做一点事多好啊!"

薛明十分理解贺龙的心情:一个烈火般的性格,一个在激烈的战斗和紧张的工作中滚了大半辈子的老战士,骤然离开了群众、离开了工作,与世隔绝,到了这么一个荒僻的山沟里,这对于他是多么难以忍受啊!

贺龙想起临别时总理劝他利用这段时间,读读马列和毛主席著作,练一练毛笔字的嘱咐,终于渐渐地平静了下来,他制定了一个作息时间表。每天,按预定的时间听广播、学习马列和毛主席著作、练习写毛笔字。白天排得满满的,晚上,贺龙和薛明两个人坐在灯前,交谈学习心得。一册大字本《毛泽东选集》上面画了许多他特有的标记;用大字书写的语录也积了厚厚的一叠。薛明把贺龙在旧报纸上精心抄写的毛主席语录一张张收集好，保存起来。贺龙为此很奇怪，他说："我写得又不好，保存下来有什么用？"薛明对他说："将来留给孩子们，作为我们的'传家宝'！"贺龙听后很高兴，抹着胡须，满意地笑了。

然而，报纸上连篇累牍刊载的上海"一月风暴"的消息，却使贺龙又坐不住了。进入2月以后，他思索得更多、更深沉了。他有时翻阅着马列和毛主席著作默默思考，有时在屋里缓慢地踱步沉思。有一天，贺龙突然把一叠纸推到薛明面前，说声："写！"

经过贺龙1个月的回忆和思索，由薛明记录整理的一份关于洪湖地区肃反扩大化问题的报告完成了。这份报告回顾了当时洪湖地区肃反扩大化的历史情况，总结和阐明了当年肃反扩大化和取消党的领导等惨痛的历史经验。透过那一句句语重心长的话，薛明又一次看到了革命老战士对党无限忠诚的心。贺龙托人把这份报告带给周总理，并转呈毛泽东。

二

到了夏天，林彪一伙背着毛主席、绕过周总理，把黑手伸到了贺龙和薛明的住处，加紧了对贺龙的迫害。他们先是借口有人要揪贺龙，怕被人发现，让不明真相的人把窗帘拉上，不许他们见阳光；接着又把他们床上的被褥、枕头全部收去了。在一段时间里，贺龙和薛明只好睡在光光的床板上，用手臂当枕头。伙食上也开始刁难了。他们吃的饭里沙子很多，只好把米从做饭的战士那里拿来，晚上，戴上老花眼镜拣沙子。贺龙没烟抽了，薛明拿了几角钱让一位战士买来了一包旱烟叶。贺龙裁好了纸条，卷上烟末，拿铅笔用心地捣捣，然后卷起来，放在上衣口袋里。到抽的时候，拿出一支，把头一揪，就美滋滋地抽起来。后来，在迫害日益加重，不能买烟叶时，薛明又把贺龙丢掉的烟头捡起来，撕开重卷了来抽。直到他逝世前夕，抽的都是这烟蒂卷成的烟。

从这些生活的折磨中，贺龙敏锐地觉察到了林彪一伙的险恶用心。一天，薛明正在灯下缝补着贺龙那件破棉衣。贺龙突然说道："要有思想准备哟，他们完全可能把我们分开。"

薛明吃了一惊，忙说："我不能跟你分开。没人照顾你怎么行呢？"

"要做最坏的准备哟！"贺龙微微一笑，"你放心，我完全能够自己照顾自己。"

几天以后，一辆吉普车上山来了，要带薛明去配眼镜。当薛明配好眼镜回到屋里的时候，看见地已经扫了，烟灰缸也清理了，竹竿上还晾着一件洗了的衬衣。薛明抚摸着潮湿的衣服，眼睛湿润了——她知道贺龙是想用这来安慰她："万一分开了，我也可以生活呵！"

虽然贺龙和薛明做了克服困难的准备，但迫害的凶狠还是出乎他们的意外。看守人竟然连续45天几乎断绝了水的供应，理由是：水源困难。

水源困难？薛明明明看见警卫人员大量用水嘛！唯独不给他们用。大热天，每天只给一小壶饮水。脸不洗了，口不漱了，薛明忍着难忍的干渴，小心地保护着这一小壶水。贺龙——一个71岁高龄的糖尿病人，总得让他有口水喝呀！

那些日子里，一起床薛明就扑到窗前，撩起窗帘，向着天空张望。见到天上有几块云彩，就高兴起来；遇到下雨了，就把水盆、脸盆，甚至水杯也拿到门前接雨水。

有一天，忽然下起了大雨，一大盆很快就满了，当贺龙和薛明抬着水盆跨上台阶的时候，忽然贺龙脚下一滑，"扑通"一声摔倒了，扭伤了腰。剧烈的疼痛使他18天靠在椅子上不能动，大便也解不下来，薛明只好拿氧气筒上的导管，用嘴含了洗衣服的肥皂水来给他灌肠；肥皂水把薛明口腔的黏膜都烧坏了。实在支持不住了，薛明便瞅贺龙不注意的时候，偷偷地喝上几口雨水。

为了使这仅有的一点饮水让贺龙喝得有味些，在他养伤的几天里，薛明请一位战士买来了一角钱的茶叶末，珍惜地放了一点在他的茶缸里，给他泡了一杯茶。

"好喝！"贺龙接过去喝了一口，品了一会儿说，"还有茉莉花味哩，你尝尝。"

薛明接过来喝了一口，他又说了："头口烟、二过茶嘛！二过更好喝，你把头一过喝了。"

薛明又喝了两小口，马上明白了：贺龙这是要让她多喝点开水呀。薛明想：不能再喝了。他是一位党和国家的领导人，我有责任保护他呀。于是薛明又把茶缸递了过去。贺龙摇了摇头："你劳累，又好出汗，能不渴？你又要喝你的雨水去！"

薛明这才知道喝雨水的秘密已经被贺龙发现了。她只好连着喝了两口，眼泪却扑簌扑簌掉到了茶缸里。

在这一瞬间，多少和水相关的往事涌现在心头！薛明想起了贺龙多次谈起过的洪湖，在那波连波、浪打浪的水面上，他不是曾经战斗了多年吗？她想起了清澈的延河。在贺龙带着五省联防部队保卫党中央的那些年月里，他们曾经多少次从那清清的河水边上经过呵！还记得前几年贺龙去看望登山运动员时，了解到登山途中饮水有困难，立即严肃地告诉在场的一位负责人："一定要把他们喝水的问题解决好！"后来，在把五星红旗插上地球之巅的胜利战斗中，后勤战士果然把水送上了海拔8000多米的营地……如今，贺龙多么需要水，他只需要那么一点点水，而林彪、"四人帮"却不给他。他们折磨一个比平常人更需要水的糖尿病人，很明显，就是要使贺龙病情恶化。

连喝的水都没有，更谈不上梳洗了。一天，薛明正给贺龙揉腰，贺龙突然指着薛明的耳朵说道："哎呀呀，看你的耳朵。"

耳朵怎么了？原来由于长时间睡在地板上，不梳头，不洗脸，耳朵里边竟然结了一层蜘蛛网。啊！怪不得薛明这段时间里总感觉耳朵这么疼。她不由得心头一酸。她想，我总还是一个活人嘛，而今耳朵竟成了蜘蛛捕食做窝的地方了。可是薛明又不愿引起贺龙的伤感，连忙把话岔开，她说："还说我呢，也不看看你自己！"

薛明说的是贺龙那长长的头发和胡子。天热，薛明的头发可以找根麻绳扎起来，贺龙怎么办呢？一天，薛明找来一把剪刀，动手给他剪起来。薛明把贺龙的头发剪短了，又用心地把胡子修剪成他平时的样子。她想：不管林彪一伙如何丧心病狂地摧残和折磨他，贺龙还应该是贺龙的样子。

修理完了，贺龙摸摸头发和胡子，满意地点点头，幽默地说："很好，完全可以去参加宴会。"

三

夏去，秋来。树叶由绿变黄了。

从树上出现最初一片黄叶的时候，贺龙就时时掀开窗帘的一角向外眺望。他久久地望着山下不远处通往北京的那条公路，直到掀着窗帘的手酸麻了，才怅然地离开。可是过不一会儿，听见点什么响声了，他又踱到了窗前。

每逢这样的时候，薛明就心头发酸。她知道，他心里老记着年初和周总理告别时总理说过的话："到秋天我去接你回来。"但是，哪里知道，9月间，贺龙同志已被列为专案审查对象，他们完全落入了林彪、"四人帮"的魔掌。10月间，周总理冲破阻力，又两次派人看望贺龙。来人热情地说："贺老总，今年缺煤，总理想到山区冷得早，怕你感冒。要我来告诉他们提前给你烧暖气。"这样细微的事情，总理都记在心上。但不久，万恶的林彪、"四人帮"完全切断了总理和他们的联系。

黄叶一片片飘落下来，越落越多了；有的树梢已经只剩了光光的枝干，贺龙掀起窗帘眺望的次数也更频繁，望的时间也更长了。

一天夜里，贺龙忽然叫起来："看，来车了！"薛明急忙走到他身边，仔细地看了看，什么车也不是，只是几盏路灯在一谷寒风里闪烁，但薛明没有说破，陪贺龙向着漆黑的远处望着。

过了一会儿，贺龙也辨认出不是车灯了，他沉默了一阵，慢慢地说道："如果总理不派人来，说明总理已经无能为力了。"

贺龙同志是个非常重感情的人。在他那叱咤风云、豪迈豁达的外在风貌的里层，有一颗热得滚烫的心。这颗心十分博大，装着他热爱的所有的人；这颗心又细得像针尖，体察得非常细致。现在，当他与所热爱的一切隔绝的时候，这种情意就更浓烈、更深沉了。

自从和周总理断了联系以后，贺龙谈起总理的时候更多了。他不知多少次怀着崇敬和爱戴的深情，向薛明谈起周总理对他的关怀和教育。贺龙把周总理看作他革命的引路人。

贺龙对毛主席的怀念也尤为深切。每当听到有关毛主席检阅群众和接见外宾的消息，他总是急切地想看到报纸。报纸一到，他就抓到手，然后用崇敬的目光久久端详着毛主席的照片。贺龙把对毛主席更多的感情是用在学习毛主席的著作上。在这一段时间里，贺龙特别专注地读起了《关于正确处理人民内部矛盾的问题》。他把这篇文章读了一遍又一遍，有时长时间地默默沉思,有时叫薛明一起阅读和交谈。薛明看出,他正把这篇文章的精神联系当前的现实,进行着深沉的思索。一天,贺龙指着这篇文章,无限感慨地对薛明说:"看,讲得多好!要是都按照书上写的去做,那就好了。"稍停,他叹了一口气,心情沉重地说道:"不对头呵!现在有人把矛盾都搞乱了,把自己的同志都当成了敌人,'洪洞县里没有好人'喽!"他的话音越来越缓慢了。薛明看他左手拿着书,右手拿着支红蓝铅笔指着书,要说什么,但已发不出声音来了。薛明赶紧扶他躺下,检查了瞳孔,量了血压。为了试试他是否还清醒,薛明把日历牌上的毛主席像举在贺龙面前,问他:"你还认识吗?快说话呀!"贺龙点点头,伸手把毛主席像抱在怀里,用铅笔在纸上写了"毛主席"3个大字。随后把贺龙送进了医院。医生说他是"诈病",不但不认真救治,还虐待他。贺龙的语言能力基本恢复后,就再也不肯住院了。

一个星期后的晚上,一辆吉普车把贺龙送回来。当天晚上,夜深人静的时候,谈起医院的情况,他悄声告诉薛明,有一个看守他的战士对他说:又有几个部队的领导干部被点了名,打成了"反革命"。

贺龙从胸腔里深深地叹了口气,说道:"都成了反革命了?看来问题更复杂了,他们是要把老一代都摘掉噢!"接着,他深情地谈到了朱老总,谈到了陈帅、叶帅、徐帅和聂帅,他说,这些开国元勋若被打倒了,还靠谁呢?他还深情地说到了邓小平,说他"对党忠心耿耿,政治上很强,处理问题果断、利落,过去批判他,我们这些人实在没有法跟他划清界限啊!"在谈到这些老同志时,他感情激动得很厉害,时而捶着床板高声叫喊起来,时而声音哽住,半天讲不出话来。

这一夜,他在床上翻来覆去,久久没有入睡。

薛明不记得从什么时候起,贺龙养成了看名单的习惯。报纸上一报道什么大的活动,他就戴上老花眼镜,逐个看那长长的名单,每当看到一个熟悉的名字,嘴角上就挂上了笑容。发现哪个过去和他一道战斗过的老干部不见了,他就叹口气:"怕是又叫他们关起来了。"于是就说到这个人战争年月的往事。这时候,他的眼睛微眯着,话音里透着深深的怀念。而且,几乎每一次总要加上一句:"又是跟我连到一起了。要是能出去,替他说上句把话就好了。"

在贺龙和薛明中间,也有一个萦绕在心头、却谁都不愿触及的话题,就是孩子。贺龙爱孩子,虽然对孩子要求很严格,有时批评得多、也很严厉,但是爱得很深。而且,薛明早已发现,这种对孩子的爱,随着他年龄的增高是越来越深了。现在,他们陷入了这样的境地,和孩子分手已逾一年,他怎能不想念他们呢?至于薛明这个做妈妈的,怀念和牵挂更是不必说了。儿子、女儿以及那些曾抚养在他们家的孩子们,他们如今在哪里?他们还活着吗?他们过得怎样呢?……然而,不管如何的思念,薛明只有深深地压在心底里,却不敢在贺龙面前流露出来。薛明想:他受的折磨已经够多的了,他的心已经够苦的了,怎么能在他那深受创伤的心尖子上再撒盐巴呢?

但是两颗心中间的这层纸,终于被贺龙捅破了!就在他们受到迫害日渐严酷的时候,一天深夜里,贺龙忽然说了一句:"长草短草,一把揽倒,他们要斩草除根的。"薛明问贺龙:"又想什么啦?"他轻轻叹了口气,说:"孩子呀!我把孩子们也牵累了!他们的处境一定比我们难得多啊!"

话头一挑开,就像开了闸的水,流个没完。两个人你一言我一语谈起来。末了,倒是贺龙安慰薛明了。"这样也好,他们真正经了风雨,见了世面。让他们摔打摔打吧!"他充满感情地说:"他们有希望。他们是属于党和人民的!"

有一天,薛明刚走进厨房,就看见案板角上放着一个信封,信是敞着口的。走过去一看,上面写着"薛明妈妈收"。"妈妈?"薛明已经很久没有听到这个称呼了。她一把抓过来,转身跑回房子里。大概薛明激动得太厉害了,贺龙吃惊地望着她,连声地问:"怎么啦?"

薛明说:"孩子来信了。"

"什么?"贺龙也激动了,"哪个写的?"

真的,还不知道是哪个写来的哪。薛明打开了信,是小女儿贺又明写的,信中说:她很好,很想念爸爸妈妈。又告诉他们:"哥哥姐姐隐姓埋名在海船上参加劳动,表现很好。8级大风也不晕船。水手们对他们很爱护……"

这封短短的来信,给贺龙带来了欢乐。一连几天,他都非常高兴,不时地念叨:"幺女哟,我们的幺女来信喽!"

这封短短的来信，是两年半的时间里得到儿女的唯一的一封来信，也是贺龙生前得到的最后一封来信。这以后，说不定什么时候，贺龙就突然问起来："幺女的信呢？来，念念幺女的信！"

从未给孩子们写过信的贺龙元帅，此时却亲自握着笔杆给孩子们写起信来。在一封封深情的信里，贺龙勉励子女们要好好经受革命风雨的锻炼，无论发生什么情况，也要跟着党、跟着毛主席干革命！自然，贺龙亲手写的这些信，孩子们连一封也没有收到。他们是永远也收不到了。

四

薛明在回忆中写道："贺龙同志最后的两年半，和他整个的一生一样，对党、对人民、对同志的深情厚爱，是和他对阶级敌人的憎恶与愤恨紧紧交织在一起的。"

1968年9月18日，看守突然送来了一封"信"。薛明拆开一看，原来是要贺龙同志"交代"历史上的所谓"罪行"。这算是隔离以来向他提出的唯一的重大"问题"："1933年蒋介石派熊贡卿到湘鄂西，与贺龙是怎样谈判的？参加谈判的是哪些人？最后达成什么协议？……"

贺龙把信往桌上一摔，气冲冲地吼道："撞他妈的鬼！人都给我枪毙了嘛！栽赃，完全是栽赃！狗娘养的！"

对于贺龙的愤怒，薛明完全能够理解。提出这个问题是卑劣而又阴险的。由于王明"左"倾机会主义的破坏，洪湖、湘鄂西地区的革命事业遭受了惨痛的失败，红军部队由15000人减到了不足3000人。1933年12月，蒋介石一面以重兵围困，一面亲自派遣反动政客熊贡卿，以贺龙同志"早年友好"的名义，妄图进行游说和策反。接到了熊贡卿探询的来信，贺龙立即识破了敌人的用心，并看作对自己极大的侮辱，当即报告了党的湘鄂西中央分局。分局为了搞清楚敌情，决定允许熊贡卿前来。待熊贡卿供出情况之后，贺龙马上下令把他逮捕，就在从茨岩塘到桑植途中的一个山垭口上，贺龙先向红军部队宣布了熊贡卿的罪行，然后下令把熊贡卿枪毙了。这件事，表现了贺龙对党的无限忠诚和无比坚定。当时在场的上千名红军战士，都是有目共睹的。这件事，贺龙和湘鄂西分局及时报告了党中央，有关材料一直保留在党的历史档案中。本来是白纸黑字、早有定论，并且是有案可查的。然而，现在竟然成了贺龙的"罪行"。他们恶毒地诬陷贺龙"通敌"，向国民党反动派"请求收编"。那个与林彪、"四人帮"狼狈为奸而又掌握大权的"顾问"，1968年5月16日，也曾信口雌黄地说："贺龙在历史上就搞投敌叛变，现在不可能没问题。"要"现行和历史综合研究和具体落实"。这些阴险毒辣的阴谋家，就这样把贺龙历史的功绩颠倒过来，妄图把他打倒。

在战场上，贺龙面对着敌人的子弹他眼睛都不曾眨一眨，现在，这个用最堂皇的革命词句装潢起来、盗用了党的庄严名义射来的毒箭，却把他那颗赤诚的心给重重地伤害了。他抓过一个笔记本来，不停地写"冤枉"两个字，一页纸写得满满的。他说："他们要是叫我签字画押，我就写这两个字。要是枪毙我，我就喊冤枉！"整整一天，他都被怒火烧灼着，烟吸得很多，话很少，不时地在屋里走来走去。那步态，那神情，简直像一只受了伤的雄狮，使薛明看一眼就心如刀绞。晚上，贺龙忽然说话了。奇怪的是，他并没有再同薛明谈"信"上的事情，却谈起了过去。贺龙谈到：1916年春天，他用两把菜刀砍了芭茅溪的盐税局子，拉起了最初的那支打富济贫的队伍。大革命失败之后，他拒绝了高官厚禄的引诱，驱赶了敌人派来的"说客"，处理了部队的反动分子，掩护了被追捕的共产党人和农协会员，然后，坚决执行党的指示，参加了南昌起义。失败后，他脱下了将军的马靴，穿上了草鞋，和周逸群同志带着几支手枪路过洪湖，攻打反动民团，缴了几百支枪。他把枪留在当地组织游击队，然后回到家乡桑植一带，发动农民起义，几经失败和挫折，终于组织起红四军，创建了湘鄂西红色根据地。他谈到了那些九死一生的战斗，也谈到了艰难的万里长征；谈到了在王明路线时期，自己怎样处于被排斥和不受信任的地位，又如何不顾个人安危，仗义执言，使革命减少损失；也谈到了在张国焘搞分裂阴谋的面前，怎样坚决站在毛主席一边进行斗争的情景。他还谈到了他的亲属。他的亲姐姐贺民英（香姑）、贺五妹，在同敌人生死搏斗中壮烈牺牲了，妹妹贺满姑被残酷地杀害，连尸骨都不能收。战争中，贺家宗族上百口人死在阶级敌人的屠刀之下，敌人抄了他的家，烧了他的屋，挖了他家的祖坟……是啊！几十年的拼死战斗，一辈子戎马生涯，在革命最艰难的时候他找到了党,他跟着党中央、毛主席,从没有三心二意,从没有片刻懈怠。他把自己的一切都交给了党,他的生命同党结成一体,谁也无法使他同党分开!

"我本来就是在共产党最背时的时候参加革命的。所以,无论多么背时我都不怕。"贺龙摇了摇头,声音低下去了,"可是,现在搞成这个样子,党怎么办?国家怎么办?"

这一夜,贺龙在床上翻来覆去,通宵没有睡觉。第二天,薛明整理床铺的时候,发现枕巾湿了一片。

那份所谓"问题"的材料,被贺龙摔在了一边,再也没有理睬它。但是,他思虑的问题似乎更多了,因而常常失眠。好几天,他不断重复地对薛明说:"咳,我们党里出了鬼,出了奸臣啦!"有一次,他对薛明说起了这样一件事:1966年9月间,他见到了林彪。当时林贼阴阳怪气地说:

"你的问题可大可小,今后要注意一个问题:支持谁,反对谁。"薛明问贺龙是怎样回答的。贺龙说:"我回答:我干的是共产党,支持谁、反对谁你还不知道?"

薛明怀着由衷的敬意,望着贺龙那正气凛然的神情。他已经看穿了林彪一伙对他又拉又打的无耻伎俩,但他宁为玉碎,不为瓦全。

五

斗争越来越尖锐了。

林彪、"四人帮"不仅要在政治上把贺龙打倒,也要从肉体上把他消灭。贺龙和薛明的处境越发危急了。他们合用的一块毛巾,早已经破了个大洞,这时只剩下四个边。贺龙只有两套衣服,全都破了;破了再补,补了又破。一双线袜补了一层又一层。

穿的差些还可以忍受,难耐的是在饮食上对贺龙病体的折磨。贺龙患的是糖尿病。这种病本来不是什么不治之症,需要的就是饮食的调养、药物的控制和精神上的松弛。过去多年来,由于医生和薛明用心护理,病情一直控制得很好。现在在凶狠残忍的林彪、"四人帮"却利用了贺龙所患疾病的特点,对他施行了惨无人道的摧残。伙食越来越差,两格圆形的饭盒，一格里盛着饭，多数是不给盛满的；另一格是菜，经常是清水煮白菜、糠萝卜，再不就是老得像甘蔗皮似的豆角。主食少一点，倒无关紧要，而副食、特别是蔬菜，对糖尿病患者来说则是一种必不可少的医药。没有它，就等于没有了生命。为了使贺龙能多吃一口菜，每次吃饭，薛明只把筷子伸到菜盒里，蘸一点咸水放在嘴里吮吮，不去动那一点点菜。后来，这个动作被贺龙发现了，他拿起筷子从中划开，要"各自包干"。薛明只好瞅贺龙不注意，把"分界线"悄悄地挪动一下。可是，这又能解决多大问题呢？副食越来越坏，甚至有一次，送饭的人竟然把饭菜全部倒在了地上。

在医疗上的迫害，更是狠毒。原来营部的一位医生，对贺龙很关心，医疗上也比较用心。贺龙的腰扭伤了，他弄来了中草药敷治伤处，还有时悄悄地为他们买点零星的东西。但是，迫害加剧之后，这个医生被调走了，派来了一个新的"医生"。这个经过林彪死党六次"政审"、精心挑选的"医生"一来，就开始在医药上做文章了。他采取各种各样的花招，来抄检搜查贺龙的药品；没有搞到手，就公然用"组织决定"的名义，把贺龙一点必需的备用药品甚至检验糖尿的试剂都全部拿走了。此后医疗条件越来越差，连每天必需的极普通的降糖药也没有保证了。每次服药，他还要监视贺龙和薛明吞下去。接着，又在暖气上做文章，在严寒的冬天，借口水管破裂，把暖气关掉了。

残酷的摧残和折磨，使贺龙的身体更加衰弱了。薛明注意到：他越来越坐不住了，读书坐不多会儿就起来走走；要听收音机，可打开听不一会儿就要关上。这是因病引起心慌、心烦的表现。一天，听见"监护"的人杀猪，贺龙说："真想吃点猪耳朵。"不用说，是要不来的。于是，贺龙谈起了当年在湘鄂西的斗争。他说："咱们家乡的糍粑可好吃啦！"可哪里有呢？有一次，贺龙突然说起了两年前在总理家住时的生活，他问薛明："那时候，邓大姐问我们要吃什么，就叫厨房做，你要过什么没有哇？现在说说，画饼充饥也很有意思！"

薛明已经看出来了，贺龙是在忍受着饥饿的折磨。她望着他那消瘦的脸，强忍着心头的酸楚，问他："你是不是饿啊？"

贺龙凄然地笑笑："嘿，算你说对了。"

这种饥饿，是由于副食太坏，营养不足，致使糖尿病失去控制的现象。但是，"医生"不仅不给检查和治疗，反而让他吃糖，促使病情加重。

没有足够的饭食，又不给药，真是急死人！薛明不能眼看贺龙忍受着饥饿的折磨，也不能让他"饮鸩止渴"似的吃"医生"给的糖水解饿。可是又能怎么办呢？

薛明抬起泪眼，满屋里打量，哪里有什么合适的东西给贺龙吃啊！为难了很久，薛明横了横心，闯到厨房里去，拿了一棵白菜，抓了一把盐。薛明把白菜腌在盆里，倒上水。这盆泡菜给贺龙带来了快乐，一会儿跑过去，拿根小棍捅一捅，看一看，闻一闻。两三天以后，泡菜泛起了水泡，冒出了酸味。当薛明看着贺龙大口吃着的时候，心里是多么高兴啊！

后来，正经蔬菜搞不到了，薛明就在野菜上打主意。她从院子里拔了些茴茴菜、苦苦菜、马齿菜，拿回来洗洗烫烫，贺龙又有了点可以吃的东西了。

当然，这些为数不多的野菜终归解决不了贺龙的营养和治疗问题，他的身体一天坏似一天，脚气的感染长期不愈，反而更严重了，身体衰弱，步履维艰，连上趟厕所也走不动了。

那些天，贺龙经常对薛明讲起当年长征的生活。他说："那时候穿的衣服就是这样。""过草地，就是吃这个。"……薛明看出，他是在讲给她听，也是借回忆当年的艰苦斗争，来激励着自己坚持下去。贺龙已经意识到，在这残酷迫害下，自己的身体是越来越不行了。一天，贺龙终于对薛明说出了他反复想过的话："他们硬是想把我拖死，杀人不见血。我不死！我要活下去，和他们斗一斗！"他说："我的要求不高，只希望毛主席说一句贺龙是我们自己的同志就够了。我相信：党和人民是了解我的，毛主席总有一天会说话的！"

一天夜里，贺龙和薛明虽然服了安眠药，还是不能入睡，薛明只得挣扎着起来找医生再要些安眠药。因为身体太弱了，刚走出房门，眼前一黑，就晕倒在走廊上。贺龙见薛明很久没回屋，爬起来找她，拉她拉不动，只得去找人帮忙，结果贺龙又在走廊的另一头栽倒了。过了很长时间，哨兵发现了，才把他们搀回来扶上床。

半夜，薛明刚刚醒过来，听到有人在哼一支歌曲。原来是哨兵在窗外轻声地唱：

"洪湖水，浪呀么浪打浪，洪湖岸边是呀么是家乡……"

在这样的时候，竟能听到这样的歌？虽然贺龙被整成了这个样子，可人民还是热爱着他啊！薛明激动地挣扎着爬起来，隔着窗子问道："同志，你是什么地方的人呀？"

哨兵小声回答："湖北……阳……"

贺龙显然已经听了一会儿了，这会儿他把话接过去："沔阳，一定是沔阳。洪湖过去叫新堤，归沔阳县管。"接着就谈起了洪湖，谈起了他家乡的革命人民。他深情地说道，人民是历史的真正主人，是最公正的裁判。谁为人民做了好事，人民永远不会忘记；谁在人民面前犯了罪，人民也绝不会饶恕！

六

贺龙的身体越来越坏了。薛明无论怎么护卫着他，幻想着、期望着他能活下去，那个不幸的时刻还是无情地到来了。

1969年6月8日早晨，贺龙听过广播以后，连续呕吐了3次，呼吸急促，全身无力。薛明意识到这是以前保健医生给她讲过的糖尿病酸中毒出现了。她非常焦急，马上向监护人员报告，要医生来救治。但是，等了很久没有回音，只由那个冒牌的医生打了一针"止吐针"，也没有止住呕吐。薛明又催促了5次，他们还是借故拖延，直到晚上8点钟，才来了两个医生。薛明赶快向他们讲述了病情，请求立即抢救。医生没有做详细检查，就给贺龙输上了葡萄糖和生理盐水，而且吊上瓶子就匆匆走开了。原来，专案人员就在外层直接掌握着这次"救治"，他们是"请示"去了。

在忙着输液的工夫，医生大声地说："病人昏迷了。"其实，贺龙的神志仍然清楚。趁他们出去的时候，他对薛明说："要小心，他们要害死我。"

贺龙说对了！当他们给输液的时候，薛明对输葡萄糖很是疑虑。她要求他们进行检查，并且谨慎用药。他们取了病人的小便，后半夜才化验回来。薛明看见，几个人对着化验单小声地嘀咕着："对，是这样！"她的心头略略宽松了些。心想，大概根据检查，应该输葡萄糖吧。但后来薛明才知道，当时他们检查的并不是病人血糖的高低，而是要查出是不是病人自己服了毒！那危害病人生命的葡萄糖却输了一夜，整整 2000cc。万恶的林彪、"四人帮"竟然丧心病狂到这种程度：明明是他们谋杀贺龙，反而还要把"服毒"的罪名安到贺龙头上！

第二天，6月9日，天亮之后，医院来了医生接贺龙去住院。贺龙表示不愿去，他说："我没有昏迷，我不能去住院，那个医院不是我住的地方。"但他们仍然坚持要住院，并且声称是"组织上决定，非去不可"。

组织观念一向很强的贺龙，一听是"组织上决定"，不再吭声了。他回过头来问薛明："我去住院，你呢？"

薛明望着医生们那木然的脸，他们谁也不表态。她能回答什么呢？只好说："他们允许我去，我就去。如果不允许，我就在这个房间里等你。"

屋里顿时乱起来。来人拿进一副担架，就七手八脚地把贺龙往担架上抬。薛明在茫然中，只听见一个人厉声地说："快，把手表摘了！"原来贺龙因为瘦了许多，手表已经脱落了。薛明赶紧跑过去，把手表往上推了推，随手握住了他那只已变得瘦骨嶙峋的手。贺龙握住了薛明的手，点了点头，微微睁开眼，看了看她。

担架被抬出房门，送上救护车。薛明紧跟在后面想挤上车去，可是车开走了。看不见车影的时候，她才回到房子里。刹那间，薛明的脑子成了空白，忘记了一切，也想不起一切。她呆坐着，双眼发直，浑身木僵，从上午9时起直坐到下午2点多钟，一动也不想动。

下午3点钟，有人敲门了。来人说是要薛明跟他去医院核实一个材料，这就是说，她马上又能见到贺龙了。薛明一下子站起来，快步跟着他走出去。

到了医院，薛明刚跨进一个房间，一个专案人员迎面走过来。他冷冷地向她宣布："人已经死了！"

"什么？人已经死了？我那朝夕与共的亲人贺龙同志不在了？那个乐观豪迈、生龙活虎的贺龙同志已经不在了？明明6小时以前他还在和我讲话嘛！？"薛明心里反复嘀咕着。

那人还恶狠狠地说："在他临死以前，他的反革命活动一直没有停止过。"

听了这句话,薛明明白了:贺龙直到最后一刻,还在和他们进行着斗争!她继续想着:他,那个让敌人听见名字就丧胆的贺龙,那个敌人出十万元大洋买其头颅而仍然战斗的贺龙,他,他怎么会不在了?

有人拉薛明坐下,一个身穿白衣的医生向她叙述贺龙住院检查的经过。薛明还处在半麻木状态听得不真切,只记得医生说血糖1700,下午3点零9分死亡。3点零9分,这就是说,从离开她的身边到死去,只有6小时零9分钟。"1700",这是一个比贺龙以往血糖高出十几倍的数字。

思索着数字的意思,薛明开始慢慢清醒些了。她悔恨这6小时:"我和他一起生活,多少风雨,多少艰难都和他在一起,为什么这6小时我不在他的身边?我怀疑这6小时。贺龙同志患的是糖尿病,6小时前,他还是清醒的,进了这样治疗、抢救条件都很完善的医院,有这么多国内知名的医生,为什么仅仅6小时便造成死亡?"

薛明还在想着的工夫,儿女被接来了。分别了两年多,母子总算见面了,然而母亲见到了孩子,孩子却没有了父亲。

薛明由两个孩子搀扶着、拖拽着,经过长长的走廊,被带到了贺龙的遗体旁边。

没有哀乐,没有花圈,没有党旗,没有同志和战友,只有一条床单覆盖着贺龙那颀长的身躯。站在贺龙遗体前,薛明百感交集。她写道:

啊!这就是我亲爱的贺龙同志!

还是那高高的额角。你的头脑里曾经思考过多少战役战斗,曾经为党和国家思索过多少重大问题啊!在那最后的时刻,你都想了些什么?如今还在想着什么?

那浓黑的双眉紧蹙。这双眉曾经冷对过多少凶狠的敌人?眼角里清泪未干,难道他们又对你进行了新的折磨,增添了你心头的愤怒和仇恨?

口还微微张着,这口里曾经发布过多少作战命令,迸发过多少朗朗笑声啊!在那最后的时刻,你是不是呼唤过战友和同志?你说了些什么?还想说些什么?

你胡子也没有修剪，连身囹圄衣服也没有穿上。我多想上前再给你洗把脸，再给你修一修唇上的胡髭，把那双干净的袜子给你穿上……可是他们竟把我和孩子带走了！我，什么也不能帮你做了……

贺龙的遗体是秘密火化的。火化的那天，林彪的爪牙不让薛明和孩子们在场。不仅如此，他们还用"王玉"的代号将贺龙的骨灰藏起来，并下令执行的人不准外传，要绝对保密。这伙丧尽天良的东西，就是害怕人民群众知道贺龙之死的真相。

七

薛明又被送回原来的地方。屋子里空荡荡的。与贺龙相关的东西都被搜走了，就连他亲手写的那一张张毛主席语录也被拿去烧毁了。剩下的只有幺女又明的那封信，还有他抽剩下的几个自卷的烟头。

贺龙的生命结束了，但"监护人"对薛明的迫害并未终止。他们把窗子用木板钉死，一点阳光也透不进去，日夜用大灯泡照着薛明不能入睡。特别是薛明被押送到贵州关押以后，她这个被称为"神秘的老太婆"的要犯，受到的摧残更为严重。

薛明是北方人，1935 年参加革命以后，虽然在农村和山区住过较长的一段时间，但多半在气候干燥的地方。乍来到这"天无三日晴"的贵州地区，身体很不适应，再加上过的是监禁生活，所以生了满身的病。更痛苦的是什么事也不让薛明知道，别人也不知道她是谁。一天，薛明牙根发炎，忽然发起了高烧。看守押着她进了卫生所。薛明坐在一块砖头上候诊，忽然医生叫人了："王树芬！"薛明看看另外两个候诊的人，他们也望望薛明，谁也没有应声。看守过来了，把薛明用力一推："叫你哪！"

医生问薛明："你叫什么名字？"她只好老实回答："我……我不知道。"因为看守不许她讲真名，还经常给她改名换姓，又不告诉她。

日子可真是难过呀！但每当薛明痛不欲生的时候，贺龙那坚定、乐观的神情就出现在她眼前，耳边也响起贺龙那有力的声音："要活下去！"是啊，薛明想："他已经负屈含冤、蒙垢饮恨地死去了，再也不能同阶级敌人斗争了，我怎么能违背他的遗愿死去呢！不。我是一个共产党员，革命需要我，贺龙需要我，我得活着！总有一天，我要把贺龙同志惨遭迫害的情形报告给党中央，报告毛主席和周总理，报告给人民！"

薛明盼望的这一天终于来到了。就在林彪叛逃摔死之后不到两个月，周总理终于找到了她的下落，派人专程到了贵州，把她接回北京。不久，薛明和失散5年的孩子们也团聚了。

毛泽东、周恩来、朱德等老一辈无产阶级革命家，都非常关心贺龙的平反昭雪问题。在中央一次会议上，当讲到贺龙时，毛主席连声说："翻案，翻案，翻案！"1974年毛泽东和邓小平谈话说，要给贺龙平反；邓小平立即在政治局会议上作了传达。1974年9月底，中共中央发出了为贺龙恢复名誉的通知，推倒了林彪一伙强加在贺龙身上的一切诬蔑不实之词。在贺龙逝世6周年的时候，中央举行了"贺龙同志骨灰安放仪式"。

那是1975年6月9日，周总理带病参加了骨灰安放仪式。周总理站在贺龙的骨灰盒前，代表党中央为贺龙致悼词。48年以前，在贺龙举行入党仪式的时候，周总理曾经说过："贺龙同志是一个好同志！"现在，周总理又说："贺龙同志是一个好同志！"周总理说："在毛主席、党中央的领导下，贺龙同志几十年来为党为人民的革命事业曾作出重大的贡献。在他的一生中，无论在战争年代，或在全国解放以后，他是忠于党、忠于毛主席革命路线、忠于社会主义事业的。"听着这深情的话，薛明抬起泪眼，望着贺龙的遗像，在心底里喊道："你看到了吗？你听见了吗？"

（力　砚）

"你经受了党的考验，已具备了入党条件"
——贺龙和贺英

1933年初夏，由于王明"左"倾错误的领导，红三军在向驻永顺的敌军进攻时遭到损失，不得不退出桑植、鹤峰，转向湘鄂边开展游击战争。

一天，贺龙在连队和战士们拉了半天家常，兴冲冲地赶回司令部，刚一推门，看见红三军政委关向应皱着眉头，伫立在窗前沉思。贺龙不解地问："老关，有什么事吗？"

关政委慢慢地转过身来，用低沉的声音对贺龙说："贺龙同志，刚才接到一个不幸的消息，贺英大姐她……英勇牺牲了……"

贺龙浑身一震，眼里顿时噙满了泪花。

司令部一片寂静，只有桌上的钟表"咔嗒咔嗒"地走着。过了好一会儿，关政委向贺龙讲述了贺英大姐牺牲的经过——

自从红三军离开湘鄂西苏区以后，留下坚持武装斗争的就只有贺英率领的游击队了。他们面对数万国民党军队的疯狂搜剿，神出鬼没，顽强抗敌，像一把锋利的尖刀，插在敌人的心脏上。4月12日这天拂晓，鹤峰县团防大队300多匪兵接到叛徒的告密后，突然包围了游击队驻地。贺英听到哨所枪响，断定外面出了事，迅速拔出双枪，镇定地指挥应战。她命令妹妹贺五姑领着红军伤员和家属突围转移，自己带领一部分战士阻击吸引敌人。在战斗最激烈的时候，贺英手持双枪亲自把守大门，打得敌人龟缩在竹林里不敢露头。突然，一颗子弹飞来，打中了她的右腿，她身子一晃，倒在地上。一位战士扑上来赶紧为她包扎伤口，并要把她背走，贺英坚决不肯。她咬着牙挣扎着爬起来，倚着墙角继续向敌人射击。当她看到五姑已领着伤员、家属队伍突围出去时，脸上露出欣慰的笑容。就在这时，贺英又身中数弹，慢慢地倒在血泊中。

战斗持续了两个多小时，东方出现了一片朝霞。从昏迷中醒过来的贺英，用微弱的声音鼓励大家坚持到底。敌人又冲上来了，一颗无情的子弹射穿贺英的胸部，她安详地闭上了眼睛……

贺龙听了大姐壮烈牺牲的经过，泪流满面，悲愤交加。他慢慢走到窗前，遥望着远方的崇山峻岭，古树松柏，脑海里浮现出亲人的高大形象……

她，中等身材，黑黝黝的脸上，衬着一双明亮有神的眼睛，看上去纯粹是一位忠厚质朴的农村妇女，但在对敌斗争中，她却是一位人民敬佩、敌人丧胆的女中豪杰。贺龙小的时候，大姐尽心照料他；贺龙长大了，大姐又舍生忘死地保护他；闹革命，贺龙三起三落，大姐在他危难之际"雪里送炭"；打团防，她冲锋陷阵，常常只身入虎穴，擒匪首。当地的土匪、民团一听到她的名字就胆战心惊，而她那充满传奇色彩的经历和崇高的品德，又为广大群众所称颂。

长期以来，大姐热爱党、追求党，多次向贺龙提出加入中国共产党的要求。后来，贺龙受前委委托，告诉大姐："你经受了党的考验，已具备了入党条件，但党考虑到你在当地的声望，为了有利于发展工作，前委认为你暂不入党更好一些。"当时，大姐激动地说："我盼望着那一天，愿为党贡献出自己的一切……"

想起大姐英勇战斗的一生，贺龙心潮起伏，久久不能平静。此时，司令部里里外外挤满了干部战士，有的惋惜，有的抽泣，有的失声痛哭。关政委对大家说：

"贺英同志死得光荣，浩气长存，重如泰山！我们党和红军为有这样一位好大姐而感到骄傲。同志们，贺龙的一家不愧是满门忠烈。大革命前，他父亲是被敌人一刀一刀砍死的；他弟弟是被敌人关进蒸笼，活活蒸死的；他妹妹满姑又是被敌人活活刺死的；这次他两个姐姐又壮烈牺牲。"说到这里，关政委擦干眼泪，继续说，"我们每一个活着的人都要化悲痛为力量，打倒反动派，为死难烈士报仇！"

贺龙听了关政委的话，大声地说："同志们，这是红军的仇，人民的仇，阶级的仇！这个仇一定要报！我们要在党的领导下，坚持武装斗争，坚持井冈山的道路，踏着烈士的鲜血，永远向前！"

贺龙和关向应的话，激发了大家的斗志，干部战士发出了气壮山河的呼声：

"为死难烈士报仇！"

"永远向前，绝不后退！"

（何 玮）

"你长大以后，一定要参加革命"

贺龙同志是我的大叔。每当想起他对我的教诲以及对桑植人民的关怀时，思念的激流又滔滔不绝地流泻出来了！

1959年3月，贺龙同志回湖南视察工作，接见了正在长沙开会的桑植县委主要负责同志。他勉励家乡人民高举毛主席旗帜，坚持社会主义方向，把革命的老根据地建设好。为了感谢他老人家对家乡人民的深切关怀，县委决定派我赴京汇报，代表老根据地人民向他老人家问好。

多么光荣的任务！多么难得的机会！动身前一天的晚上，我几乎一夜没合眼，嘀嗒嘀嗒的钟声，不时唤起往事的回忆。

那是1935年的秋天，枫叶萧萧，黄花遍地，正是沙场点兵的大好季节。贺龙同志奉中央的指示，和任弼时同志一起，率领红二、六军团北上抗日。出发前的那天晚上，我随他的二伯父贺仕造老人到军团总指挥部去看望他。那时候，他的确太忙了。在他同我们谈话的时候，每隔几分钟就有人请示工作，老人怕影响他的军务，想早点离开，但他一再示意，叫老人坐下，并且深情地说："您来得正好，明天我们就要出发了，请转告洪家关的亲人们，要坚持斗争，我们一定会回来的。"接着，又慈祥地对我说："学超，你爷爷当了一辈子长工，受够了苦，你长大以后，一定要参加革命。"可惜，我那时年纪太小，还不十分理解什么叫革命，但他说的"我们一定要回来的"这句话，却深深刻在我的记忆里。

长征后，他没再回来，我也再没见过他的面，现在县委派我去看望他，怎能叫我不万分激动呢！

1959年4月5日，我到了北京，眼看就要见到亲人了，我是多么高兴啊！一下火车，到服务台去摇过电话后，我站在车站出口处的广场上等候。不久，一辆小汽车驶进车站出口处停了下来，一位军人走出来询问：

"谁是湖南的贺学超同志？"我立即走上前去，一边握手，一边答应。来接我的军人是贺龙同志身边的工作人员，他告诉我，贺龙同志有事去上海，要我住在北海接待处等候。

过了4天，他又通知我说："贺副总理回来了，他要接见你。"我立即跟随那位军人来到贺龙同志的住地。我们在会客室休息了一会儿，一个身材高大魁梧的人走了进来，他就是我多年来经常思念的贺龙大叔。从外表上看，除风霜留下一些白发，战火在额上烙了一些皱纹外，没有其他改变，特别是嘴上的胡须，还是老样式，仍然显示出数十年来沙场点兵，南征北战的威武神态。我立刻走上前去，他同我握手，并且说："你来了，很好！我好久没见洪家关的人了！"声音有点低沉，显然，这是从往事的回忆中流露出来的一种思乡情绪。此时此刻，我真不知如何说才好，望着他老人家慈祥的面孔，我的眼圈红了，有点拘谨地说："桑植县委派我来向您汇报，老根据地人民托我向您问好！"他深情地说："谢谢桑植人民的厚意！"随后，他点燃了烟斗，慢慢地问我："你家还住在赵家湾？"我连连点头。"洪家关的老红军还有哪些人活着？林家口还有哪些人在？"当我一一回答后，他插话说："洪家关人穷骨头硬，真是好样的！"他关切地问我桑植建设怎么样了？我汇报了一下总的情况，又具体地说，桑植到永顺已通汽车了，到大庸的公路也正在修，县城已有了电灯。当我引用"山是万宝山，地是刮金板，树是摇钱树，人是活神仙"这首歌谣时，贺龙大叔笑着说："后一句恐怕夸张得过分了！"大叔又问我："家乡建设有什么困难？"我说："最需要的是发电机。""要发电机，你们烧什么？""烧木炭，桑植木炭多得很！"大叔批评说："桑植万宝山，树砍光了，到哪里去摇钱啊！明天你到水电部展览馆参观一下，看人家是怎样搞水力发电的。回去给大家讲，桑植山大树多，要育好用材林，保护经济林，发展油茶林，多栽柑橘果木树。这才有钱可摇啊！"大叔这番话，就当时来说，我只体会到他对桑植人民的深情厚谊，但现在想起来，这是有的放矢的，是了解下情的，因为那几年毁坏树木的确不少呀！

我在北京住了10多天，几次聆听大叔的教诲。他要我好好在家乡工作，同家乡人民一道，把桑植建设好。19日晚餐后，我去向大叔全家告别。临行前，他对我说："回到家乡后，代我向桑植县委和桑植人民表示谢意，向洪家关的亲人们问好……"说到这里，他的脸色一下子沉下来了，好像还有好多话要说似的。我趁机说："大叔，您跟随毛主席南征北战，几十年没有回家乡了，家乡人民想念您。桑植县委根据群众的要求，准备把您的旧居修复一下。"这时，他严肃地说："我的房子不要修了，要修可以修个学校。洪家关人民过去多是睁眼瞎，这种历史不能再继续下去了！"听了这些话，我还能说什么呢？

那天晚上，我办完了一切手续，怀着依依不舍的心情，告别了大叔和他的一家。临行时，我向大叔要了一张照片留作纪念。几十年过去了，每当我看到这张照片时，便想起了他对我的教诲，对桑植人民的关怀，当年的情景犹历历在目，就像昨天一样。

（贺学超）

"你是烈士的后代，更要听党的话"

一

贺龙同志是我的亲舅父。我第一次见到舅父是在工农革命军占领桑植县城以后。我家离县城很近。有一次，舅父到郊区发动群众，顺路来到我家。舅父平易近人、联系群众，是远近闻名的。周围的群众听说他到了我家里，都争着来看他。他向大家问寒问暖，宣传革命道理，动员大家参加工农革命军，为穷人打天下。经他一宣传鼓动，许多人当场就报了名。临别时，他对我父母说："当前最重要的工作是扩大工农革命军。你们要在这方面多做工作，只要愿意参加的都吸收，越多越好。"后来，母亲和大姨以及其他革命军的干部，按照舅父的意见，深入群众，动员参军，使工农革命军的力量越来越壮大。

1928年5月下旬的一天，母亲和几个游击队员回家探望老小，被敌人发觉跟踪。到了深夜，团防队长肖沛然带了80多个匪徒偷袭我家。母亲手持双枪，沉着应战，和战士们一道，机智地突围脱险。

母亲脱险后，带领游击队转移到桑植、大庸、永顺交界的贺家台隐蔽。我们弟妹3人也藏在这里。这时，驻防桑植的伪军团长姜文舟正下令通缉我的母亲。团防局长张东轩指派队长张恒儒到贺家台密探。母亲闻讯随即转移到永顺边界的万灵山中，出没在黄家台一带，继续开展群众工作。不幸，六月（农历）底的一个深夜，团防队长张恒儒带了40多条人枪，包围了母亲在黄家台的住地。经过通宵激战，连续打退敌人多次进攻。拂晓前，终因子弹打光，寡不敌众，母亲和我们兄妹3人同时被捕。敌人如获至宝，将我母亲全身捆绑，连同我们兄妹，当天就投进了县城的牢笼。

在狱中，母亲同敌人进行了不屈不挠的斗争。敌人先是用饥饿折磨我们，每天只送两次米汤水，四弟和金莲成天喊饿，伏在母亲怀里哭，直到哭得无力再哭了，才静静地躺着。这时，母亲的泪水一个劲地往下掉，却一声不吭。接着敌人就施用各种毒刑，逼迫母亲交出舅父贺龙的下落，交出革命军收藏的枪支，交出伤病员休养的地点。但是，坚贞不屈的母亲，为了革命的利益，早已把个人生死置之度外。她咬破嘴唇，忍受着敌人施加的烟火熏鼻、烙铁烧身、悬空上吊、箍断十指等种种酷行。不管敌人怎样凶残，都无法动摇她忠于革命、忠于人民的坚强信念，她始终没有吐露一句敌人需要的话。

1928年农历八月初六的上午，澧水上空乌云翻滚，桑植县城戒备森严，穷凶极恶的敌人将母亲五花大绑，口塞毛巾，赤身露体地捆在县城校场坪活活刺杀。临刑时，母亲横眉冷对昂首挺胸，大义凛然，视死如归，把敌人激怒得像一群发狂的疯狗，嗥嗥直叫。

我的母亲就这样壮烈牺牲了。几年后，1933年4月，又从鄂西传来了噩耗：大姨贺英、二姨贺五姐在湖北鹤峰洞长湾突围阵亡。至此，母亲3姐妹都为革命流尽了最后一滴血。

二

我第二次见到舅父，是 1935 年春。一天上午，从上海回到部队的黑樱大哥突然来到家里。他刚一进门，就高兴地告诉我们：红军回来了！舅父和四弟向轩（母亲牺牲后，蔡婆婆将我们兄妹 3 人救出监狱。后来向轩弟由舅父和大姨接到鄂西游击队抚养）都驻扎在桑植城，要我们进城见面。当我们走进红军总指挥部时，舅父正在后院开会讲话，不一会儿就出来接见了我们。他头戴八角军帽，身穿灰色军装，身材魁梧，面容慈祥。我和父亲一见舅父，热泪夺眶而出。舅父走近我们身边坐下，关切地说："不要哭了，你们父子俩还活着，那就是大好事！现在红军打了胜仗。黑樱回来了，老四（即向轩）在部队也慢慢懂事了。这回你们父子兄弟好好见见面，团团圆！"我们一边听着舅父安慰的言辞，一边流着泪，真是悲喜交集，思绪万千！我们父子叹惜母亲惨遭杀害，大姨、二姨不幸牺牲，表示要为她们报仇。舅父听了，许久不说话，却大口大口地抽着草烟。半晌过后，他才说："敌人疯狂屠杀，说明他们害怕我们。革命嘛，难免有牺牲，但是大姐、五姐、满姑以及其他烈士，他们的血不会白流。"说到这里，他很激动，右手重重地击了一下桌子，继续说："仇是要报的，但共产党要报阶级仇，不报私仇。我们一定要翻这个天，为死难烈士们报仇！"他停了一阵，转过话题，问我们吃穿怎么样，有没有钱用。我父亲是个老实人，一怕舅父心里难过，二怕耽误他的公事，没有再谈什么，只要求让我大哥和四弟回家住两晚。舅父答应了，临走时还送给我们一些钱。

就在这以后不久，红军一支游击队化装进入永顺桃子溪，以打莲闹为掩护，机智地捉住杀害我母亲的团防队长张恒儒，并利用群众赶集的机会开了公审会，镇压了这个恶贯满盈的刽子手，城乡人民无不拍手称快。

三

舅父是 1935 年秋天率领红二、六军团开始长征的。长征以后一直没有回过家乡。

我第三次见到舅父是在举国欢腾的1950年年初，那时他在西南军区工作。我和一些红军烈士子弟徒步到重庆去探望他。当时，西南刚刚解放，社会秩序还不安定，我们好不容易来到了重庆。头一天，舅父不在家里。西南军区负责接待的同志安排我住在招待所。第二天上午，一辆小汽车把我接到了舅父的住地——李家花园。我一见舅父，不由得热泪直流。舅父安慰地说："别难过了，我们舅甥能见面就是好事了。"接着，他带我到了楼上的住房，向我询问家乡烈士家属情况，还给我介绍了家乡一些老人对革命的贡献，使我深受教育。谈了一阵，舅父见我衣服单薄，便叫一位参谋带我去商店买新棉衣，还嘱咐说：要买适合老百姓穿的。这位参谋带我跑遍了商店，好不容易买到了一件对襟棉衣。当我穿着新棉衣再见舅父时，他满意地说："很好，穿这样的衣服，才像烈士的后代！"

不久，舅父和舅母薛明接我和同道来重庆的烈士子弟吃饭。饭后，舅父根据革命的需要，留了几个烈士子弟在重庆"革大"学习。这时，我也想留在重庆，找个工作，便要舅父介绍。他停了一会儿，语重心长地对我说："老三呀！你就不要留下了，你熟悉家乡的情况，回去把村子里的农民组织起来，办好农会，继续当农民，这就是你的工作。"听了这些话，我一时想不通。因为我总认为自己解放前受尽了人间苦难，现在革命成功了，就应该舒服一下。舅父似乎看出了我的这个思想苗头，就耐心地教育说："你是烈士的后代，更要听党的话，听毛主席的话，还是回到农村，坚持在农村干革命，把家乡建设好。"经过舅父的教育，我思想通了，乐意回乡务农，建设家乡。

第二天，舅父同邓小平政委和李达副司令员到招待所特地看望我们。首长们勉励我说："好好干吧，做一个光荣的烈士后代！"我连连点头，表示决不辜负首长的期望。

在重庆住了十几天。告别时，舅父还给我送了一块手表作纪念，并一再嘱咐我，代他向乡亲们问好。

四

舅父是1952年调中央工作的。他在党中央和毛主席的领导下，操劳国家大事，责任重，工作忙，本来我是不想再去打搅，给他增加麻烦的。1960年，因身患重病，为了求医，我又到了舅父家里。舅父、舅母热情地请我吃饭。桌上摆着盐菜、酱菜、辣椒，只是中间放着一盘肉片，看来是特意为了招待我的。从这里我才知道：在三年困难时期，一个国家副总理的家庭生活，过得是多么俭朴啊！饭后，舅父靠近我的身边拉家常。他从镇压反革命，一直问到反"五风"，又从农业生产问到农民生活。当我汇报到镇压反革命，杀了反共头子陈策勋时，舅父说："好！杀得好！这个罪大恶极的坏蛋得到了应有的下场。"在讲到农村反"五风"，农民非常满意时，他又说："'五风'害人，非反不可，要反彻底。"舅父转战南北，一直以主要精力从事军事工作，但他对农业生产也非常关心。他要我转告乡亲："搞生产要讲质量，精耕细作；要多打粮食，多做贡献。"

　　这次我到舅父家来，是想治病的。通过有关部门的介绍，舅母和大哥很快地就把我送进了北京的一个医院。经过23天的治疗，我的病大有好转。快出院时，舅父和舅母都抽空到医院来看我，他们劝我多住些时间，我真感激不尽。几天后，我依依不舍地告别了舅父一家，回到了家乡。没有想到，此后我再也没见到敬爱的舅父——贺龙同志了。

（向楚才）

编 后 记

20世纪的中国是一个风云际会、英雄辈出的伟大变革时代。伟大的时代造就出灿若群星的历史伟人。人民军队中功勋卓著的贺龙元帅就是这些伟人中的一个。

作为人民军队中的一代伟人、著名战将，他一生中同党内外、国内外、军内外各种人士有着十分广泛的交往，有的是在硝烟弥漫的战争年代，有的是在轰轰烈烈的社会主义革命和社会主义建设时期，有的是在变幻莫测的外交场合，有的是在蒙冤受屈的荒唐岁月，有的是在工作中，有的是在生活中。几十年来，曾经同他有过交往的同志和人士，撰写了大量的回忆书籍和文章，叙述昔日交往中的轶闻、趣事。本系列丛书就是从这些大量的书籍或文章中精选精编成册的。此外，还有相当一部分文章是新约写或由编者撰写的。

在编选过程中，我们在尽可能地保留文章原有风格的前提下，根据本书的整体需要，对所有的文章作了必要和程度不同的节录、删改、改编，对有明显文字、观点和史实性错误之处作了修订。文章的标题绝大部分是编者拟定的。